Dietrich Wildung

Herausgeber: Henri Stierlin
Fotos: Anne und Henri Stierlin

Ägypten

Von der prähistorischen Zeit bis zu den Römern

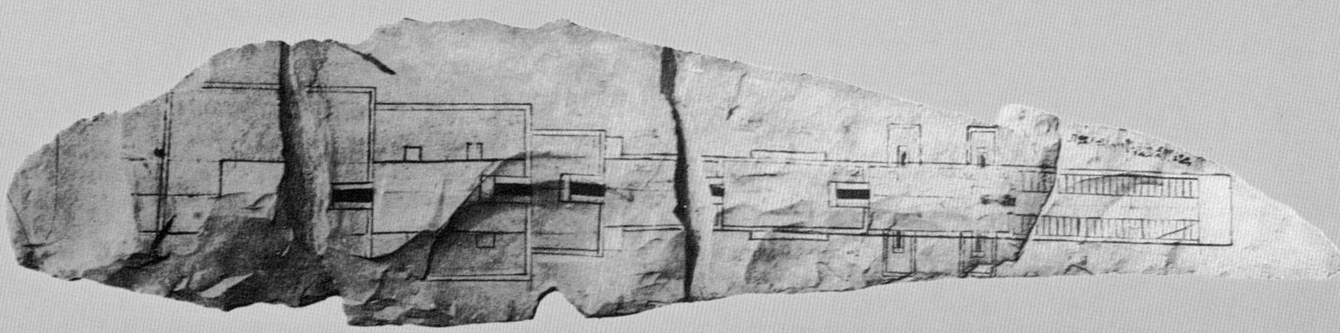

TASCHEN
KÖLN LISBOA LONDON NEW YORK PARIS TOKYO

Seite 3
Der Plan vom Grab Ramses' IX., gezeichnet auf ein großes Kalkstein-Ostrakon, wurde in seinem Grab im Tal der Könige gefunden. Es handelt sich folglich nicht um eine Entwurfszeichnung, sondern um eine Bauaufnahme nach Fertigstellung des Grabes. Die Beischriften benennen die Räume und geben die Maße an.
Neues Reich, 20. Dynastie, um 1100 v. Chr.; Kalkstein; Kairo, Ägyptisches Museum

Seite 5
Das kleinformatige Papyruskapitell gehört zu der Gruppe der Architekturmodelle, die in der Ptolemäerzeit die alten Bauformen bewahren und als Vorbilder tradieren sollten.
Ptolemäerzeit, 3.–1. Jahrhundert v. Chr.; Kalkstein; Berlin, Ägyptisches Museum

Dieses Buch wurde gedruckt auf 100% chlorfrei gebleichtem Papier gemäß TCF-Norm.

Verlegerische Leitung: Angelika Taschen, Köln
Redaktion und Lektorat: Susanne Klinkhamels, Köln
Mitarbeit: Caroline Keller, Köln
Design und Layout: Marion Hauff, Mailand
Umschlaggestaltung: Marion Hauff, Mailand; Angelika Taschen, Köln

Printed in Spain
ISBN 3-8228-8191-0

Inhalt

Einleitung

Grundformen des Bauens im alten Ägypten

Modell eines Kuhstalls
Leichte Konstruktionen aus Holz und Matten bestimmen das Bild der Alltagsarchitektur des alten Ägypten. Das schattenspendende Dach des Unterstandes für eine Rinderherde ruht auf leichten Stützen, die aus zusammengebundenen Pflanzenstengeln bestehen.
Frühes Mittleres Reich, 11. Dynastie, um 2000 v. Chr.; Holz, stuckiert und bemalt; München, Staatliche Sammlung Ägyptischer Kunst

Das Bild, das sich die heutige Welt von Altägypten macht, ist mit Klischees besetzt. Unheimliche Mumien und die allzu schöne Nofretete, der todbringende Fluch der Pharaonen und geheimnisumwitterte Schätze verstellen den Blick auf die zivilisatorischen und kulturellen Leistungen des alten Ägypten, das eine Brücke zwischen Afrika und der Mittelmeerwelt schlägt und zusammen mit dem Alten Orient eine der Wurzeln des Abendlandes bildet.

So wenig die Mumifizierung ein Leitmotiv der altägyptischen Religion darstellt, so wenig kann Nofretete allein die Grundzüge der Kunst der Pharaonen vermitteln; sie bleibt ein als repräsentativ mißverstandener Ausnahmefall. Dieses Schicksal einer ungeeigneten Galionsfigur teilt sie mit dem Inbegriff der altägyptischen Architektur, mit der Pyramide, die in ihrer klaren formalen Struktur gemeinhin nicht nur zum Schulbeispiel für die Grundzüge der Kunst Altägypytens erklärt wird, sondern auch als Modell für das politische System und die Gesellschaftsstruktur des Pharaonenreiches gilt.

Diese griffige Formel erhebt den Sonderfall einer rein geometrischen Grundform zur Norm und setzt dabei eine Regel außer Kraft, die drei Jahrtausende altägyptischer Architekturgeschichte durchläuft und prägt. Ägyptische Architektur ist ein Spiegel der Schöpfung, ein künstlerisches Ausdrucksmittel, das tief im sinnlich Wahrnehmbaren verwurzelt ist. Sie ist nicht ein Konstrukt aus Mathematik, Technik und Abstraktion. Sie, die gerne mit dem Attribut »monumental« versehen wird und die sich fast ausschließlich in Sakralbauten auszuprägen scheint, in Tempeln und Gräbern, hat ihren Ursprung, den sie nie verleugnet und nie verbirgt, im Profanen, in den einfachen Bauten einer bäuerlichen Bevölkerung.

Der Steinbau, der heute das Bild der Architektur des Pharaonenreiches prägt, hat Altägypten das Schlagwort vom »Staat aus dem Stein« eingetragen; er erscheint jedoch nur uns dominant, die wir aus der zeitlichen Ferne von Jahrtausenden auf Altägypten blicken. Das Gros der Bauten am Nil bestand aus leicht vergänglichem Material. Auch heute noch beherrscht abseits der Großstädte, wo Beton und gebrannte Ziegel zum bevorzugten Baustoff geworden sind, der Lehmbau das Bild der Städte und Dörfer. Der Nil liefert mit seinen Schlammablagerungen den wichtigsten Baustoff. Ungebrannte, luftgetrocknete Ziegel, mit Häcksel oder Sand gemagert, sind nicht nur ein überall und zu geringsten Kosten verfügbarer Baustoff, sondern schaffen in der trockenen Hitze des Niltals auch ein sehr gutes Klima im Inneren der Gebäude. Die Renaissance der Lehmziegelarchitektur, die seit einigen Jahrzehnten weltweit zu beobachten ist, hat ihre entscheidenden Impulse nicht zufällig von dem ägyptischen Architekten Fathi Hassan empfangen und knüpft damit an eine Tradition an, die ihre Wurzeln im 4. Jahrtausend v. Chr. hat.

Daß von der antiken Profanarchitektur aus Lehmziegeln, Holz und Schilfmatten nur unscheinbare archäologische Reste erhalten sind, die steinernen Tempel und Gräber dagegen die Jahrtausende zum Teil fast unbeschadet überdauert haben, ist nicht nur materialbedingt, sondern hat seinen Grund auch im jeweiligen funktionsabhängigen Standort. Grab- und Tempelbauten wurden meist außerhalb der Tal-

Nillandschaft in Unternubien
Der Nil, Ägyptens Lebensader, liefert den wichtigsten Rohstoff für die Profanarchitektur. Über Tausende von Kilometern transportiert er aus Ostafrika und durch Nubien den Nilschlamm, der sich während der jährlichen Überschwemmungszeit im ägyptischen Niltal ablagert und zur Herstellung der luftgetrockneten Ziegel dient.

sohle am Wüstenrand oberhalb des Grundwasserspiegels errichtet und waren damit unerreichbar für die jährliche Nilüberschwemmung. Die Alltagsarchitektur – Hütten, Häuser, Ställe und Werkstätten – war beiderseits des Flusses im feuchten Niltal angesiedelt. Die Haltbarkeit dieser Bauten war durch den Feuchtigkeitseinfluß und die intensive Nutzung begrenzt, und schon nach wenigen Jahrzehnten mußte der unscheinbar und unfunktional gewordene Altbau durch einen Neubau ersetzt werden – ein angesichts der problemlosen Beschaffung des Baustoffs nicht allzu kostspieliges Unterfangen.

Der rasche Zyklus von Verfall und Wiederaufbau ließ das Niveau von Dörfern und Städten im Lauf der Jahrhunderte und Jahrtausende zu Hügeln anwachsen, die – arabisch *Tell* genannt – noch heute den Ort antiker Siedlungen markieren und oftmals als Schuttberge moderne Ortschaften tragen.

Solche Areale bereiten der Feldarchäologie erhebliche Schwierigkeiten. Lehmziegelmauern sind im Schlammboden des Niltals nur schwer zu erkennen. Oft liegen die antiken Siedlungshorizonte unter dem Grundwasserspiegel; ihre Freilegung ist nur mit großem technischem und finanziellem Aufwand möglich, und Flächengrabungen – für Siedlungen besonders aufschlußreich – sind deshalb nicht realisierbar.

Trotzdem läßt sich ein detailreiches Bild der altägyptischen Profanarchitektur zeichnen. Antike Architekturmodelle, insbesondere aus der Zeit des frühen Mittleren Reiches – um 2040 bis 1991 v. Chr. – zeigen in kleinem Maßstab (etwa 1:25 bis 1:40) die ganze formale und funktionale Vielfalt der Gebäudetypen. Diese aus Holz oder gebranntem Ton gefertigten dreidimensionalen Modelle erfüllten als Grabbeigaben die Funktion, die im Alten Reich den Reliefs und Malereien auf den Grabwänden zugekommen war; sie konservierten Elemente des diesseitigen Lebens für

Die Berge von Theben-West
Nicht weit vom Tal entfernt und somit in unmittelbarer Nähe der Baustellen liefern die Kalksteinberge Mittel- und Oberägyptens den Rohstoff für die Tempel und Gräber; oder sie werden selbst zur Architektur, wenn in ihnen die Gräber im Untertagebau angelegt werden.

ein Leben in der Ewigkeit. Trotz der dadurch bedingten Überhöhung und Idealisierung der Wirklichkeit sind diese Modelle höchst aufschlußreich und realitätsnah und laden zu einem unmittelbaren Vergleich mit Bauformen ein, die sich im Niltal sowie in Zentral- und Westafrika bis heute erhalten haben.

Der dörflichen Architektur entstammen die einfachen schattenspendenden Unterstände auf leichten Stützen, die kralähnlichen ummauerten Höfe und die Flachbauten, auf deren Dächer oft eine Außentreppe führt. Den Alltag größerer Siedlungen spiegeln Kornspeicher mit Kuppel- und Tonnengewölben sowie mehrräumige Werkhöfe für Tischler und Weber, Metzger und Bäcker. Städtische Wohnkultur zeigt sich in Haustypen, in deren ummauerten Innenhöfen Teiche liegen, von Sykomoren umstanden. Aus dem 1. Jahrtausend v. Chr. sind Architekturmodelle aus Kalkstein erhalten, die mehrgeschossige, turmähnliche Häuser zeigen; sie finden eine unmittelbare Entsprechung in der traditionellen Stadtarchitektur des Jemen.

Die besondere Bedeutung der Alltagsarchitektur Altägyptens liegt jedoch darin, daß ihre Formen und Materialien als konstituierende Elemente und Strukturen der Sakralarchitektur wiederzufinden sind. Ohne die Kenntnis der typischen Formen des Bauens mit Lehmziegeln, Holz und Matten bleiben die charakteristischen Äußerungsformen der Steinarchitektur Altägypytens unverständlich.

Das für den altägyptischen Tempel seit dem Neuen Reich typische Eingangsbauwerk, der Pylon, nimmt in den nicht senkrechten, sondern geböschten Wänden eine materialbedingte Eigenheit des Lehmziegelbaus auf, der aus statischen Gründen nach unten zunehmende Wandstärken aufweist. Die am Ziegelbau als Kantenschutz angebrachten Binsenbündel werden in der Steinarchitektur zum Rundstab, woraus die charakteristische Formung der Gebäudeecken als runde Dreiviertelstäbe resul-

Talebene nahe Memphis
Als Baustoff sind die Lehmziegel im feuchten Niltal dem schnellen Verfall preisgegeben, so daß der größte Teil altägyptischer Alltagsarchitektur wieder zu Erde geworden ist und sich so der archäologischen Forschung entzieht. Das Gebiet der Hauptstadt Memphis ist heute über weite Strecken flaches Feld.

tiert. Die Bekrönung des Pylons schließlich, die Hohlkehle, die mit dem horizontal laufenden Rundstab das – in der postmodernen Architektur zu neuer Popularität gelangte – »ägyptische Gesims« bildet, leitet sich aus einem Kranz von Palmwedeln ab, der auf Lehmziegelmauern in Ägypten als Bekrönung heute noch üblich ist.

Diese Architekturformen in Stein umzusetzen, ist mit sehr viel höherem Zeit- und Materialaufwand verbunden und erfordert höhere technische und handwerkliche Fähigkeiten als das Bauen in rechten Winkeln und mit senkrechten Wänden. In der ägyptischen Steinarchitektur werden in einem aufwendigen Verfahren Formen erstellt, für die das Material Stein nicht der optimale Baustoff ist und denen sich bisweilen die spezifischen Qualitäten des Steins widersetzen. Materialgerechtes Bauen gehört nicht zu den Eigenheiten altägyptischer Architektur.

Folglich ist diese nicht primär unter formalen, sondern unter ikonographischen Gesichtspunkten zu interpretieren und zu begreifen. Die architektonische Form ist nicht Zweck und Ziel, sondern Ausdruck einer inhaltlichen Aussage. Der Tempel mit seinen geböschten Wänden stellt ein Wohnhaus dar, ein Haus der Götter. Spezifisch sakral ist sein ewiges Material, der Stein. Seine formalen Elemente jedoch sind der Profanarchitektur entnommen, sind Umsetzungen von Motiven aus der Alltagsarchitektur.

Bereits bei der ältesten Steinarchitektur, dem Komplex der Grabanlage des Königs Djoser (um 2650 v. Chr.) lassen sich die Prototypen der später kanonisierten Säulenformen auf Naturvorbilder zurückführen. Die Papyrussäule mit ihrem tulpenförmigen Kapitell tritt bei Djoser als eine der Wand vorgeblendete Dreiviertelsäule auf; sowohl im Längsschnitt als auch im keilförmigen Querschnitt stilisiert sie die Form des Papyrusstengels, über dem sich die Papyrusdolde öffnet. Als tragendes

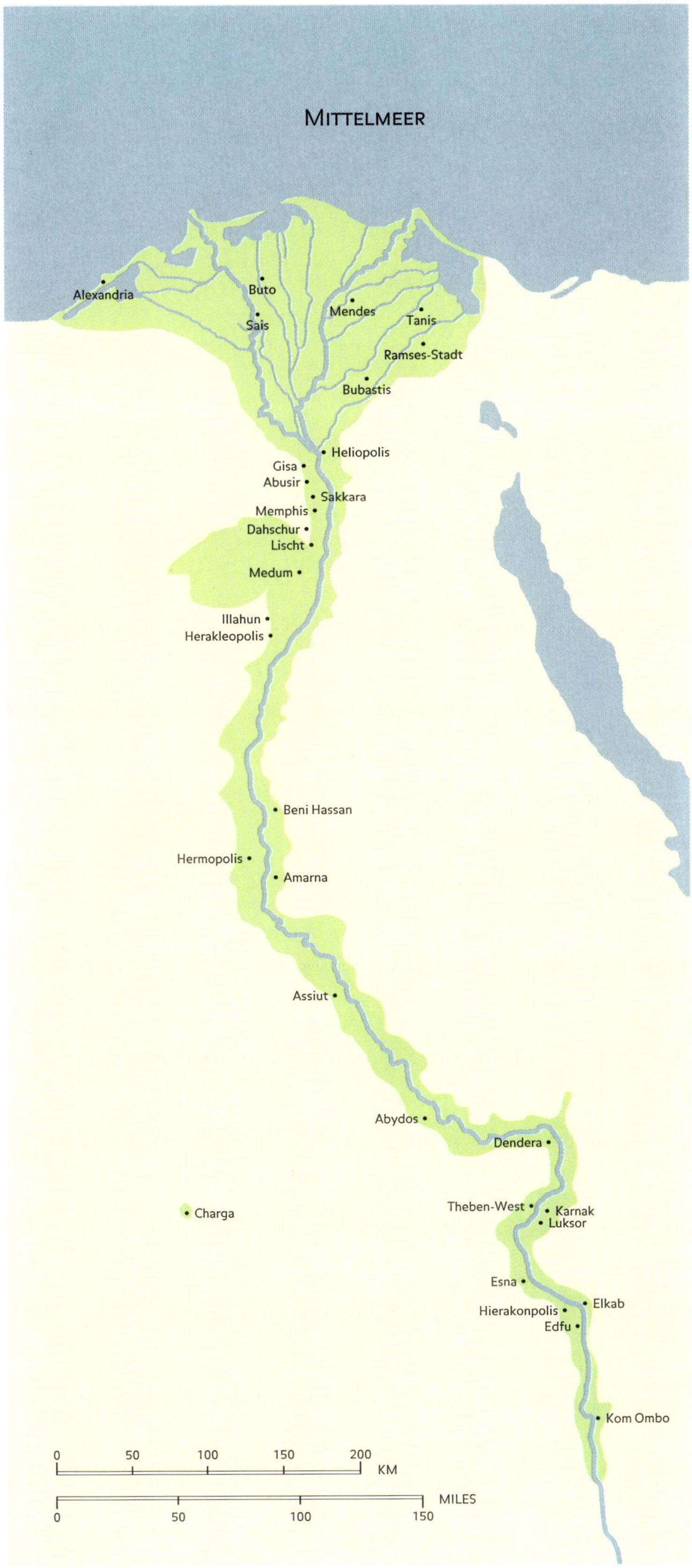

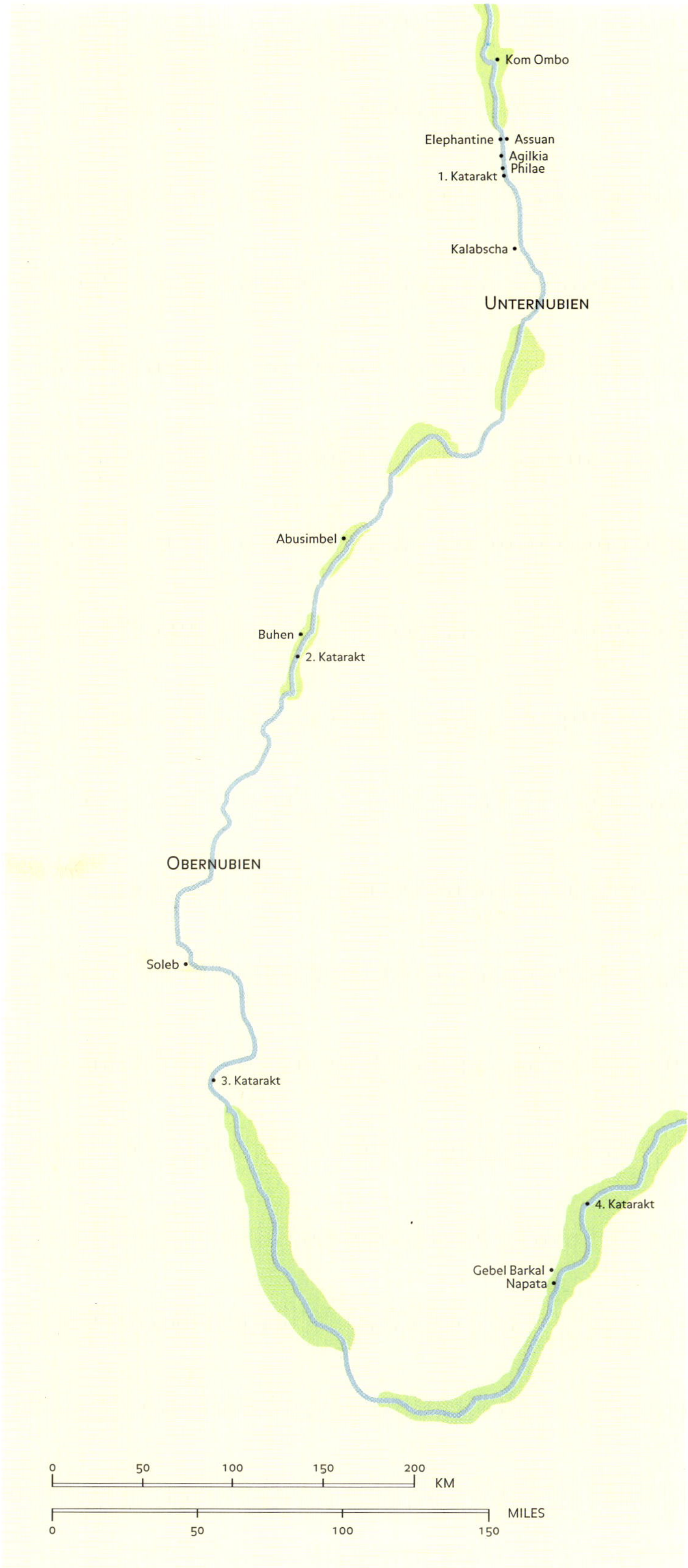

Das antike Ägypten
Einzigartig ist die geographische Struktur des ägyptischen Niltals. Bei einer Süd-Nord-Ausdehnung von etwa 1000 km ist das Tal südlich von Kairo nur wenige Kilometer und oft nur ein paar 100 m breit.

Hausmodell
Die längst verfallenen Häuser der Dörfer und Städte, aus Nilschlamm-Ziegeln erbaut, sind nicht gänzlich verloren. Modelle aus gebranntem Ton, die als Grabbeigaben dienten, bewahren das Aussehen und die Konstruktionsweise dieser Bauten.
Frühes Mittleres Reich, 11. Dynastie, um 2000 v. Chr.; gebrannter Ton; Kairo, Ägyptisches Museum

Element, auf dem tonnenschwere Architrave und Tempeldecken ruhen sollen, erscheint diese Pflanzenform denkbar ungeeignet. Für den ägyptischen Baumeister aber zählte die inhaltliche Aussage dieser Form, für die eine technisch realisierbare Lösung gefunden werden mußte. Dieses unmittelbare Naturvorbild der architektonischen Form findet sich im Komplex der Stufenpyramide des Djoser allenthalben. Die Halbsäulen an den Kapellen des Festhofes und an den Fassaden des Nord- und des Südhauses mögen zunächst an die Kanneluren griechischer Säulen erinnern, sind aber ganz offensichtlich monumentale Darstellungen von Pflanzenstengeln, die als Stützen leichter Zeltkonstruktionen verwendet wurden.

In der Tempelarchitektur der 5. Dynastie dominiert als Säulenform die Palmsäule. Ihr glatter, runder, sich nach oben leicht verjüngender Schaft endet mit einer mehrfachen horizontalen Abbindung, aus der sich die Palmblätter, in feine Rispen ausfächernd, senkrecht erheben. Noch heute läßt sich in den Palmenhainen beobachten, wie die Palmblätter am Blattansatz, also am oberen Ende des Stammes, zusammengeschnürt werden, um das Wachstum der jungen Blätter zu fördern. Angesichts der hoch aufragenden Stämme eines ägyptischen Palmenhains wird der Gedanke des altägyptischen Baumeisters verständlich, das Tempeldach auf eine Säule in Form einer Palme zu legen, wobei die Steinplatten des Daches auf ihrer Unterseite mit Sternen geschmückt sind; sie machen die Raumdecke zum Abbild des Himmels. Die Palmsäule ist zu Stein gewordene Natur, ist der Baum, über dem sich der Himmel wölbt.

Damit wird der Grundgedanke altägyptischer Steinarchitektur, die Übertragung profaner Bauformen und alltäglicher Baumaterialien, um ein für die gesamte Architektur Altägyptens geltendes Prinzip von allergrößter Wichtigkeit bereichert: Architekturformen sind Bedeutungsträger, sind lesbare, übersetzbare Begriffe einer Formensprache, deren Grammatik entschlüsselt, gelehrt und gelernt werden kann.

In Gräbern des Alten Reiches findet sich seit etwa 2400 v. Chr. eine außergewöhnlich schlanke Säulenform, deren Schaft ein Bündel zusammengeschnürter Pflanzenstengel darstellt; die Stengel enden oben in geschlossenen Lotosblüten, zwischen die Stengel sind kleine Lotosknospen gesteckt. Zweifellos sind Lotosstengel zu instabil und die Blüten zu zart und zerbrechlich, um selbst den leichtesten Zeltkonstruktionen als Stützen dienen zu können. Hier hat das Lotosmotiv den

Seite 13
Wohnhaus in Sanaa, Jemen
Die altägyptische Hausarchitektur, aus ungebrannten Ziegeln errichtet, hat ihre engsten Parallelen in der Bauweise der Lehmziegelhäuser im Jemen. Konstruktive Details wie der Rundstab als Eckverstärkung und an den Ecken hochgezogene Ziegellagen entsprechen dem altägyptischen Vorbild.

Hochhaus in Sanaa, Jemen
Die mehrstöckigen, turmartigen Ziegelbauten im Jemen gehören zu den erstaunlichsten Leistungen in der Profanarchitektur des Vorderen Orients.

Hochhausmodell in Altägypten
Auch in Altägypten sind mehrgeschossige Häuser gebaut worden. Sowohl die Grabmalereien als auch die Architekturmodelle zeigen diesen Gebäudetypus, dessen bautechnische Einzelheiten am Modell gut zu erkennen sind. Spätzeit, 1. Jahrtausend v. Chr.; Kalkstein; Kairo, Ägyptisches Museum

Rundstab und Hohlkehle
Mit hohem Arbeitsaufwand wurden Gebäudekanten und Mauerkronen plastisch gestaltet. Der Rundstab als Kantenschutz leitet sich aus Pflanzenbündeln ab, die Hohlkehle – wie ihre Bemalung zeigt – aus Palmblättern. Beide Motive sind Übertragungen typischer Formen der Ziegelarchitektur in Stein.
Pronaos des Hathor-Tempels in Dendera; Römische Kaiserzeit, 1.–2. Jahrhundert n. Chr.

Rundstab und Tempelwand
Der Rundstab begrenzt die Tempelwand. In ihrer formalen Einheit entwickelt sich das Bildprogramm, der Kontakt zwischen Mensch und Gott, im architektonischen Rahmen des zum Tempel gewordenen Hauses.
Westseite des Pylons im Horus-Tempel von Edfu; Ptolemäerzeit, 3.–1. Jahrhundert v. Chr.

Stellenwert eines ikonographischen Elements; es ist die Blüte, die sich zur Sonne öffnet und die als Säulenform der Raumdecke die Funktion des sonnendurchfluteten Himmels zuweist.

Nirgendwo sonst wird dieser vegetabile Charakter der altägyptischen Säule so offenkundig wie im Hof Amenophis' III. im Tempel von Luksor. Dort ist es wirklich der Himmel, der von den Bündelsäulen – hier Papyrusbündelsäulen – getragen wird. In der Übertragung in Stein hat die Pflanzenform eine innere Festigkeit gewonnen, eine eigene Wertigkeit als tragendes Element. Die Stimmigkeit dieser Pflanzenformen gelangt allerdings an ihre Grenzen, wenn sich bei den Papyrussäulen in den zentralen Achsen der Hypostyle im Amun-Tempel von Karnak, im Ramesseum von Theben-West oder im Sethos-Tempel von Abydos die Papyrusdolden der Kapitelle so weit entfalten, daß ihre Ränder tief unterschnitten nach außen überfallen, als ob sie von dem auf ihnen lastenden Gewicht der Architrave und Decken zerdrückt würden.

In ihrem ikonographischen Reichtum und ihrer stilistischen Ausgewogenheit sind die floralen Kapitelle der ptolemäisch-römischen Tempel ein Höhepunkt in der Entwicklung der Pflanzensäulen. Neben die Kompositkapitelle aus sich mehrschichtig aufbauenden Papyrusdolden zunehmender Größe treten die floralen Kapitelle des Chnum-Tempels in Esna und des Horus-Tempels von Edfu, in die Trauben und unterschiedliche Blüten verwoben sind. Sie bilden die unmittelbare Vorstufe der Korbkapitelle der spätantiken Architektur Ägyptens und gehören damit zumindest indirekt zu den Urahnen der frühchristlichen Kunst des Abendlandes.

Umfassungsmauer des Hathor-Komplexes in Dendera
Die die Tempelanlagen umfassenden Mauern aus ungebrannten Ziegeln sind in abwechselnd konvexen und konkaven Ziegellagen erbaut. Primär statisch bedingt, beinhaltet diese Bauweise auch eine religiöse Aussage: Sie stellt die Wellenbewegung des Urozeans dar, aus dem sich der Tempel als Urhügel erhebt. Römische Kaiserzeit, 1.–2. Jahrhundert n. Chr.

Bemalte Grabdecke
Die Ausmalung des Grabes als Wohnung des Verstorbenen erlaubt einen Rückschluß auf die Ausstattung der Häuser. Die Wanddekoration zeigt die Teppiche und Matten, mit denen die Wohnräume geschmückt waren und die auch – über die hier braun gemalten Balken gelegt – die Deckenkonstruktion bildeten.
Theben-West; Neues Reich, 18. Dynastie, um 1450 v. Chr.

Grabfassade in Beni Hassan
Über dem Architrav ragen die Köpfe runder Balken aus der Wand. Sie sind die steinerne Darstellung einer hölzernen Deckenkonstruktion, die das Mattendach des Hauses trägt. An der Fassade des Felsengrabes hat diese Form keine praktische, sehr wohl aber eine religiöse Fuktion: Sie macht das Grab zum Haus des Verstorbenen.
Grab des Chnumhotep; Mittleres Reich, 12. Dynastie, um 1850 v. Chr.

Papyrussäulen in Sakkara
Der Prototyp der beliebtesten altägyptischen Säulenform steht im Bezirk der Stufenpyramide des Djoser in Sakkara. Die Umsetzung des Papyrusstengels und der Papyrusdolde in eine Steinsäule bleibt dem Naturvorbild nahe und schafft doch eine autarke Form. Südhaus; 3. Dynastie, um 2600 v. Chr.; Kalkstein

Pflanzensäule in Sakkara
Die Nachahmung eines Pflanzenstengels bestimmt die Form der kannelierten Halbsäulen an einem der Kultbauten im Komplex der Stufenpyramide von Sakkara. Nordhaus; 3. Dynastie, um 2600 v. Chr.; Kalkstein

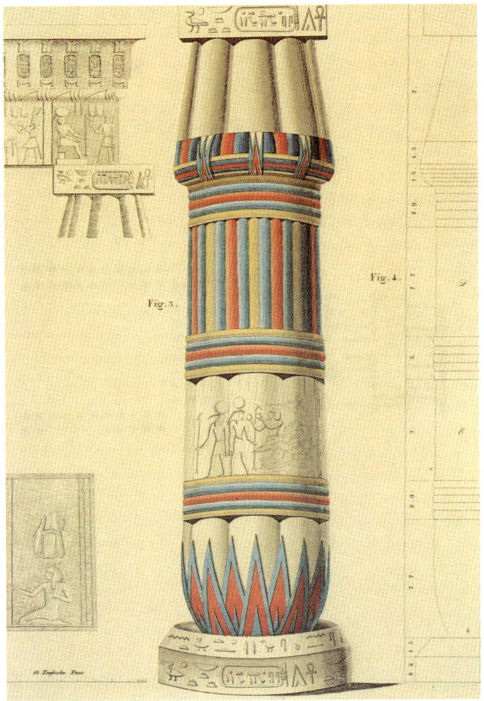

Bündelsäule
Die ursprüngliche Farbigkeit der Säulen ist oft nur noch in Spuren erhalten. In der Rekonstruktion zeigt sich, wie sehr die Bemalung dazu beiträgt, die Architekturformen als zu Stein gewordene Natur zu begreifen.
Aus: H. v. Minutoli, »Reise zur Oase des Jupiter Ammon«, 1824

Bündelsäulen im Luksor-Tempel
Zusammengeschnürte Papyrusstengel mit geschlossener Dolde sind das Grundmotiv einer im Neuen Reich beliebten Säulenform. In der steinernen Umformung gewinnen die zarten Blattspitzen die Kraft, das Gebälk zu tragen.
Neues Reich, 18. Dynastie, um 1380 v. Chr.; Sandstein

Pflanzenkapitell
Die über zweieinhalb Jahrtausende nur wenig veränderten Grundformen altägyptischer Säulen erfahren in den Tempeln der Ptolemäerzeit eine Fülle neuer Varianten. Verschiedene pflanzliche Motive werden zu wahren Blumensträußen verbunden, die die Steinoberfläche aufbrechen. Geburtshaus des Isis-Tempels auf Philae; Ptolemäerzeit, 2.–1. Jahrhundert v. Chr.; Sandstein

Architekturmodell
Kleinformatige Modelle von Architekturteilen dienten in der Ptolemäerzeit der Ausbildung von Bildhauern. Das an Bauten nur sehr selten belegte Lotoskapitell zeigt die spitzen Blütenblätter und die runden Knospen der Seerose.
3.–1. Jahrhundert v. Chr.; Kalkstein; Berlin, Ägyptisches Museum

Pflanzenkapitell
Die klassische Form des Papyruskapitells wird zum Träger verschiedener in Relief aufgesetzter Pflanzenformen. Papyrus und Lilie verkörpern die beiden Landeshälften Unter- und Oberägypten. Säulensaal des Isis-Tempels auf Philae; Ptolemäer- und Römerzeit, 250 v. Chr.–3. Jahrhundert n. Chr.; Sandstein

Palmkapitell
Neben den neuen Formen floraler Kompositkapitelle behalten die klassischen Säulenformen ihre Gültigkeit. Das Palmkapitell, in den Pyramidentempeln des Alten Reiches erstmals belegt, ist bis in die Römerzeit gebräuchlich. Säulensaal des Isis-Tempels auf Philae; Ptolemäer- und Römerzeit, 250 v. Chr.–3. Jahrhundert n. Chr.

Kompositkapitell
Das zu einem zylindrischen Säulenschaft abstrahierte Pflanzenbündel entfaltet sich im Kapitell zu einzelnen Blüten und Blättern. Säulensaal des Isis-Tempels auf Philae; Ptolemäer- und Römerzeit, 250 v. Chr.–3. Jahrhundert n. Chr.

Totenhäuser und Himmelsleitern

Grabbauten der Frühzeit

Seite 23
Statue des Königs Djoser
Der Bauherr des ältesten monumentalen Steinbaus in Ägypten, der Stufenpyramide in Sakkara, ist als lebensgroße Sitzfigur dargestellt, die in einer Statuenkammer am Nordfuß der Pyramide stand. Altes Reich, 3. Dynastie, um 2650 v. Chr.; Kalkstein, bemalt; Kairo, Ägyptisches Museum

Abydos – Friedhof der Gründerkönige

Die Geschichte der Architektur des vorgeschichtlichen Ägypten ist noch nicht geschrieben; sollte sie eines Tages ihren Autor finden, so wird er sich nur in seltenen Fällen auf gesicherte archäologische Befunde stützen können und meist auf indirekte Quellen zurückgreifen müssen. In der bemalten Keramik des 4. Jahrtausends v. Chr. begegnen dem Betrachter Darstellungen von Kapellen, die auf Zelt- und Lehmziegelkonstruktionen schließen lassen, und einige der reliefierten Prunkpaletten der späten Vorgeschichte zeigen Architekturdarstellungen.

Die in allen späteren Epochen Altägyptens so bedeutende Grabarchitektur beschränkt sich bis zum Ende des 4. Jahrtausends v. Chr. in der Regel auf einfache Grabgruben, deren archäologisch gesicherte Überreste auf eine Auskleidung mit Holz und Matten schließen lassen. Über eventuell vorhanden gewesene Oberbauten ist wenig bekannt. So zögert man, von Architektur im üblichen Wortsinn zu sprechen.

Erst um 3200 v. Chr. fanden sich auf mehreren Friedhöfen in reich ausgestatteten Gräbern, also wohl Bestattungen von Häuptlingen, den Vorgängern der späteren Pharaonen, unterirdische Kammern, die mit Ziegeln ausgemauert waren und deren Decken aus Holzbalken bestanden. Neben einem Hauptraum, in dem der Verstorbene inmitten reicher Beigaben in einem Holzsarg bestattet wurde, waren in ein oder zwei Nebenkammern große Mengen von Vorratsgefäßen für die Naturalversorgung des Toten abgestellt.

Aus diesen unterirdischen Ziegelgräbern entwickelte sich um 3100 v. Chr. der Typus der ältesten Königsgräber. Sie liegen im oberägyptischen Abydos, das als wichtigster Kultort des Auferstehungsgottes Osiris während der ganzen Geschichte Ägyptens ein religiöses Zentrum war. Weitab vom Niltal am Wüstenrand wurden die Gräber der Pharaonen der 1. Dynastie (3000–2800 v. Chr.) und der – wie neueste Forschungen in Abydos ergeben haben – vor ihr anzusetzenden Dynastie »Null« (3100-3000 v. Chr.) als weite Schächte ausgehoben und mit massiven Ziegelmauern zu großen rechteckigen Räumen ausgebaut, an die meist auf allen vier Seiten kleine Nebenkammern angebaut wurden. Zur Eindeckung der Grabkammern und als Wandverkleidung wurden Holzbalken verwendet, die Böden waren teilweise mit Steinplatten belegt. Eine außerhalb des Grabes ansetzende Treppe führte in den unterirdischen Grabkomplex, dessen Zugang durch massive Steinplatten verschlossen wurde.

Über den Oberbau dieser Gräber, der zweifellos vorhanden gewesen ist, lassen sich nur Vermutungen anstellen. Er dürfte in Abydos die Gestalt eines stilisierten Grabhügels gehabt haben, der sich auf rechteckigem Grundriß, mit geböschten Wänden und flachem oder leicht gewölbtem Dach, mehrere Meter hoch erhob. Die im Bereich dieser Gräber aufgefundenen Grabstelen aus Kalkstein oder Granit, mit Hieroglyphen der Namen der Könige versehen, sind wahrscheinlich innerhalb einer Umfassungsmauer an der Ostseite dieser Graboberbauten aufgestellt gewesen, dem Niltal und der aufgehenden Sonne zugewandt.

Signatur des Imhotep
Auf der Basis einer Statue des Königs Djoser steht der Name des Imhotep, der als »Oberbaumeister« bezeichnet ist. In Anerkennung seiner kulturhistorischen Leistungen haben ihn spätere Generationen zum Gott erhoben. Altes Reich, 3. Dynastie, um 2650 v. Chr.; Kalkstein; Kairo, Ägyptisches Museum

Zu diesen frühesten Königsgräbern gehören riesige Ziegelkomplexe, die etwa 1 km nordöstlich von Abydos in der Nähe des Ackerlandes liegen und wohl als Stätten des Totenkults zu verstehen sind. Massive, in Nischen gegliederte Ziegelmauern umschließen einen weiten rechteckigen Hof, in dem aller Wahrscheinlichkeit nach Kapellen und sonstige Kultanlagen aus leicht vergänglichem Material errichtet waren. Nur an der Südostecke führt ein torartig verstärkter Eingang in diese Mauergevierte. Diese fälschlicherweise als »Forts« bezeichneten Anlagen sind zweifellos die Vorläufer der Tempelbauten bei den Pyramiden des Alten Reiches.

Da die Nischengliederung, die sich schon in den Ziegelmauern der vorgeschichtlichen Kammergräber findet, ursprünglich als ein Element der Profanarchitektur angesehen werden darf, kann man von dieser Bauform auf die Funktion schließen: Diese Bauten schaffen dem Verstorbenen mit der in den Grabkomplex übernommenen Architektur der Lebenden die räumlichen Voraussetzungen für eine Fortsetzung des irdischen Lebens im Jenseits.

Dieser Grundgedanke des altägyptischen Jenseitsglaubens läßt sich auch aus den Grabbeigaben ablesen. Hausmodelle aus Holz und Elfenbein zeigen im Vorgriff auf die typische Dekoration der Särge des Alten und Mittleren Reiches Wandgliederungen und Türkonstruktionen von Ziegel- und Holzbauten.

Reiches archäologisches Material zur Architektur der Frühzeit bietet die Nekropole von Sakkara-Nord. Ihre riesigen Ziegelgräber sind von W.B. Emery und vielen anderen Wissenschaftlern als die eigentlichen Königsgräber der Frühgeschichte gedeutet worden, so daß den Gräbern in Abydos die Rolle von Kenotaphen, von Scheingräbern am Kultort des Gottes Osiris zufiel. Die neuesten Grabungen des Deutschen Archäologischen Instituts in Abydos haben jedoch unmißverständlich gezeigt, daß die Könige der Dynastien 0 und 1 in Abydos begraben wurden. Die Gräber in Sakkara sind die Ruhestätten hoher Würdenträger, die in der nahe gelegenen Stadt Memphis, deren Existenz schon für den Beginn der ägyptischen Geschichte bezeugt ist, ihren Amtssitz hatten.

Erst um 2750 v. Chr. verliert Abydos seine Funktion als traditionsreicher Bestat-

Seite 27 oben
Ziegelkomplex in Abydos
In Abydos, zwischen den Königsgräbern in der Wüste und dem Niltal, liegen große Ziegelbauten. Sie sind die Vorläufer der Pyramidentempel des Alten Reiches und dienten dem Kult des verstorbenen Herrschers.
Dynastie 0/1, frühes 3. Jahrtausend v. Chr.

Seite 27 unten
Kammergrab im Nildelta
Zu den frühesten Anfängen der Ziegelarchitektur gehören unterirdische Grabkammern, wobei die Ziegel von innen gegen die Wände der Grabgrube gemauert wurden. Von Oberbauten, die über dem Holzdach standen, sind keine Spuren erhalten.
Minshat Abu Omar, Ostdelta; um 3000 v. Chr.

Elfenbeinmodell
Nur wenig ist von der ältesten Ziegelarchitektur Ägyptens erhalten. Ihre Grundformen, wie zum Beispiel die Scheintür, finden sich in Modellen, die aus Holz und Elfenbein bestehen und als Grabbeigaben dem Toten sein Haus zur Verfügung hielten.
Minshat Abu Omar, Ostdelta; um 3000 v. Chr.; Elfenbein

1590

tungsort der Pharaonen. Von nun an lassen sich die Herrscher Ägyptens nahe ihrer Residenz Memphis begraben und begründen so eine neue Tradition, die über die Stufenpyramide von Sakkara zum Dreigestirn der Gisa-Pyramiden führt und noch in den Pyramiden der Könige des Mittleren Reiches in Dahschur, Illahun und Hawara fortlebt.

Die ältesten Königsgräber in Abydos
Die Könige der 1. Dynastie ließen sich im oberägyptischen Abydos in riesigen unterirdischen Ziegelgräbern bestatten. Die Oberbauten, die über der massiven Balkendecke der Grabräume errichtet waren, sind nicht erhalten.
Um 3000 v. Chr.

Der Djoser-Komplex in Sakkara

Wenn man die Geschichte der Architektur Altägyptens gemeinhin mit der Grabanlage des Königs Djoser in Sakkara beginnen läßt, so ist die Wahl dieses Auftaktes um 2650 v. Chr. durchaus gerechtfertigt. Was sich in vor- und frühgeschichtlicher Zeit nur mühsam aus Sekundärquellen und kümmerlichen archäologischen Befunden rekonstruieren läßt, tritt nun in Stein umgesetzt erstmals detailgenau in Erscheinung. Dank der über 60jährigen Forschungsarbeit von Jean-Philippe Lauer, der noch heute mit ungebrochener Energie an der Vollendung seines Lebenswerkes, der Rekonstruktion des Djoser-Komplexes, arbeitet, ist der erste monumentale Steinbau der Architekturgeschichte sowohl in seiner Gesamtstruktur als auch in seinen Detailformen heute wohl bekannt. Die in vor- und frühgeschichtlicher Zeit entwickelten Leitlinien der ägyptischen Architektur finden im Djoser-Komplex ihre gültige Form.

Die Grabanlage des Königs wird von einer nischengegliederten Mauer (277 x 544 m) umzogen, die der aus Lehmziegeln errichteten Stadtmauer der Residenz Memphis nachempfunden scheint, damit dem Pharao auch im Jenseits seine Residenz zur Verfügung steht.

Den Mittelpunkt der hoch über dem Niltal auf dem felsigen Plateau von Sakkara gelegenen Anlage bildet das Königsgrab, das mit einer Höhe von etwa 70 m alle bisher bekannten Maßstäbe ägyptischer Architektur sprengt. Die teilweise zerstörte Südseite der siebenstufigen Pyramide erlaubt einen Blick in die innere Struktur dieses ersten monumentalen Steinbaus Ägyptens. Im Kern der Stufenpyramide steckt

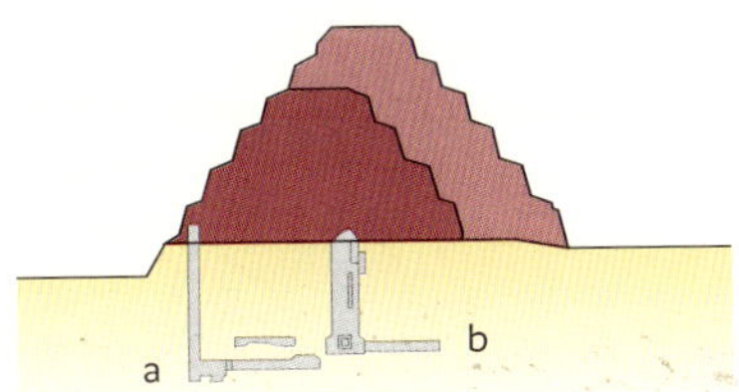

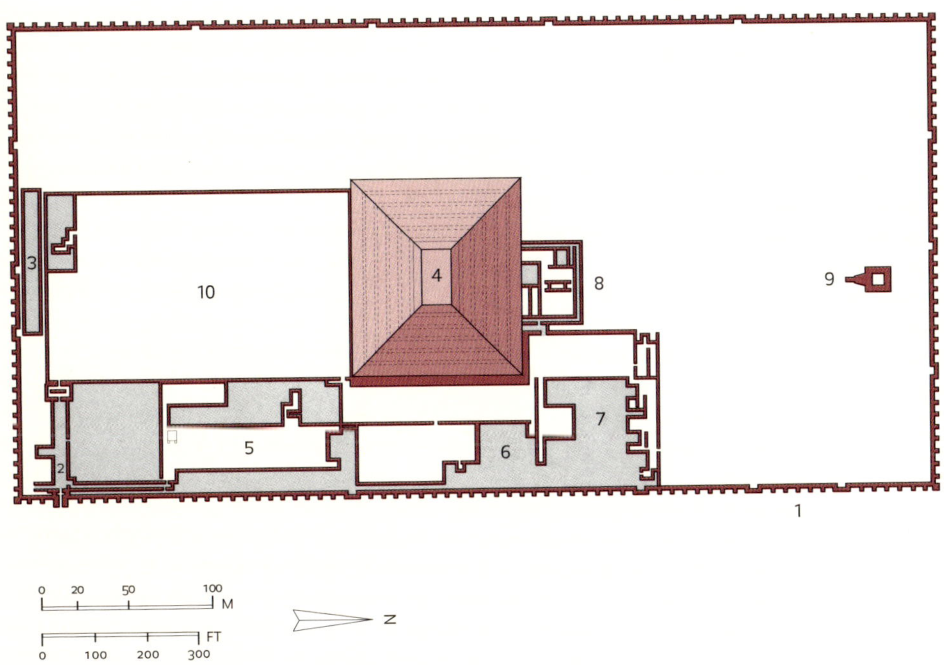

nachempfunden, die ihn auch im Jenseits umgeben soll. Alle Bauten sind massive Konstruktionen ohne Innenräume und damit ohne praktische Funktion.

a. Grabkammer
b. Magazine
1. Nischenmauer
2. Eingangshalle
3. Südgrab
4. Pyramide
5. Festhof
6. Südhaus
7. Nordhaus
8. Tempel
9. Altar
10. Hof

Umfassungsmauer des Djoser-Komplexes
Nur ein einziges Tor führt in den Grabbezirk des Djoser. Die nischengegliederte Mauer mit bastionsartigen Vor- und Rücksprüngen hat die Mauern der Residenzstadt Memphis zum Vorbild.
Altes Reich, 3. Dynastie,
um 2650 v. Chr.; Kalkstein

Seite 33
Bündelsäulen im Djoser-Komplex
Die Bündelsäulen im Eingangsbereich sind durch Zungenmauern miteinander verbunden oder an die Längswände angeschlossen. Noch fehlt die Erfahrung im Umgang mit freistehenden Säulen.
Altes Reich, 3. Dynastie, um 2650 v. Chr.

Pyramidenbezirk des Djoser
Sämtliche Bauten im Grabbereich des Djoser sind Darstellungen realer Bauwerke, die in der Residenzstadt Memphis standen und aus ihrem ursprünglichen Material – Holz, Matten und Ziegel – hier in Stein umgesetzt wurden.
Altes Reich, 3. Dynastie, um 2650 v. Chr.

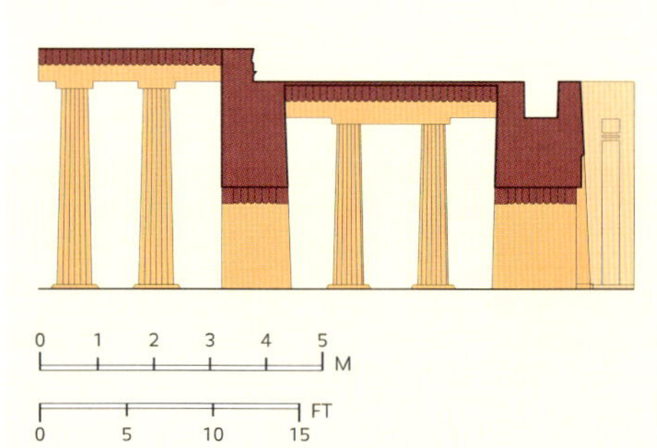

Aufriß des Eingangsbereiches
In der Schnittzeichnung des Eingangsbereichs ist die Deckenkonstruktion gut erkennbar. Sie besteht aus hochkant gestellten Steinplatten, deren Untersicht halbrund gestaltet ist. Dadurch entsteht der Eindruck von den Raum überspannenden Palmstämmen.

Pflanzen als Vorbild für Säulen
Das Naturvorbild der Pflanzenstengel, die im Verbund eine tragfähige Stütze ergeben, ist in den konvexen Kanneluren gut erkennbar. Die Säulen sind aus niedrigen Einzelblöcken aufgebaut. Die spezifischen Möglichkeiten des Steinbaus sind hier noch nicht genutzt.
Eingangshalle des Djoser-Komplexes; Altes Reich, 3. Dynastie, um 2650 v. Chr.

Südliche Umfassungsmauer des Djoser-Komplexes
1,5 km lang ist die Nischenmauer, die den Grabbezirk des Königs Djoser umschließt. In ihr überlebt, als steinernes Abbild, die versunkene Residenz des Alten Reiches. Altes Reich, 3. Dynastie, um 2650 v. Chr.

Grabbau der Frühzeit in Sakkara-Nord
Oben: Die Gräber hoher Würdenträger in Sakkara-Nord stehen kaum hinter den Königsgräbern in Abydos zurück. Aus Ziegeln erbaut, sind sie die Vorstufe zur Steinarchitektur Djosers.
Unten: Die kleinteilige Gliederung des Grundrisses hat wahrscheinlich keine konstruktiven Gründe, sondern stellt vielmehr ein vielräumiges Haus für den Verstorbenen dar.

Seite 35 unten:
Ein Holzzaun in Stein
Die Höfe vor den Kapellen im Djoser-Komplex sind durch Mauern voneinander getrennt, die die Darstellung eines hölzernen Balkenzaunes in Kalksteinrelief zeigen. Altes Reich, 3. Dynastie, um 2650 v. Chr.

Festhof des Djoser-Komplexes
Die Kapellen am Festhof sind steinerne Darstellungen leichter zeltähnlicher Gebäude, wie sie zur Feier des königlichen Regierungsjubiläums für die Götter der einzelnen Gaue errichtet wurden. Ihr Standort im Grabkomplex soll dieses Fest ewig nachvollziehbar machen.
Altes Reich, 3. Dynastie, um 2650 v. Chr.

ein rechteckiger Flachbau; er entspricht der Grabform der Mastaba, die als steinerne Nachahmung eines Lehmziegelhauses den Grundtypus des Grabes des Alten Reiches darstellt. Die sich darüber erhebenden sieben Stufen der Pyramide sind eine Überhöhung des Grabhügels des abydenischen Königsgrabes zu einer Himmelsleiter, die dem König den Aufstieg in ein himmlisches Jenseits ermöglichen soll.

Haus- und Hügelgrab als typisch unter- beziehungsweise oberägyptische Grabformen einer primär seßhaften respektive nomadischen Bevölkerung verbinden sich somit im Königsgrab zu einer Architektur, die beide Teile des ägyptischen Staates in sich vereinigt und zu einem sinnfälligen Grabmal des »Königs von Ober- und Unterägypten« wird, wie sich der Pharao seit frühgeschichtlicher Zeit zu nennen pflegte. Die beiden Grabtypen bilden bereits in einigen Ziegelgräbern von Sakkara-Nord eine Einheit, in deren äußerer Hausgrabform sich ein unsichtbarer Kern in Form eines Hügelgrabes verbirgt.

Die nischengegliederte Umfassungsmauer der Pyramidenanlage des Königs Djoser läßt das Vorbild der Ziegelarchitektur erkennen, wobei das kleine Format der Kalksteinblöcke, das sich bei der Stufenpyramide wiederfindet, keineswegs materialgerecht ist. Die Übertragung von Einzelformen der Profanarchitektur in den königlichen Grabbau läßt sich im Djoser-Komplex allenthalben beobachten. Der Eingang an der Südostecke der Umfassungsmauer – vorgeformt im Zugang zu den Ziegelkomplexen der »Forts« von Abydos – ist mit hochkant gestellten Kalksteinplatten eingedeckt. Die Untersicht dieser Decke ist halbrund abgearbeitet, so daß der Eindruck von nebeneinander liegenden Palmstämmen entsteht, wie sie in der Lehmziegelarchitektur zur Deckenkonstruktion verwendet wurden. Den Übergang vom Eingangstor in der Umfassungsmauer zur Kolonnade, die zum Hof überleitet, bildet ein hohes Tor, dessen Türflügel aufgeschlagen sind – mit allen Details in Kalkstein nachgebildet, den oberen und unteren Türangeln und Drehpfannen sowie der Balkenarmierung der ursprünglich hölzernen Flügel. Der stumpfe Winkel, in

Die oberägyptische Festkapelle
Die leichte Konstruktion aus schlanken Pflanzenstengeln und sich darüber wölbendem Mattendach ist in Stein umgesetzt, ohne dadurch ihre Grazilität zu verlieren. Der Bau ist eine massive Scheinarchitektur ohne Innenräume.
Djoser-Komplex in Sakkara; Altes Reich, 3. Dynastie, um 2650 v. Chr.

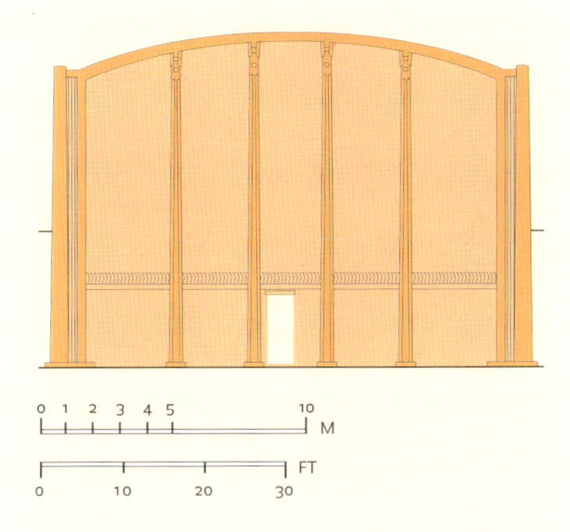

Rekonstruktion einer Zeltkapelle
Die steinerne Umsetzung einer Zeltkapelle läßt das Vorbild pflanzlicher Materialien erkennen.

dem die starren steinernen Flügel zum Türdurchgang stehen, deutet ihre virtuelle Beweglichkeit an, versinnbildlicht in der Sprache der ägyptischen Steinarchitektur ein Tor, das zu öffnen und zu schließen ist.

Ob die Nischenstruktur der Umfassungsmauer, die den Pyramidenkomplex auf einer Gesamtlänge von mehr als 1,5 km umzieht, von der frühen Ziegelarchitektur Mesopotamiens beeinflußt ist, bleibt vorerst eine ungeklärte Frage der Archäologie; daß sie in ihrer material- und arbeitsintensiven Konstruktionsweise keine genuine Form der Steinarchitektur sein kann, sondern sich nur aus der Ziegelarchitektur herleiten läßt, steht außer Zweifel.

Sowohl die komplizierte Gesamtanlage mit ihren zahlreichen Einzelgebäuden als auch die Detailformen dieser Bauten lassen sich als Umsetzung von Profanbauten der Residenz Memphis in steinerne Grabarchitektur erklären. Die Kapellen beiderseits des Festhofes zum Beispiel sind Nachbildungen von Zelt- und Ziegelbau-ten, die als Heiligtümer der verschiedenen Gaue Ober- und Unterägyptens anläßlich des Regierungsjubiläums des Königs errichtet wurden; selbst das Thronpodest, auf dem der König beim Fest Platz nehmen sollte, ist in Stein nachgebildet.

Statuen des Königs Djoser im Festkleid
Die Funktion des Hofes vor den Kapellen – als Festbühne des sich ewig wiederholenden Regierungsjubiläums – prägt auch die hier gefundenen, unvollendeten Statuen des Königs: Djoser trägt den knielangen Mantel und hält Krummstab und Wedel.
Altes Reich, 3. Dynastie, um 2650 v. Chr.

Der König selbst, tief unter der Stufenpyramide in einer monolithen Granitkammer inmitten eines verzweigten Gangsystems bestattet, ist im Grabbezirk in mehreren Statuen präsent. Standfiguren – einige von ihnen fanden sich unvollendet im Tempelbezirk – zeigen ihn im Festmantel des Regierungsjubiläums als Garantie sich ewig wiederholender Verjüngung; eine Sitzfigur war in einer Statuenkammer nördlich der Pyramide aufgestellt, mit Blick auf die niemals untergehenden Zirkumpolarsterne. Auf der Basis einer Standfigur findet sich sogar der Name des genialen Schöpfers dieser ersten monumentalen Steinarchitektur Ägyptens: Imhotep, der in späteren Jahrhunderten und Jahrtausenden als Kulturheros, als Heiliger und schließlich als Gott verehrt wurde – eine großartige Anerkennung des zivilisatorischen Aufbruchs Ägyptens im frühen 3. Jahrtausend.

Entwicklung der Pyramide

Stufenpyramide von Medum
König Snofru baute die Pyramide von Medum durch eine glatte Ummantelung zu einer echten Pyramide um.
Altes Reich, 3./4. Dynastie,
um 2600–2550 v. Chr.

»Rote« Pyramide von Dahschur
Die zweite Pyramide, die König Snofru erbauen ließ, hatte einen relativ flachen Winkel.
Altes Reich, 4. Dynastie,
um 2560 v. Chr.

Mit dem Grabkomplex des Königs Djoser in Sakkara erfuhr die Architektur Altägyptens eine geradezu explosionsartige Entwicklung. Erstmals wurde ausschließlich Stein als Baumaterial verwendet und damit eine technologische Revolution eingeleitet. Daß dieses neue Baumaterial der Sakralarchitektur keine grundsätzliche Veränderung der Formensprache nach sich zog, ist eines der Hauptcharakteristika der ägyptischen Kunst. Die Bildaussage des Bauwerkes und seiner einzelnen Bestandteile, das heißt die primär ikonographische Funktion der Architektur, blieb von den technischen Neuerungen weitgehend unberührt.

Die einzige, allerdings bedeutende Ausnahme ist die Pyramide. Ihre formale Entwicklung von der Stufenpyramide des Djoser bis zur klassischen Form der Cheops-Pyramide vollzog sich in atemberaubender Geschwindigkeit innerhalb eines Jahrhunderts von 2650 bis 2550 v. Chr.

An der noch in der 3. Dynastie begonnenen Pyramide von Medum lassen sich die Stufen dieser Entwicklung gut beobachten. In der ersten und zweiten Bauphase entstand eine Stufenpyramide mit einem Neigungswinkel von 75°, die durch eine glatte Ummantelung mit einem Neigungswinkel von etwa 52° in die klassische Pyramidenform gebracht wurde. König Snofru, in dessen letzten Regierungsjahren dieser Umbau stattfand, hatte in den vorangegangenen Jahrzehnten mit seinen beiden Pyramiden in Dahschur die Voraussetzungen für die Findung der idealen Form geschaffen. Die sogenannte Knickpyramide wurde als echte Pyramide geplant, hätte aber bei einem Neigungswinkel von etwa 60° eine Höhe von fast 140 m erreicht – eine unlösbare Bauaufgabe. Bei einer Planänderung wurde der Neigunsgwinkel in halber Höhe auf etwa 45° zurückgenommen und damit die Höhe des Bauwerkes auf 105 m reduziert. Snofrus zweite Pyramide, die »Rote« Pyramide in Dahschur-Nord, wurde von Anfang an in diesem flacheren Winkel erbaut. Der Neigungswinkel der dritten Bauphase von Medum entspricht mit etwa 52° fast genau dem der Cheops-Pyramide. Ihrem klassischen Vorbild folgen nahezu alle Pyramiden des Alten und Mittleren Reiches mit nur geringfügigen Abweichungen.

Erst mit der Übernahme dieser rein königlichen Grabform in die nichtkönigliche Architektur änderten sich auch die Maße und Proportionen der Pyramiden. Seit dem Beginn des Neuen Reiches um 1550 v. Chr. wurden steilwandige Pyramiden von nur wenigen Metern Höhe über Privatgräbern errichtet. Während diese Miniaturpyramiden in der thebanischen Nekropole über der Fassade von Felsengräbern aufragen und in einer sich nach Osten öffnenden Nische eine Beterfigur des Verstorbenen bergen, wurden sie in der memphitischen Nekropole im hintersten Teil der tempelähnlichen Grabanlagen errichtet. Gerade in Sakkara darf wohl eine bewußte Bezugnahme auf die ringsum in Sichtweite aufragenden Königspyramiden des Alten und Mittleren Reiches, auf die in ihnen manifeste Bautradition und auf das historische und kulturelle Erbe der Vorfahren vermutet werden.

Eine erstaunliche Renaissance erfährt die Pyramide seit 750 v. Chr. während eines ganzen Jahrtausends im Sudan. In den königlichen Nekropolen von el-Kurru, Nuri, Gebel Barkal und Meroe beläuft sich die Gesamtzahl der meist nur 20 bis 30 m hohen, steilwandigen Pyramiden auf weit über 200. Als Vorbilder mögen eher die nichtköniglichen Grabpyramiden des Neuen Reiches gedient haben als die im fernen Norden gelegenen Königsgräber in Gisa und Sakkara.

Knickpyramide von Dahschur
Die erste Pyramide, die König Snofru erbauen ließ, wurde in einem steilen Neigungswinkel begonnen. Bautechnische und statische Probleme führten zur Reduzierung des Winkels auf halber Höhe.
Altes Reich, 4. Dynastie, um 2570 v. Chr.

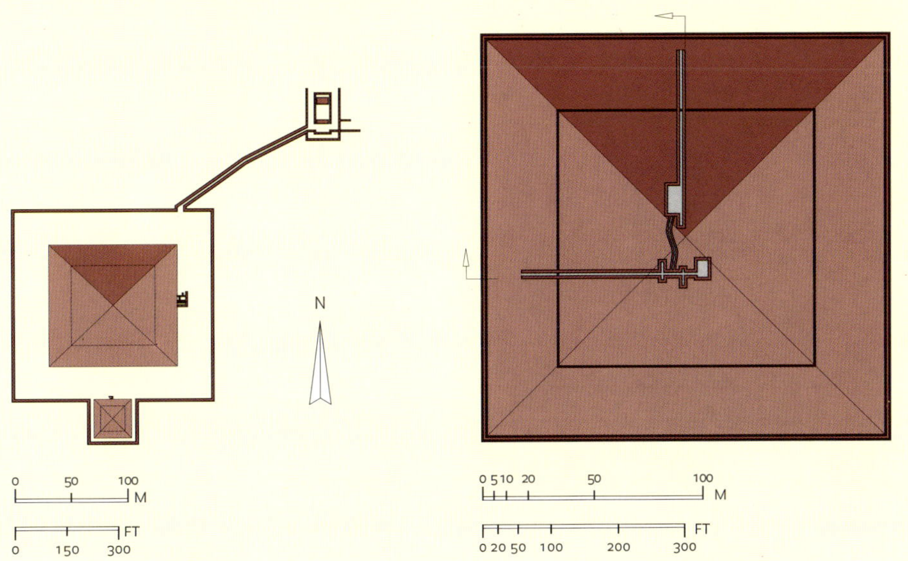

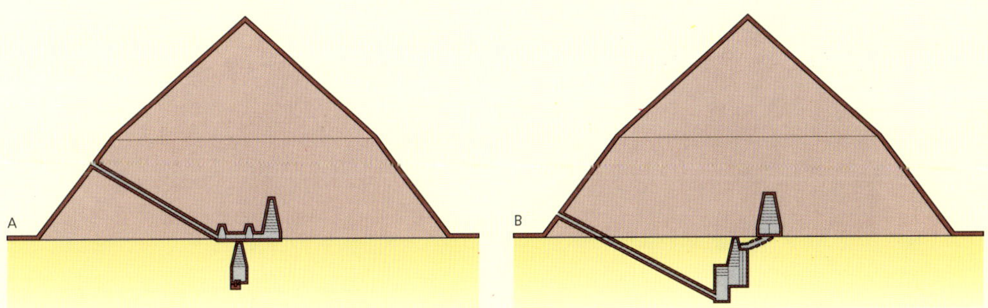

Knickpyramide von Dahschur, Grundriß und Schnitt
Nicht nur der Neigungswinkel wurde während der Erbauung der Pyramide geändert; auch das Gang- und Kammersystem mußte aufgrund von Bauschäden modifiziert werden.

Cheops-Pyramide
Mit einer Höhe von fast 150 m war die Cheops-Pyramide sowohl die größte ägyptische Pyramide als auch eines der größten Bauwerke der Menschheitsgeschichte. Viele Fragen zu Technik und Logistik sind noch ungelöst.
Altes Reich, 4. Dynastie, um 2500 v. Chr.

Pyramiden von Gisa
In einer nur 100jährigen Entwicklungsphase wurde aus der Stufenpyramide die klassische Pyramide – in Dimensionen, die später nie mehr erreicht wurden. Die Chephren-Pyramide zeigt noch Reste ihrer Verkleidung. Neben der Mykerinos-Pyramide befindet sich eine der Nebenpyramiden.
Altes Reich, 4. Dynastie, um 2500–2465 v. Chr.

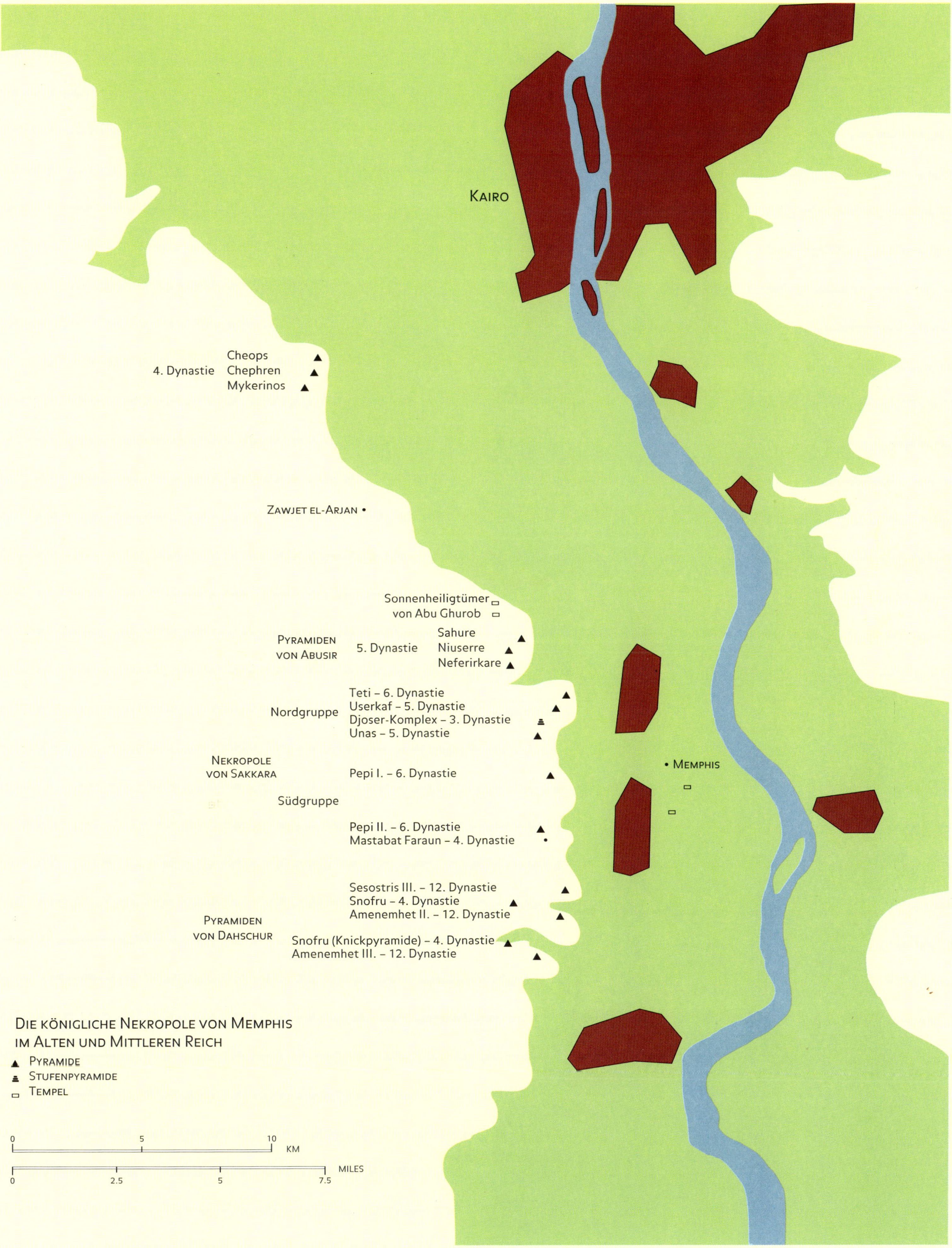
Kairo
Cheops
4. Dynastie Chephren
Mykerinos
Zawjet el-Arjan
Sonnenheiligtümer
von Abu Ghurob
Pyramiden von Abusir
5. Dynastie
Sahure
Niuserre
Neferirkare
Nordgruppe
Teti – 6. Dynastie
Userkaf – 5. Dynastie
Djoser-Komplex – 3. Dynastie
Unas – 5. Dynastie
Nekropole von Sakkara
Pepi I. – 6. Dynastie
Südgruppe
Pepi II. – 6. Dynastie
Mastabat Faraun – 4. Dynastie
Memphis
Pyramiden von Dahschur
Sesostris III. – 12. Dynastie
Snofru – 4. Dynastie
Amenemhet II. – 12. Dynastie
Snofru (Knickpyramide) – 4. Dynastie
Amenemhet III. – 12. Dynastie
Die königliche Nekropole von Memphis im Alten und Mittleren Reich
Pyramide
Stufenpyramide
Tempel
0
5
10
km
0
2.5
5
7.5
Miles

Pyramide in Hawara
Der ursprünglich mit Kalkstein verkleidete Ziegelbau ist die zweite von König Amenemhet III. errichtete Pyramide; die erste, in Dahschur, wies schon während der Erbauung Bauschäden auf. Mittleres Reich, 12. Dynastie, um 1800 v. Chr.

Grabpyramide in Deir el-Medina (Theben-West)
Im Neuen Reich wurden kleine steilwandige Pyramiden über den Gräbern nichtköniglicher Personen errichtet. An ihre Ostseite ist oft eine Statuenkapelle angebaut. Neues Reich, 19./20. Dynastie, 1300–1100 v. Chr.

Pyramide in Meroe, Sudan
Die Pyramide wurde um 750 v. Chr. im Sudan als königliche Grabform aufgenommen und lebte dort über ein ganzes Jahrtausend fort. An der Ostseite befindet sich eine Opferkapelle mit Pylon. Meroitische Zeit, um 155–170 n. Chr.

Seite 43
Nordnekropole in Meroe (Sudan)
Etwa 40 Pyramiden von Königen und Königinnen des meroitischen Reiches wurden zwischen 270 v. Chr. und 320 n. Chr. in der Nordnekropole von Meroe errichtet. Die Grabkammern liegen unter den steilwandigen Pyramiden im gewachsenen Fels.

Gebautes Jenseits

Pyramiden des Alten Reiches

Seite 45
Statue des Königs Chephren
Während von Cheops, dem Erbauer der größten Pyramide, nur eine winzige Elfenbeinfigur erhalten ist, wird die Persönlichkeit des Chephren, Bauherr der zweiten Pyramide von Gisa, in mehreren großformatigen Statuen aus Hartgestein faßbar.
Altes Reich, 4. Dynastie, um 2500 v. Chr.; Anorthosit-Gneis; Kairo, Ägyptisches Museum

Grabkammer der Cheops-Pyramide
Schon im Mittelalter ist ein Zugang zur Grabkammer der Cheops-Pyramide gebrochen worden. Eine erste präzise Vermessung nahmen die Gelehrten der Ägypten-Expedition Napoleon Bonapartes vor.
Aus: Luigi Mayer, »Views in Egypt«, 1804.

Gisa

Nur 100 Jahre nach der Errichtung des Djoser-Komplexes in Sakkara erreichte die Pyramidenarchitektur um 2500 v. Chr. in der Pyramide des Königs Cheops in Gisa ihren quantitativen und qualitativen Höhepunkt. Sie ist mit einer ursprünglichen Höhe von 146,5 m und einer Kantenlänge von 230 m die größte der ägyptischen Pyramiden. Von der Alten Welt als eines der Sieben Weltwunder bestaunt, hat sie bis heute nichts von ihrer Faszination verloren. Trotz zahlreicher archäologischer, bautechnischer und metrologischer Untersuchungen sowie zahlloser pseudowissenschaftlicher Deutungsversuche entzieht sich die in der Cheops-Pyramide verwirklichte Bauleistung dem intellektuellen Zugriff. Die Gang- und Kammersysteme im Inneren der Pyramide sind bis in kleinste Details erforscht. Ihre Funktionen erklären sich teils aus technischen Notwendigkeiten (die Große Halle diente als Stapelraum für die Verschlußblöcke des Zugangs zur Grabkammer), teils aus religiösen Motiven (die »Luftschächte« galten als Wege für die Seele des ewig fortlebenden Königs); grundsätzliche Fragen bleiben dennoch unbeantwortet, insbesondere hinsichtlich der bautechnischen Probleme und des Materialtransports.

Die aus den Steinbrüchen angelieferten Kalksteinblöcke und die Granitquader der Sargkammer – bis zu 40 Tonnen schwer und aus dem 800 km entfernten Assuan auf dem Nil transportiert – wurden sicherlich mit breitkufigen Schlitten über Rampen an ihren Bestimmungsort gebracht. Je nach Größe der Pyramide und nach Höhe der Bauabschnitte wurden wohl verschiedene Rampentypen verwendet. Glatte, breite Rampen mit geringem Neigungswinkel erlaubten in den unteren Schichten den Einsatz zahlreicher Arbeitskräfte; für den oberen Teil der Pyramide kamen wahrscheinlich getreppte Rampen und Hebezeug zum Einsatz. Eine sich um den Pyramidenkern windende Spiralrampe wäre für den Transport von Schwerlasten ungeeignet gewesen. Archäologisch nachweisbar ist jedoch die Innenrampe, die tief in den Baukörper einschneidet, wobei die unteren Teile der Pyramide als Transportebene genutzt wurden. Welche Rampentypen an den einzelnen Pyramiden tatsächlich zum Einsatz kamen, läßt sich nicht durch theoretische Spekulationen, sondern – wenn überhaupt – nur durch sorgfältigste Untersuchungen vor Ort klären. Jede Theorie einer allgemeingültigen Lösung für das Transportproblem beim Pyramidenbau ist abzulehnen.

Da von der östlich der Pyramide gelegenen Tempelanlage nur geringste Reste erhalten sind, ist eine Deutung des Gesamtkomplexes der Cheops-Pyramide unmöglich; selbst die Person des königlichen Bauherrn bleibt weitgehend im dunkeln. Nur eine winzige Elfenbeinfigur aus Abydos trägt seinen Namen, und historische Inschriften aus seiner Regierungszeit fehlen fast völlig.

Die in unmittelbarer Nachbarschaft der Cheops-Pyramide auf etwas höherem Baugrund gelegene Pyramide des Chephren, die nur wenige Jahrzehnte jünger als der Vorgängerbau ist und mit einer Höhe von 143,5 m an zweiter Stelle der Größenskala steht, ist zusammen mit ihrer Tempelanlage in vielen Teilen erheblich besser erhalten als der Grabkomplex des Cheops. Von der ursprünglich blank polierten

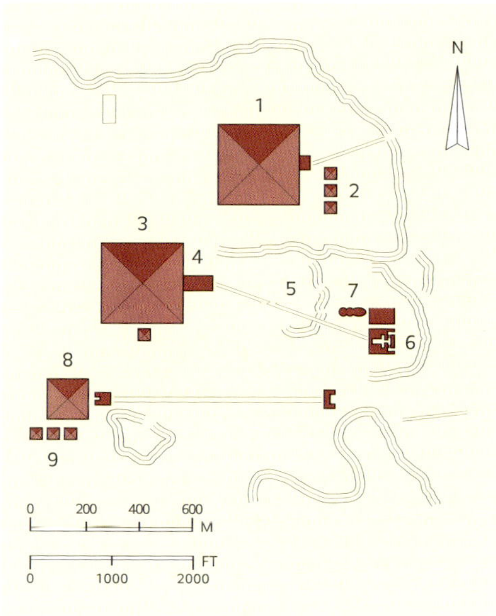

Das Pyramidenfeld von Gisa
Innerhalb weniger Jahrzehnte – von 2500 bis 2465 v. Chr. – entstand das Dreigestirn der Pyramiden des Cheops, Chephren und Mykerinos (von Nord nach Süd) mit den jeweiligen Tempelanlagen und Nebenpyramiden.

1. Pyramide des Cheops
2. Nebenpyramiden
3. Pyramide des Chephren
4. Totentempel
5. Aufweg
6. Taltempel
7. Sphinx
8. Pyramide des Mykerinos
9. Nebenpyramiden

Die Pyramiden des Chephren und des Cheops
Durch ihren höher gelegenen Standort erscheint die Chephren-Pyramide größer als die Pyramide des Cheops (im Hintergrund), die zudem keine Spitze mehr hat. Rings um die Pyramiden befinden sich die Mastaba-Gräber des Hofstaates.
Altes Reich, 4. Dynastie, um 2500–2465 v. Chr.

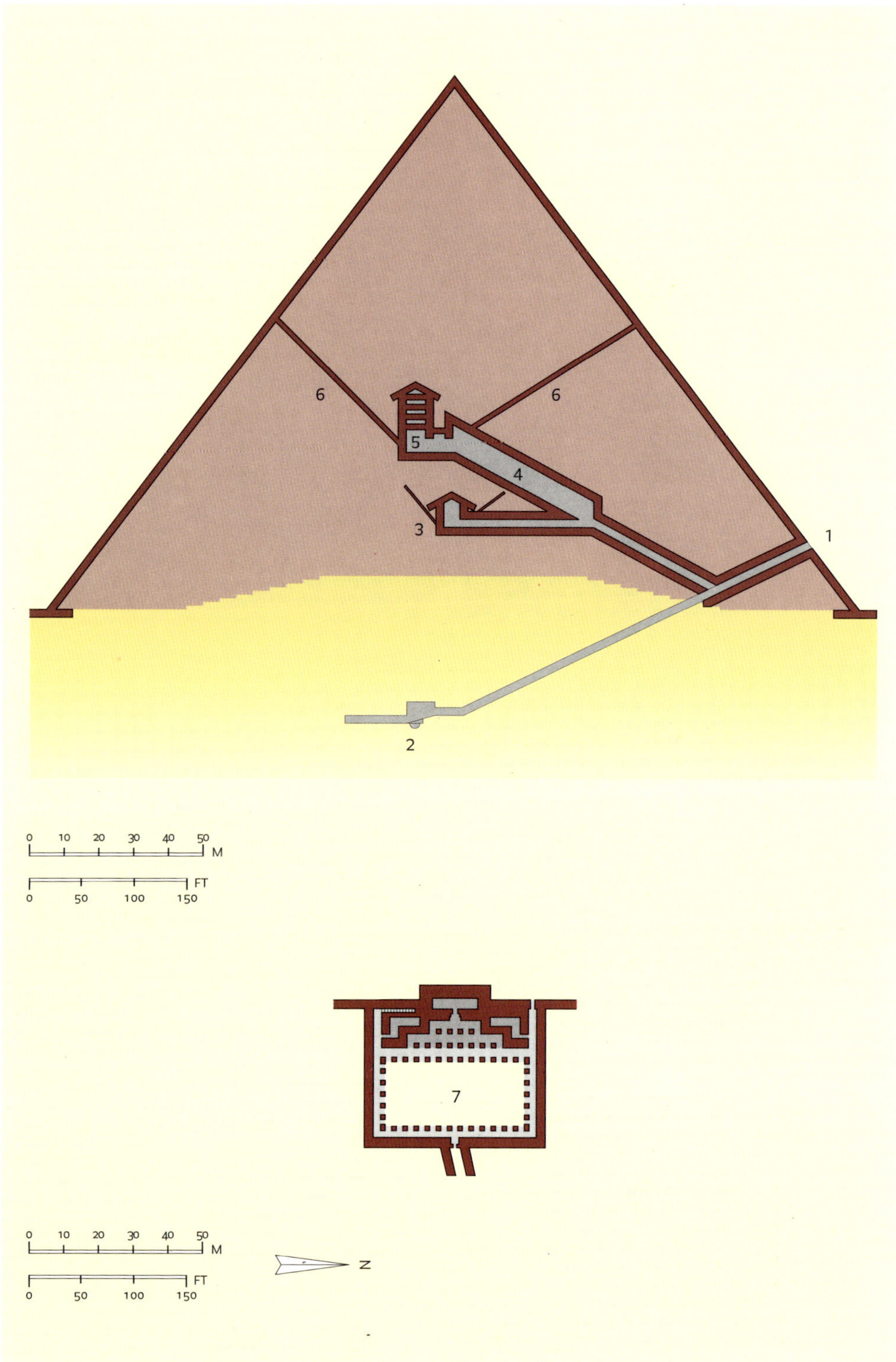

Kopf einer Königsstatue
Der kleine Kopf mit der oberägyptischen Krone ist stilistisch in den Anfang der 4. Dynastie zu datieren. Ob Snofru oder Cheops dargestellt sind, kann mangels gesicherter Parallelen noch nicht entschieden werden.
Altes Reich, 4. Dynastie, um 2500 v. Chr.; Kalkstein; München, Staatliche Sammlung Ägyptischer Kunst

Schnitt durch die Cheops-Pyramide und Grundriß des Cheops-Tempels
Oben: Die Dreizahl der Kammern in der Cheops-Pyramide ist noch nicht eindeutig erklärt. Entweder wurde der Bauplan nachträglich geändert, oder es waren von vornherein drei verschiedene Funktionen für die einzelnen Kammern vorgesehen.
Unten: Nur aus Standspuren auf dem Basaltpflaster läßt sich der Grundriß des völlig zerstörten Tempels an der Ostseite der Cheops-Pyramide rekonstruieren.
1. Eingang, 2. Unfertige Kammer, 3. Mittlere Kammer, 4. Große Galerie, 5. Sargkammer, 6. Luftkanäle, 7. Totentempel

Techniken des Pyramidenbaus

Transporttechniken
Die Techniken, mit deren Hilfe Hunderttausende von teils tonnenschweren Blöcken transportiert wurden, sind weitgehend ungeklärt. Für die untere Hälfte des Bauwerkes wurden Rampen verwendet, über deren Konstruktion verschiedene Theorien aufgestellt wurden. Wie das Transportproblem für den oberen Teil der Pyramiden gelöst wurde, ist unbekannt.

Baurampen am 1. Pylon des Amun-Tempels in Karnak
Die letzte Erweiterung des über zwei Jahrtausende gewachsenen Amun-Tempels ist unvollendet geblieben. Der 1. Pylon blieb um die Zeitenwende als Baustelle liegen. An seiner Rückseite sind Reste der Rampen erhalten, über die das Baumaterial transportiert wurde.

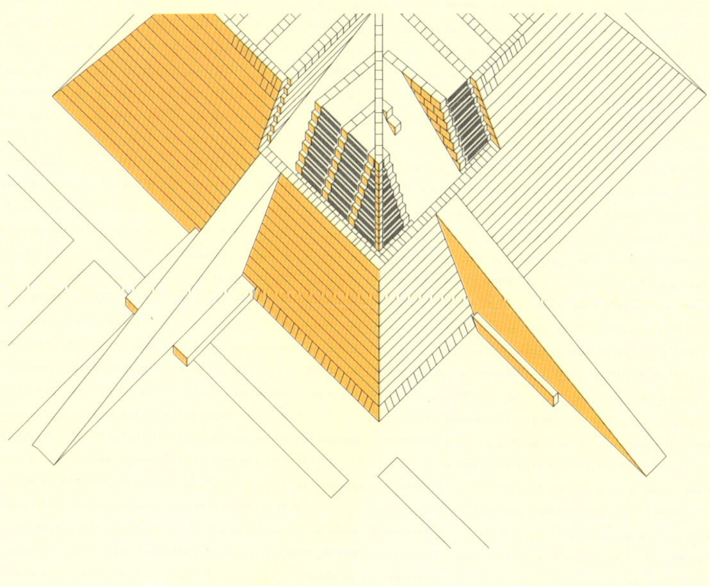

Vorgehensweise beim Pyramidenbau
Die innere Struktur der Pyramiden des Alten Reiches ist noch weitgehend unbekannt. Wahrscheinlich wurde seit Beginn der 4. Dynastie in waagerechten Blockschichten gearbeitet, wobei die Verkleidungsblöcke aus dichtem Kalkstein gleichzeitig mit dem Kernmauerwerk aus porösem lokalem Kalkstein gesetzt wurden.

Seite 53
Planierter Baugrund der Chephren-Pyramide
Zur Schaffung eines horizontalen Baugrundes wurde das leicht ansteigende Felsplateau rings um die Chephren-Pyramide großflächig abgetieft. Der zutage liegende Kalkstein wurde in großen Quadern abgearbeitet.
Altes Reich, 4. Dynastie, um 2500 v. Chr.

Die Große Halle in der Cheops-Pyramide
Zur Lagerung der Verschlußblöcke, die nach der Bestattung von innen in den zur Sargkammer aufsteigenden Gang hinabgelassen wurden, wurde am oberen Ende dieses Ganges eine riesige Halle mit Kraggewölbe aus dem Pyramidenmassiv ausgespart.
Aus: Luigi Mayer, »Views in Egypt«, 1804.

Kalksteinverkleidung existieren noch die obersten Lagen rings um die Pyramidenspitze; auch die Granitverkleidung am Pyramidenfuß ist teilweise erhalten. An der Nord- und Westseite der Pyramide zeigt der massive Felsgrund, auf dem die Pyramide ruht, zahlreiche Spuren der Aufmessung und Bauvorbereitung und erlaubt somit Rückschlüsse auf Bauplanung und Bauverfahren. Der Tempelkomplex an der Ostseite der Pyramide läßt alle wesentlichen Teile erkennen: Der eigentliche Totentempel mit offenem Hof und fünf Sanktuaren ist dicht an die Pyramide herangerückt und über einen etwa 500 m langen, aus dem Fels gehauenen Damm erreichbar. Dieser Aufweg nimmt seinen Ausgang unten im Tal am Rande des Fruchtlandes und war von hohen Seitenmauern gesäumt. Sein Torgebäude ist der Taltempel, ein einzigartiger Sonderfall altägyptischer Architektur. In mehrere Meter starke, aus dem gewachsenen Kalkstein gehauene Wände ist ein T-förmiger Saal eingebettet, dessen Wände mit riesigen Granitblöcken verkleidet sind; die Decke

Statuengruppe mit König Mykerinos
Im unvollendeten Taltempel der Mykerinos-Pyramide fanden sich mehrere Statuengruppen, die den König in Gemeinschaft mit Hathor, der Göttin des Himmels, und einer Gaugottheit zeigen, die die Kräfte der Erde verkörpert.
Altes Reich, 4. Dynastie, um 2500 v. Chr.; Grauwacke; Kairo, Ägyptisches Museum

Mykerinos-Pyramide in Gisa
Die kleinste der drei Gisa-Pyramiden, die Pyramide des Mykerinos, war mit rotem Granit verkleidet. Das Bauwerk blieb unvollendet; nur rings um den Eingang ist die Oberfläche der Granitblöcke geglättet; eine Inschrift wurde erst in der Spätzeit hinzugefügt.
Altes Reich, 4. Dynastie, um 2500 v. Chr.

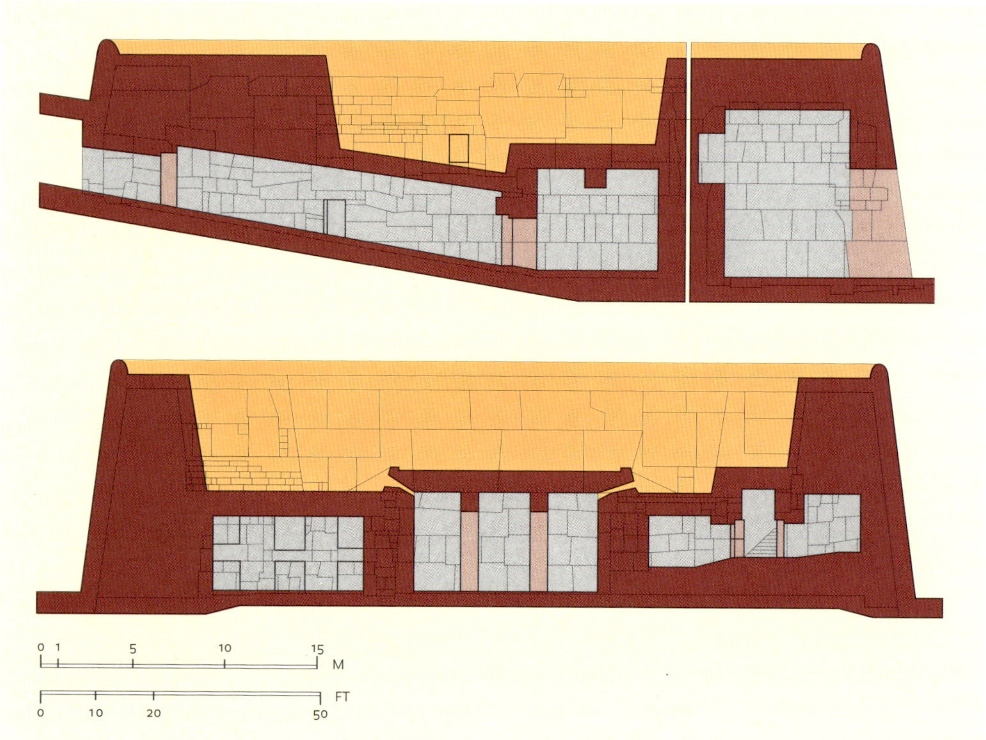

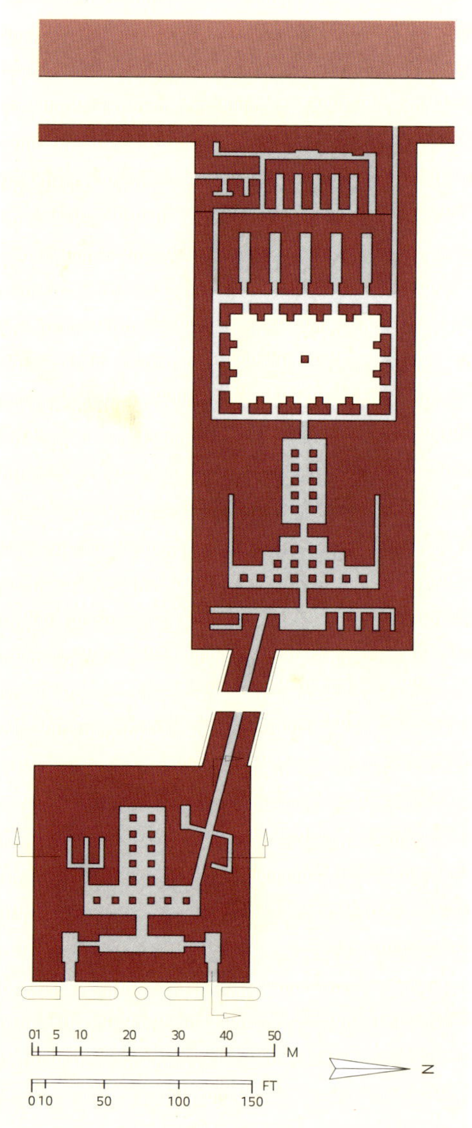

Längs- und Querschnitt durch den Chephren-Taltempel
Hinter der Granitverkleidung verbergen sich gewaltige Kalksteinmassive, in deren Mitte der Pfeilersaal eingebettet ist. Er wird durch schräg geführte Fensterschlitze beleuchtet. Die Schräge des Aufwegs setzt bereits im Inneren des Tempels an.

Grundriß des Chephren-Taltempels
Im umgekehrt T-förmigen Pfeilersaal des Taltempels standen 23 Sitzfiguren des Königs. Der fast 500 m lange Aufweg führt zum Totentempel mit Pfeilerhalle, tiefer Halle, Statuenhof und fünf Statuenkapellen. Dahinter liegen Magazine.

Sphinx von Gisa
Mit 73,5 m Länge ist die Sphinxfigur von Gisa die monumentalste Statue Altägyptens. Vom Kopftuch gerahmt, blickt das Gesicht des Königs nach Osten zur aufgehenden Sonne. Seine Züge entsprechen stilistisch denen der Statuen der Nachfolger des Cheops, der Könige Radjedef und Chephren.
Altes Reich, 4. Dynastie, um 2550–2500 v. Chr.; Kalkstein

Seite 59
Sphinx von Gisa
Löwenleib und Menschenkopf verbinden sich in der Sphinxfigur zu einer göttlichen Erscheinungsform des Königs, der als »Sohn des Re« der direkte Sproß des Sonnengottes ist. Die Kolossalfigur ist aus dem anstehenden Felsen gehauen, der ringsum als Steinbruch zur Errichtung der Pyramiden abgebaut wurde.
Altes Reich, 4. Dynastie, um 2550–2500 v. Chr.; Kalkstein

Seite 57
Taltempel der Chephren-Pyramide
Die klare Form der Pfeiler im Taltempel der Chephren-Pyramide wird oft als typisch ägyptisch bezeichnet. Sie ist jedoch ein Ausnahmefall, der in krassem Widerspruch zum Grundprinzip der ägyptischen Architektur steht: die Bauformen in Holz, Matten und Ziegeln nachzuahmen.
Altes Reich, 4. Dynastie, um 2500 v. Chr.

Abusir

Auf das rätselhafte Schweigen, das das Dreigestirn der Gisa-Pyramiden der 4. Dynastie (2575–2465 v. Chr.) umgibt und das aus der Spärlichkeit der Bild- und Textquellen resultiert, folgt in der 5. Dynastie (2465–2325 v. Chr.) mit den königlichen Pyramidenanlagen in Abusir eine Epoche, die manche der in Gisa offen gebliebenen Fragen beantworten kann. In Abusir, in Sichtweite zwischen Gisa und Sakkara, stehen dicht nebeneinander die Grabanlagen der vier Könige Sahure, Neferirkare, Neferefre und Niuserre.

Der Anfang des 20. Jahrhunderts von Ludwig Borchardt ausgegrabene Pyramidenkomplex des Sahure vermittelt aufgrund seines guten Erhaltungszustands ein repräsentatives Bild einer königlichen Bestattung des Alten Reiches.

Der Taltempel liegt unmittelbar am Rand des Fruchtlandes und war mit dem Nil durch einen Kanal verbunden, der sicherlich für den Transport des Baumaterials angelegt worden war. Der Aufweg, teils künstlich angeschüttet, war von hohen Seitenwänden gesäumt, auf denen als Deckenkonstruktion riesige Kalksteinplatten lagen. Sie ließen über der Mitte des Aufwegs einen schmalen Schlitz frei, durch den schwaches Tageslicht auf die Reliefs fiel, die in der ganzen Länge des Aufwegs in mehreren Bildstreifen die Seitenwände bedeckten – ein Relieffries von etlichen Kilometern Länge.

Eines der dominierenden Bildthemen ist die politische und dogmatische Stellung des ägyptischen Königs im Weltganzen. Die Feinde Ägyptens – Nubier im Süden, Libyer im Westen, Asiaten im Osten – werden dem König von Göttern als gefesselte Gefangene zugeführt. Dieses Bild, das das historische Selbstverständnis des Pharaos verdeutlicht, wird ergänzt durch eine Darstellung der kosmischen Ordnung in der Natur. Fettleibige zweigeschlechtliche Wesen, die Nilgötter, tragen im

Pyramidentempel des Königs Sahure in Abusir
Vom Taltempel am Rande des Fruchtlandes führt der Aufweg axial auf den Totentempel zu. Rings um den Hof standen Palmsäulen. Die inneren Tempelräume führen zum Statuensaal und zur Scheintür am Fuß der Pyramide. Altes Reich, 5. Dynastie, um 2450 v. Chr.

Seite 61 oben
Pyramidenfeld von Abusir
Zwischen Sakkara und Gisa liegt das Pyramidenfeld der Könige der 5. Dynastie. Der Blick geht von der Spitze der Sahure-Pyramide auf die Pyramiden des Neferirkare (rechts) und Niuserre (links). Nur wenige Generationen später als die Gisa-Pyramiden erbaut, lassen die Abusir-Pyramiden die bautechnische Perfektion der Vorgängerbauten vermissen. Altes Reich, 5. Dynastie, um 2450 v. Chr.

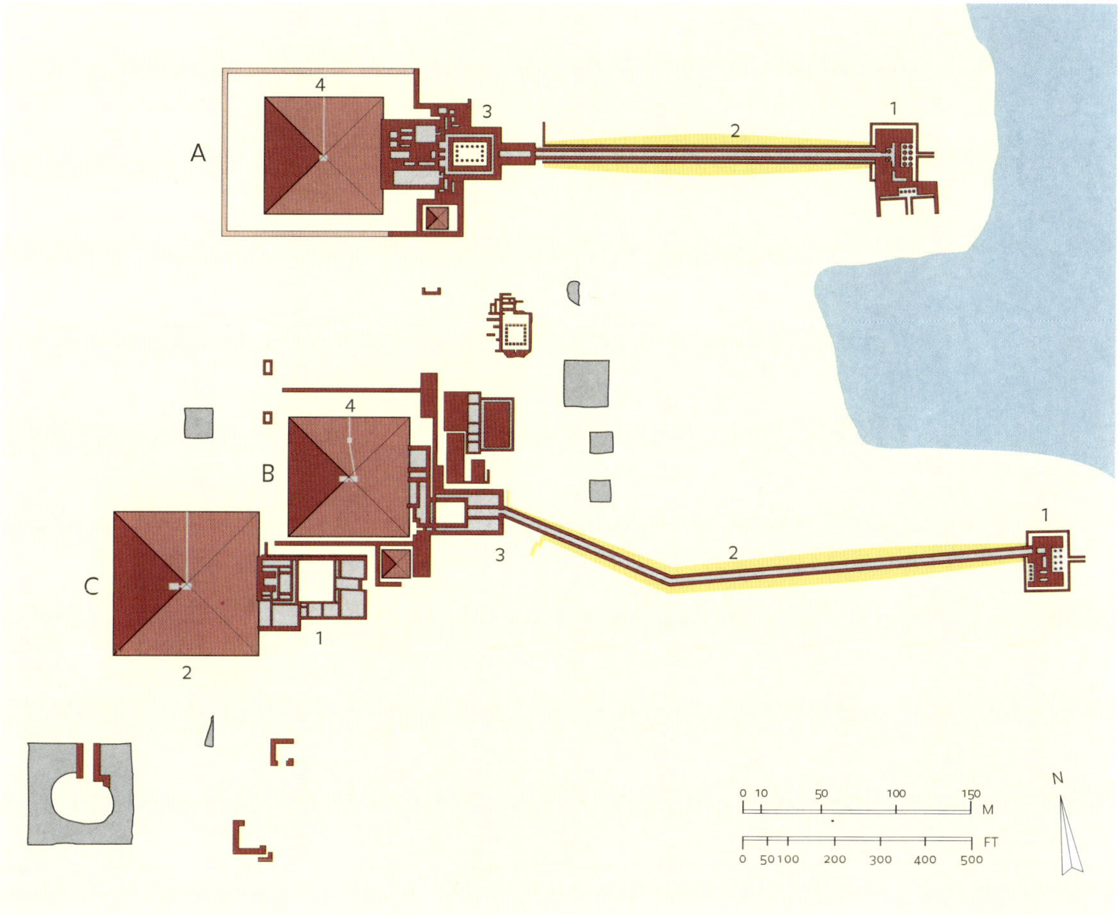

Plan des Pyramidenfeldes von Abusir

Die königlichen Grabanlagen der Pyramiden des Sahure, Niuserre und Neferirkare (von Nord nach Süd) bilden mit weiteren, zum Teil noch nicht vollständig ausgegrabenen Pyramidenanlagen einen zeitlich geschlossenen Architekturkomplex von außergewöhnlicher Dichte.

A Pyramidenkomplex des Königs Sahure
1. Taltempel, 2. Aufweg, 3. Totentempel, 4. Pyramide

B Pyramidenkomplex des Königs Niuserre
1. Taltempel, 2. Aufweg, 3. Totentempel, 4. Pyramide

C Pyramidenkomplex des Königs Neferirkare
1. Totentempel, 2. Pyramide

Der Gott Sopdu
Die Wände des Aufwegs vom Tal- zum Totentempel der Sahure-Pyramide waren mit mehreren hundert Metern fortlaufender Reliefs geschmückt. Sie stellen unter anderem die Götter Ägyptens dar, die dem König gefesselte Feinde zuführen. Die Darstellung von Sopdu, des »Herrn der Fremdländer«, mit Bart und kantigen Wangen weist vorderasiatische Züge auf.
Altes Reich, 5. Dynastie, um 2450 v. Chr.; Kalkstein; Berlin, Ägyptisches Museum

Der Gott Seth
Während Sopdu die Ostgrenze Ägyptens beschützte, war Seth – mit dem Tierkopf eines Erdferkels – der Schutzgott Oberägyptens. In seiner Linken hält er eine Streitaxt und die Seile, mit denen die Feinde gefesselt werden. Über ihm dehnt sich der gestirnte Himmel, und so ist das politische Geschehen in göttliche Sphären eingebunden.
Relief im Aufweg der Sahure-Anlage; Altes Reich, 5. Dynastie, um 2450 v. Chr.; Kalkstein; Berlin, Ägyptisches Museum

Fruchtbarkeitsgötter
Weibliche und zweigeschlechtliche Figuren tragen in ihren Händen Opferplatten, von denen Lebenszeichen herabhängen. Durch die Beischriften »Wasser«, »Korn« und »Speise« sind diese Wesen als göttliche Personifikationen der Fruchtbarkeit des Niltals bezeichnet. Diese Reliefs umzogen als Bildfries den unteren Wandteil des Tempelhofes der Sahure-Pyramide.
Altes Reich, 5. Dynastie, um 2450 v. Chr.; Kalkstein; Kairo, Ägyptisches Museum

Wechsel mit weiblichen Gottheiten Opferplatten, die mit Lebenszeichen behängt sind; in den Beischriften heißen diese Götter »Speise«, »Wasser«, »Korn« und stehen so für die Fruchtbarkeit des Niltals. Andere Reliefbilder scheinen Historisches darzustellen, beispielsweise aus Vorderasien heimkehrende Handelsschiffe oder – auf erst 1994 entdeckten Blöcken – zu Skeletten abgemagerte hungernde Beduinen und tributbringende libysche Häuptlinge mit ihren Familien. Ähnliche, bisweilen fast identische Reliefszenen finden sich auch in anderen königlichen Tempelanlagen des Alten Reiches. Diese Szenen zeigen also Standardthemen, die nicht Einmaliges, sondern Allgemeingültiges aussagen. Nicht der historische Herrscher ist ihr Akteur, sondern der Pharao schlechthin.

Der Aufweg mündet in einen offenen Hof, den monolithe Palmsäulen aus rotem Granit umstehen. Die Decke des Hofumgangs ist mit ihrem Sternenmuster eine Fortsetzung des Himmels, der sich über dem offenen Hofraum wölbt. Das schwarze Basaltpflaster des Hofes nimmt die Farbe des fruchtbaren Ackerbodens des Niltals auf. So bilden Pflaster, Säulen und Decke einen architektonischen Kosmos, ein Weltbild aus Stein. An der Nahtstelle von Erde und Himmel, auf den Architraven über den Palmkapitellen, stehen die Namen des Königs. Er war das Bindeglied zwischen Mensch und Gott, er verwirklichte die göttliche Ordnung auf Erden, und diese Ordnung fand in der Architektur des Tempels ihren sichtbaren und bleibenden Ausdruck.

In Abu Ghurob, nicht weit von Abusir entfernt, haben Könige der 5. Dynastie Sonnenheiligtümer errichtet, die ausschließlich der Darstellung dieser Mensch-Gott-Beziehung in der Person und der Funktion des Königs dienen. Diese Anlagen gliedern sich – den Pyramidentempeln vergleichbar – in Talbau, Aufweg und eigentlichen Tempel; es fehlt jedoch die Pyramide. Statt dessen erhebt sich im weiten Tempelhof ein aus Steinblöcken gemauerter gedrungener Obelisk auf einem Pyramidenstumpf. In diesem Kultmal des Sonnengottes Re manifestiert sich die Menschwerdung Gottes in der Person des Königs.

Im gut erhaltenen Sonnenheiligtum des Königs Niuserre in Abu Ghurob sind die Wände der langen Gänge, die zu diesem Obelisken führen, mit Reliefzyklen geschmückt. Sie zeigen das Regierungsjubiläum des Königs, bei dem er seine zyklisch wiederkehrende Verjüngung erfährt. Die interessantesten Reliefbilder jedoch sind die nach den Jahreszeiten geordneten Darstellungen des Lebens in der Natur: Zugvögel, die Zeugung und Geburt von Jungtieren sowie Fische, die zum Laichen den Nil hinaufschwimmen. Diese berühmten »Jahreszeitenreliefs« sind ein Bildhymnus an den Sonnengott, eine Vorwegnahme des Sonnengesangs des Echnaton oder des Franz von Assisi.

Inschriftlich sind die Namen der Sonnenheiligtümer von sechs Königen der 5. Dynastie belegt; aber nur die des Sahure und des Niuserre sind lokalisiert und ausgegraben. Die in diesen Tempeln in Architektur umgesetzte göttliche Komponente des Wesens des ägyptischen Königs ist jedoch nicht an die individuelle Person des jeweiligen Herrschers, sondern an die Institution des Königtums gebunden. Der König als Person ist sterblich, und folglich bedarf es besonderer Mechanismen der Verklärung für die Sicherung seiner ewigen Existenz im Jenseits. Die Pyramide war – in ihrer Frühform als Stufenpyramide leicht erkennbar – die Himmelsleiter, über die der König zu den Göttern aufsteigen sollte. In den Pyramidentexten, die seit dem Ende der 5. Dynastie in die Wände der unterirdischen Kammern gemeißelt wurden, beschreibt der König diese Himmelfahrt: »Du besitzt dein Herz, Osiris; du besitzt deine Beine, Osiris; du besitzt deine Arme, Osiris. So besitze auch ich mein Herz, meine Beine, meine Arme. Eine Treppe zum Himmel ist für mich gebaut, damit ich auf ihr aufsteige zum Himmel, und ich steige auf dem Rauch der großen Räucherung. Ich fliege auf als Vogel, ich lasse mich nieder als Käfer auf dem leeren Thron, der in

Relief aus dem Sonnentempel des Niuserre
In der Nähe ihrer Pyramiden bauten mehrere Könige der 5. Dynastie Sonnentempel, in denen sie mit dem Sonnengott Re eine enge theologische Verbindung eingingen. Ein Reliefzyklus im Sonnentempel des Niuserre zeigt das Wirken des Re in der Natur – ein Sonnenhymnus in Bildern.
Altes Reich, 5. Dynastie, um 2400 v. Chr.; Kalkstein; Berlin, Ägyptisches Museum

Sargkammer der Unas-Pyramide in Sakkara
Das Giebeldach ist mit Sternmuster besetzt, die Wände rings um den Sarg zeigen in Relief nachgeahmte Mattenverkleidung. Die Sargkammer stellt die Wohnung des Toten und zugleich seine himmlische Umgebung dar. Der König ruht inmitten einer Welt, die sich aus irdischen Reminiszenzen und göttlichen Hoffnungen aufbaut.
Altes Reich, 5. Dynastie, um 2350 v. Chr.

König Sahure
Vom Erbauer der ersten Pyramide in Abusir ist eine Statue erhalten, die ihn mit Königskopftuch und -bart zeigt. Schon König Chephren verwendete für seine Statuen dasselbe Material.
Altes Reich, 4. Dynastie, um 2450 v. Chr.; Anorthosit-Gneis; New York, The Metropolitan Museum of Art

deiner Barke ist, Re!« Über das Ziel dieser Himmelfahrt heißt es: »Dir werden die Türflügel des Himmels geöffnet, du gehst aus ihnen hervor als Horus.« Der Weg des wie Osiris ewig lebenden Königs zum Himmel wird als Treppe beschrieben, und die Himmelfahrt wird begleitet vom Rauchopfer des Begräbnisrituals. Die Tempelanlage war die Bühne des Totenkults, der sowohl die Naturalversorgung des verstorbenen Königs sicherstellte als auch dessen ritueller Verklärung diente. Die architektonische Gestalt und die Wanddekoration der Sargkammern dieser Pyramiden spiegeln die beschriebenen Vorstellungen: Unter einem sternenbesetzten Giebeldach, das das himmlische Jenseits des Königs darstellt, steht der monolithe Steinsarkophag des Königs inmitten eines Raumabschnitts, dessen Wände mit Teppichmustern verziert sind; sie machen den Grabraum zu einem kostbar ausgestatteten Palastsaal, setzen also Profanes in Sakrales, Vergängliches in Ewiges um.

Relief des Mereruka in Sakkara
Die Verbindung von Vorder- und Seitenansicht im altägyptischen Reliefbild verleiht der menschlichen Figur eine Räumlichkeit, durch die auch die Fläche der Wand eine Erweiterung ins Dreidimensionale erfährt.
Altes Reich, 6. Dynastie, um 2300 v. Chr.

Opfersaal im Grab des Mereruka
In schockierender Unmittelbarkeit tritt der Verstorbene aus der Scheintür, die über dem Grabschacht die Nahtstelle zwischen Diesseits und Jenseits bildet. Zu seinen Füßen liegt über einer Treppe die Opferplatte, auf der ihm das Totenopfer dargebracht werden soll. Die Wandreliefs halten für den Verstorbenen ein idealisiertes Diesseits bereit.
Altes Reich, 6. Dynastie, um 2300 v. Chr.

Grabrelief des Huti
Das zentrale Motiv der Grabreliefs des Alten Reiches ist die Darstellung des Verstorbenen am Opfertisch. Auf dem Tisch stehen Brote, um den Tisch sind andere Opfergaben schriftlich bezeichnet. Der Grabbau ist für den Toten der Lebensraum und auch die Stätte der Begegnung mit den Hinterbliebenen.
Aus Grab B 9 in Sakkara;
Altes Reich, 4./5. Dynastie, 2500–2400 v. Chr.; Kalkstein;
Kairo, Ägyptisches Museum

Gräber des Alten Reiches

Im Königsgrab, in der Pyramide und ihren Tempelanlagen, wirken zwei Vorstellungen zusammen. Das königliche Jenseits ist einerseits eine ewige Fortsetzung des irdischen Lebens, vor allem aber ein Aufstieg vom Irdischen zum Himmlischen. Dem normalen Sterblichen blieb dieser Aufstieg in den Himmel verwehrt. Seine Jenseitshoffnung richtete sich auf die Gewährleistung der idealisierten Fortführung seiner irdischen Lebensgewohnheiten.

An diesem Jenseitsbild orientiert sich die Architektur der Gräber. Sie sind die ewigen Wohnhäuser der Verstorbenen. Der Grabbau über rechteckigem Grundriß greift mit seinen geböschten Außenwänden auf die typischen Formen der Lehmziegelarchitektur zurück. Aus dieser Form leitet sich die heute gebräuchliche Bezeichnung »Mastaba« ab, ein arabischer Begriff für die aus Ziegeln aufgemauerte Bank vor Lehmziegelhäusern. Die aufwendigen Wanddekorationen von Privatgräbern der 3. Dynastie zeigen in Relief und Malerei, wie prunkvoll die Wohnräume mit geflochtenen Matten und bunten Teppichen ausgestattet waren.

An der Ostseite dieser Mastabas befinden sich meist zwei Türen. Da hinter ihnen der massive Grabhügel liegt, sie also nicht begehbar sind, werden sie als »Scheintüren« bezeichnet. Die Scheintür ist der funktional wichtigste Teil des Grabes, denn durch sie fand die Kommunikation zwischen Diesseits und Jenseits statt. Vor ihr liegt die Opferplatte, auf der die Nachfahren den Verstorbenen die Opferspeisen darbringen sollten. Aus der Scheintür trat der Verstorbene in die Kultkammer des Grabes ein, emporgestiegen aus seiner tief unter der Erde gelegenen Grabkammer, in der sein sterblicher Leichnam im Holz- oder Steinsarg ruhte. In manchen Gräbern ist dieses Ein- und Ausgehen im Jenseits und Diesseits durch die Scheintür ganz konkret dargestellt; die rundplastisch oder in Hochrelief gearbeitete Figur des Verstorbenen tritt – besonders eindrucksvoll zeigt sich dies im Grab des Mereruka in Sakkara – aus der Tür und ist so körperlich präsent. Im Grab des Idu in Gisa wird der Oberkörper des Verstorbenen im unteren Teil der Scheintür sichtbar, so daß der Eindruck entsteht, er entsteige gerade dem Grabschacht, der aus der Sargkammer nach oben in die Kultkammer führt.

Die beiden funktional und räumlich streng getrennten Teile eines Grabes treffen in der Scheintür aufeinander: der unzugängliche unterirdische Bestattungsbereich, bestehend aus Sargkammer und Schacht, der nach vollzogener Bestattung aufgefüllt wurde, und der begehbare, ebenerdig angelegte Kultbereich, der der Nach-

Familienstatue des Seneb
Der tief unter der Erde Bestattete wird im Oberbau des Grabes durch eine Statue vertreten. Für den Grabbesucher unsichtbar, steht sie im *Serdab*, einer ringsum geschlossenen Kammer, die in manchen Gräbern durch Sehschlitze oder Löcher mit der Opferkammer verbunden ist. Die Familienstatue des Zwergen Seneb, seiner Frau und der beiden Kinder befand sich in einer Steinkiste, die mit einer Platte verschlossen war.
Altes Reich, 4. Dynastie, um 2450 v. Chr.; Kalkstein; Kairo, Ägyptisches Museum

welt zum Vollzug des Totenkults offenstand. Die Türpfosten der Scheintür sind typischen Lehmziegelformen nachempfunden, und in dem halbrunden Türbalken werden die Elemente des Palmstammes oder des zusammengeschnürten Binsenbündels aufgegriffen, die im Lehmbau als Türsturze dienten. Oft ist die Scheintür durch Rundstab und Hohlkehle gerahmt, trägt also die Grundelemente des Ziegelhauses in sich.

Im Verlauf des Alten Reiches löste sich der kompakte massive Baukörper der Mastaba in eine Fülle von Innenräumen auf und wurde in seiner Raumstruktur zu einem wahrhaften Wohnhaus des Toten, bisweilen auch zu einem Häuserkomplex, in dem sich die Grabhäuser mehrerer Familienmitglieder befanden. Die Lage der Mastabagräber auf den Residenzfriedhöfen von Gisa, Abusir und Sakkara spiegelt die soziale Stellung der Grabinhaber. In unmittelbarer Nachbarschaft der königlichen Pyramidenanlage durften sich die Mitglieder der königlichen Familie und die höchstrangigen Staatsbediensteten ihre Gräber anlegen lassen. Mit zunehmender Entfernung vom Königsgrab nimmt auch der soziale Rang der Grabinhaber ab. Auch in ihrer

Gräberfeld des Alten Reiches
Die unterirdische Grabkammer liegt am Ende eines senkrechten Schachtes, der nach der Bestattung zugeschüttet wurde. In einer Aussparung des Durchgangs stand vielleicht ein Porträtkopf des Toten (siehe Pfeil). Die Oberbauten über rechteckigem Grundriß werden wegen ihrer geböschten Wände »Mastaba« (arabisch »Bank«) genannt. Zu Beginn des Alten Reiches war die Mastaba ein massiver Steinhügel. Sie entwickelte sich zum Totenhaus mit bis zu 60 Räumen.

räumlichen Organisation sind diese Friedhöfe Spiegelbilder diesseitiger Wirklichkeit. Die Mastabas liegen an regelmäßig angelegten Straßen, die erst in den Randbereichen in den Wildwuchs der Vorstädte übergehen.

Nicht so sehr ihre Architektur macht die Mastabas des Alten Reiches zu einem unschätzbaren Bestandteil der Archäologie Ägyptens, sondern vor allem ihr Wandschmuck in Relief und Malerei. Die Außenwände sind meist schmucklos, aber nachdem man die Grabtür, auf deren Pfosten der Verstorbene in versenktem Relief dargestellt ist, durchschritten hat, entfaltet sich auf den Wänden der Grabräume eine überaus lebendige Bilderwelt, in der – abgesehen von den unteren Wandzonen – kaum eine Fläche ungenutzt bleibt.

Diese Wandbilder – meist bemalte Flachreliefs, selten reine Malerei – haben, so will es zunächst scheinen, keinerlei Bezug zu religiösen Themen. In unerschöpflicher Detailvielfalt stellen sie zahlreiche Aspekte des Alltagslebens dar. Szenen aus der Landwirtschaft, aus den Werkstätten der Handwerker, aus dem häuslichen Leben werden ergänzt durch Darstellungen von Sport und Spiel, Jagd und Schiffahrt. Einem Handbuch der altägyptischen Kulturgeschichte gleich, sind diese Bilder eine überreiche ikonographische Informationsquelle. Darstellungen von Göttern fehlen gänzlich. Und doch sind diese Alltagsszenen eingebunden in ein primär religiös motiviertes Bildprogramm. Adressat der Szenen war der Verstorbene, für den in den Bildern eine ideale Wirklichkeit ausgebreitet wurde, eine Ewigkeitsvision, die den Alltag überhöht. Als Sitzfigur, auf einem Sessel thronend, ist er in der unzugänglichen Statuenkammer des Grabes präsent, um an den Bildinhalten teilzuhaben. Das zentrale Bild der Grabreliefs ist auf oder neben der Scheintür zu finden: Der in der thronenden Haltung verklärte Verstorbene sitzt am Opfertisch und ergreift die Gaben, die vor ihm aufgetürmt und auf der hieroglyphischen Opferliste schriftlich fixiert sind. Den Reliefbildern auf den Türpfosten der Scheintür, die den Verstorbenen schreitend darstellen, entspricht die Statuenform der Stand-Schreit-Figur, die seine physische Aktionsfähigkeit garantierte. Beide Aspekte, Verklärung und Fortbestand der physischen Existenz, waren Vorbedingungen ewigen Lebens.

Eine Sonderform des Grabes im Alten Reich sind die Felsengräber. Sie wurden je nach örtlichen Gegebenheiten ganz oder teilweise unterirdisch in den Fels geschlagen. Dabei wurden offenbar recht häufig bereits vorhandene höhlenartige Räume genutzt, die bei der Anlage unterirdischer Steinbrüche entstanden waren. Besonders in den Steinbruchgebieten Mittelägyptens, bei den Provinznekropolen des Mittleren Reiches, erfreute sich diese Grabform großer Beliebtheit. Im Neuen Reich avancierte sie schließlich zum alleinigen Grabtypus.

Neben dieser pragmatischen Motivation der Felsengräber ist nicht auszu-

Grabrelief des Metjetji
Bei der Technik des versenkten Reliefs wird der Bildgrund um die Figuren nicht abgemeißelt, sondern stehen gelassen. Die Figuren werden in die Wandfläche verlegt. Da die tief eingeschnittenen Umrißlinien kräftige Schatten werfen, findet diese Technik vor allem an den Außenwänden von Gräbern und Tempeln Verwendung.
Aus Sakkara; Altes Reich, 5. Dynastie, um 2400 v. Chr.; Kalkstein; Berlin, Ägyptisches Museum

schließen, daß ihnen bereits im Alten Reich ein Baugedanke zugrunde lag, der im Neuen Reich evident wurde: Die unterirdischen Grabräume dringen über die Grenze der diesseitigen Welt hinaus in unbekannte Regionen ein, sind architektonisch gestaltete Wege ins Jenseits und beinhalten bereits in dieser Form eine religiöse Aussage.

Verschollene Klassik

Bauten des Mittleren Reiches

Seite 73
Spiegelgriff
Das Architekturelement der Pflanzensäule mit Papyruskapitell ist zum Griff eines Spiegels umfunktioniert worden. In die Papyrusdolde ist das Gesicht der Göttin Hathor integriert, deren Tiergestalt nur in den Kuhohren anklingt.
Aus Illahun; Mittleres Reich, 12. Dynastie, um 1800 v. Chr.; Gold, Obsidian, Halbedelsteine; Kairo, Ägyptisches Museum

Göttertempel und Felsengräber

Die Bautradition der königlichen Pyramidengräber des Alten Reiches endete mit dem Niedergang von Memphis als Hauptstadt des Landes. Als nach dem Zerfall des Landes während der ersten Zwischenzeit die Wiedervereinigung Ägyptens vom oberägyptischen Theben ausging (um 2050 v. Chr.), trat eine Region des Niltals ins Licht der Geschichte, die im Alten Reich nahezu bedeutungslos gewesen war. Theben bestimmte nun mit neuen Impulsen das künstlerische Schaffen.

Obwohl im nördlichen Teil von Theben, in el-Tarif, frühgeschichtliche Mastaba-Gräber nachgewiesen sind, ging die Grabarchitektur des frühen Mittleren Reiches neue Wege. Die politische und militärische Elite am Hof des Reichseinigers Mentuhotep II. (2040–2010 v. Chr.) legte sich Felsengräber in Theben-West im Talkessel von Deir el-Bahari an, teils hoch oben am Felsabhang, teils in der Talsenke des Assasif. Denselben Begräbnisplatz wählte der König, vielleicht beeinflußt durch ein altehrwürdiges Höhlenheiligtum der Göttin Hathor.

Gänzlich andersartig als die Pyramidenkomplexe des Alten Reiches ist diese Grabanlage des Mentuhotep. Der König ruhte nicht mehr im Inneren einer monumentalen Himmelsleiter, die ihm den Aufstieg zu den Göttern erlaubte, sondern sein Grab lag 150 m tief im Berg. Vor diesen unterirdischen Teil des Grabes ist eine Terrasse gebaut, auf der sich über quadratischem Grundriß ein stilisierter Urhügel erhebt: ein Bild von der Entstehung der Welt, in das wohl auch der unterhalb der Terrasse angelegte Heilige Hain einzubeziehen ist. Nur Taltempel und Aufweg erinnern noch an die traditionelle Grabstruktur der Pyramidenkomplexe des Alten Reiches. Der vordere Teil des Terrassentempels ist dem Kult der Götter Month und Amun gewidmet, mit denen sich der König identifizierte – nicht unähnlich dem architektonisch-religiösen Konzept der Sonnenheiligtümer der 5. Dynastie.

Auf der Ostseite des Nils entstand zur selben Zeit die Keimzelle eines Tempels, der innerhalb weniger Jahrzehnte zum wichtigsten Heiligtum Ägyptens werden und diese überragende Stellung bis ans Ende des Pharaonenreiches behalten sollte: das Heiligtum des alsbald als König der Götter bezeichneten Amun-Re von Karnak. Inmitten der im Verlauf von zwei Jahrtausenden zu einer Tempelstadt anwachsenden Anlage von Karnak ist das Areal, auf dem sich der altehrwürdige älteste Tempel erhob, stets von späterer Überbauung freigehalten worden. Nur die Granitschwellen mehrerer hintereinander liegender Tore sind erhalten; der Tempel selbst dürfte zunächst ein Lehmziegelbau gewesen sein, dessen Achse auf den Nil ausgerichtet war. Rings um dieses Areal des Urtempels von Karnak sind nur wenige Bauteile des frühen Mittleren Reiches erhalten, aber genug, um die schnelle Ausdehnung des neuen Göttertempels zu belegen.

Seinem ursprünglichen Kontext entzogen ist das – nur 6,5 x 6,5 m große – bedeutendste Bauwerk des Mittleren Reiches in Karnak, die Weiße Kapelle des Königs Sesostris I. (1971–1926 v. Chr.). Sie wurde anläßlich des Regierungsjubiläums des Königs in einer Nebenachse des Amun-Re-Tempels erbaut, mußte späteren Erweiterungsbauten weichen und wurde unter Amenophis III. (1390–1353 v. Chr.) Block

Kopf einer Statue des Königs Sesostris III.
Im Herrscherbildnis des Mittleren Reiches steht die Individualität des Königs im Mittelpunkt der Darstellung, so daß auch unbeschriftete Statuen namentlich ausgewiesen werden können.
Aus Karnak; Mittleres Reich, 12. Dynastie, um 1830–1820 v. Chr.; Granit; Luksor, Luksor-Museum

Totentempel des Königs Mentuhotep II. in Deir el-Bahari
Wie bei den Pyramidenanlagen des Alten Reiches führt auch bei der Anlage Mentuhoteps vom Taltempel ein langer Aufweg zum Totentempel, der unmittelbar am Fuß der senkrechten Felsenwände von Deir el-Bahari liegt. Der weite Vorhof war mit Stand- und Sitzfiguren des Königs ausgestattet. Sie standen zwischen den Bäumen einer Allee, deren Pflanzgruben noch heute sichtbar sind. Mittleres Reich, 11. Dynastie, um 2040 v. Chr.

Die Tempel von Deir el-Bahari
Der um 1470 v. Chr. erbaute, in zwei Stufen ansteigende Terrassentempel der Königin Hatschepsut (vorn) ist dem über 500 Jahre älteren Tempel Mentuhoteps II. (hinten) nachempfunden. Vom innersten Teil des Mentuhotep-Tempels führt ein langer Stollen hinab ins Königsgrab, das tief im Berg liegt.

Totentempel des Königs Mentuhotep II. in Deir el-Bahari
Der königliche Totentempel ist von den Felsengräbern der hohen Würdenträger umgeben. Sie liegen mit ihren steilen Vorhöfen an den Abhängen nördlich und südlich des Tempels oder in dessen Vorfeld im Felsengrund des Talbeckens.
Mittleres Reich, 11. Dynastie, um 2040 v. Chr.

Rekonstruktion des Mentuhotep-Tempels
Aus der mehrfachen Umfangung mit Vier- und Achtkantpfeilern erhob sich ein stilisierter Urhügel als Bild der Weltentstehung und täglichen Neugeburt der Sonne. Der Tempel ist auf den Sonnenaufgang ausgerichtet.

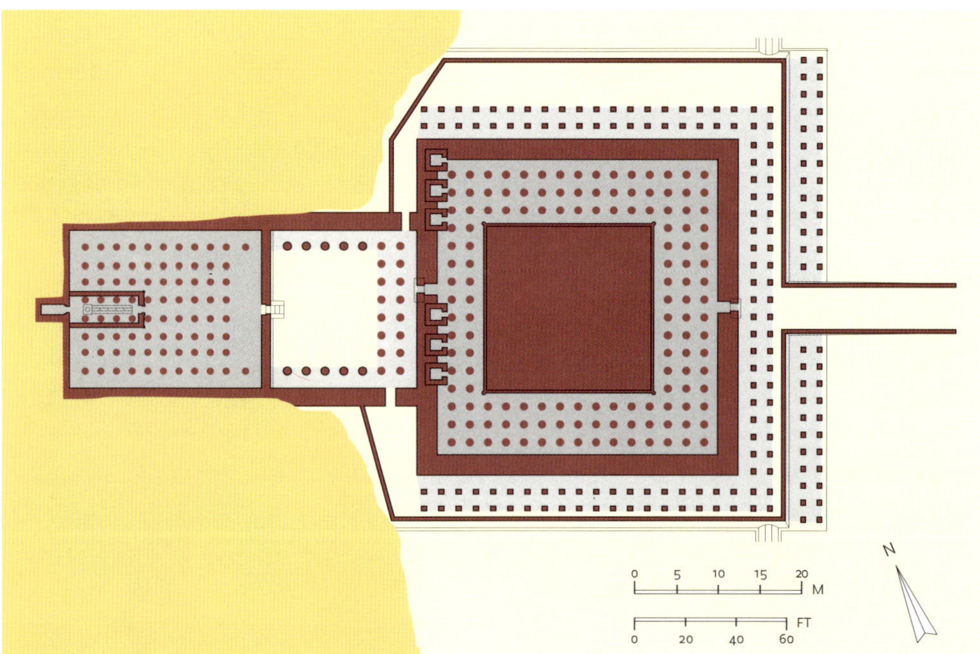

Grundriß des Totentempels des Mentuhotep
Die Theorie von der Ergänzung des im Grundriß quadratischen Zentralbaus zu einer Pyramide hat sich als nicht haltbar erwiesen.

Tempelbezirk des Amun-Re in Karnak
Der älteste Teil des Tempels von Karnak, unmittelbar vor der Festhalle Tuthmosis' III. gelegen, ist über zwei Jahrtausende von jeglicher Überbauung freigehalten worden. Nur wenige Reste lassen auf den Tempelbau aus der Zeit um 2000 v. Chr. schließen, darunter Türschwellen aus Granit und der Sockel des Kultbild-Schreines für Amun-Re.

für Block im 3. Pylon des Amun-Re-Tempels verbaut. 1927 bis 1938 wurden die Blöcke aus weißem Kalkstein ausgegraben, mit denen Henri Chevrier die Kapelle vollständig wiederherstellen konnte. Heute steht sie im Freilichtmuseum von Karnak. Der Rundstab an den Gebäudeecken und die Hohlkehle als oberer Abschluß deuten darauf hin, daß dieser Kiosk die steinerne Umsetzung eines Ziegelgebäudes ist. Die niedrigen Schrankenmauern sind auf leichte Sichtblenden zwischen den Stützen des Kiosks zurückzuführen. Die geometrische Grundform der quadratischen Pfeiler tritt gegenüber den alle Seiten umlaufenden Flachreliefs in den Hintergrund. Das grazil wirkende Gebäude erhebt sich gewissermaßen aus dem Boden des Niltals, denn auf seinem Sockel sind in geographischer Reihenfolge die ober- und unterägyptischen Gaue aufgelistet.

Der Gesamtplan der frühesten Tempelanlage von Karnak bleibt trotz zahlreicher Einzelfunde von Reliefs und Architekturteilen selbst während der jüngsten Grabungen weitgehend unbekannt. Dennoch läßt sich die Bedeutung dieses Heiligtums indirekt daran erkennen, daß bereits am Ende der 11. Dynastie, um 1991 v. Chr., am thebanischen Westufer des Nils ein Heiligtum auf das gegenüberliegende Karnak ausgerichtet wurde: der wenig bekannte kleine Ziegeltempel Mentuhoteps III. auf dem Thothberg, hoch über dem Zugang zum Tal der Könige. Den Eingang des Tempels mit seinen drei Sanktuaren bildet ein Ziegelpylon, das bislang früheste Beispiel dieser für ägyptische Tempeltore so typischen Bauform.

Die abseitige Lage dieses kleinen Heiligtums auf einem schwer zugänglichen Berggipfel läßt auch darauf schließen, daß es in Theben zahlreiche Tempel des Mittleren Reiches gegeben haben muß. In einigen Orten nahe Theben, in Armant, Tod und Medamud, sind Reliefblöcke mit Namen und Darstellungen von Königen der 11. und 12. Dynastie gefunden worden, die in späteren Bauwerken wiederverwendet worden waren. Die außerordentlich hohe technische und stilistische Qua-

Seite 81
Reliefs der Weißen Kapelle in Karnak
Die quadratischen Pfeiler der nach ihrem Baumaterial (weißer Kalkstein) benannten Weißen Kapelle, tragen Flachreliefs, die Sesostris I. beim Opfer vor Amun-Re zeigen. Die Dominanz der Reliefbilder löst die streng geometrische Struktur des Gebäudes nahezu auf.
Mittleres Reich, 12. Dynastie, um 1950 v. Chr.

Kopf einer Statue des Königs Sesostris I.
Viele Bauelemente und Teile der statuarischen Ausstattung des ältesten Tempels von Karnak sind in späteren Gebäuden wiederverwendet worden. Der Statuenkopf, vor dem 1. Pylon ausgegraben, gehört zu einer Serie überlebensgroßer Pfeilerfiguren, die wohl um einen Hof aufgestellt waren. Von ihrem Format läßt sich auf die Dimensionen der verlorenen Architektur schließen.
Mittleres Reich, 12. Dynastie, um 1950 v. Chr.; Kalkstein; Luksor, Luksor-Museum

Die Weiße Kapelle des Königs Sesostris I. in Karnak
Block für Block konnte 1927–1938 eine ganze Kapelle aus den Grundmauern des 3. Pylons des Karnak-Tempels geborgen werden. Amenophis III. (1390–1353 v. Chr.) hatte den 3. Pylon erbauen lassen. Sechs Jahrhunderte zuvor war die Stationskapelle von Sesostris I. anläßlich seines Regierungsjubiläums errichtet worden.
Mittleres Reich, 12. Dynastie, um 1950 v. Chr.

lität dieser Reliefs zeigt, daß Theben religiöses und künstlerisches Zentrum des Landes blieb, auch als der Königshof mit dem Übergang von der 11. zur 12. Dynastie um 1991 v. Chr. nach Memphis umzog, also in die traditionsreiche Residenzstadt des Alten Reiches zurückkehrte. Der von Mentuhotep II. in Deir el-Bahari für sein Grab in Theben neu geschaffene Typus des Terrassentempels, von seinem Nachfolger Mentuhotep III. in dessen in der Nähe gelegenen, unvollendet gebliebenen Grabkomplex fortgeführt, wurde beim Umzug des Hofes nach Memphis wieder durch die traditionelle Form des Königsgrabes des Alten Reiches ersetzt: die Pyramide.

Die neue Bauaufgabe des Mittleren Reiches bestand nun in der Errichtung von Göttertempeln, deren Fehlen in der Architektur des Alten Reiches nicht nur mit der archäologischen Fundlage erklärt werden kann. Die religionspolitische Lage hatte sich mit Beginn des Mittleren Reiches verändert. Die einzelnen Gaue des Reiches hatten an Bedeutung gewonnen und identifizierten sich nicht zuletzt mit ihren Gaugöttern. Im ganzen Land entstanden Heiligtümer. Oft sind sie nur in Fundamentresten unter späterer Überbauung nachweisbar, aber vereinzelt haben sich Bauteile erhalten, die einen Einblick in die formale Vielfalt der Architektur dieser Aufbruchsphase gewähren.

In der im Mittleren Reich für die landwirtschaftliche Nutzung erschlossenen Fayum-Oase südwestlich von Kairo vertritt der kleine Tempel von Medinet Madi, Ende der 12. Dynastie erbaut, einen Standardtypus mit drei Sanktuaren. Der im Norden des Fayums hoch am Wüstenrand liegende Tempel von Kasr es-Sagha stellt mit sieben Sanktuaren ein Unikum dar und wirkt um so ungewöhnlicher, als nur der innerste Tempelteil ausgeführt wurde und Säulensaal, Hof und Pylon fehlen. Nicht weniger originell sind die beiden noch von Herodot beschriebenen Monumentalstatuen Amenemhets III. (1844–1797 v. Chr.) nahe Medinet el-Fayum bei Biahmu, deren gigantische Sockel erhalten sind, und das eigenartige Stelenmal des Obelisken von Abgig aus der Zeit Sesostris' I. (1971–1926 v. Chr.).

Tempel auf dem Thothberg in Theben-West
Auf einer der höchsten Bergspitzen in Theben steht der kleine Ziegeltempel Mentuhoteps III., dessen Pylon ein frühes Beispiel für diese typisch ägyptische Bauform eines Tempeleingangs darstellt. Der Tempel scheint auf Karnak am gegenüberliegenden Nilufer ausgerichtet zu sein.
Mittleres Reich, 11. Dynastie, um 2000 v. Chr.

Tempel von Kasr es-Sagha im Fayum
Heute inmitten der Felsenwüste nördlich des Fayum-Sees gelegen, stand der Tempel von Kasr es-Sagha ursprünglich am Ufer des Sees. Der Wasserspiegel lag damals weit über seinem heutigen Niveau. Der Tempel blieb unvollendet, so daß keinerlei Inschriften Aufschluß darüber geben, welchen Gottheiten die sieben nebeneinander liegenden Sanktuare geweiht waren.
Mittleres Reich, 12. Dynastie, um 1800 v. Chr.

Tempeltor Amenemhets II. in Hermopolis
Die Reste eines großen Pylons im Zentrum der Tempelruinen von Hermopolis lassen auf ein bedeutendes Heiligtum des Mittleren Reiches schließen, das wohl dem Gott Thoth oder der Achtheit von Hermopolis geweiht war.
Mittleres Reich, 12. Dynastie, um 1990 v. Chr.

Relief Amenemhets I. aus Lischt
Die Könige der 12. Dynastie ließen sich in der Tradition des Alten Reiches Pyramiden errichten. Amenemhet I. und Sesostris I. wählten einen Bauplatz nahe ihrer Residenz in Lischt. Das hier wiederverwendete Relief stammt wohl aus dem völlig zerstörten Totentempel bei Amenemhets Pyramide.
Mittleres Reich, 12. Dynastie, um 1975 v. Chr.;
Kalkstein; New York, The Metropolitan Museum of Art

Die hier in Erscheinung tretende Experimentierfreudigkeit der neuen Epoche prägte auch die Architektur der Grabkomplexe der 12. Dynastie in Lischt, Illahun, Dahschur und Hawara, die in ihren Grundformen den Pyramidenanlagen des Alten Reiches verpflichtet waren. Die Pyramiden wurden seit Sesostris II. aus Millionen von Lehmziegeln aufgeschichtet und mit einem Kalksteinmantel verkleidet. In den Gangsystemen zu Grabkammern, Tempelanlagen und Umfassungsmauern wurden neue Formen und Konstruktionen erprobt, deren innovativer Charakter mit dem neuartigen Menschenbild in Analogie gesetzt werden kann, das die Königsstatuen der 12. Dynastie vermitteln. Der größte der Pyramidentempel des Mittleren Reiches, von Amenemhet III. in Hawara am Ostrand des Fayums erbaut, lebt nur in den Beschreibungen fort, in denen antike Schriftsteller das Labyrinth voller Bewunderung schildern. Ins Gigantische steigern sich die technischen Leistungen an diesen Pyramiden: Die monolithe Sargkammer der Hawara-Pyramide wiegt etwa 100 Tonnen.

Meist durch den Bau späterer Werke zerstört oder überbaut, sind die Göttertempel des Mittleren Reiches nur an wenigen Orten noch teilweise sichtbar. In Hermopolis in Mittelägypten, einem der religiösen Zentren Altägyptens, ragt aus den Tempelruinen des Neuen Reiches, der Spät- und Ptolemäerzeit der Rest eines Tempeltors aus Kalkstein hervor, das um 1900 v. Chr. von Amenemhet II. errichtet wurde und aus dessen Dimensionen auf einen großen Tempel – wahrscheinlich für den Gott Thoth und die Urgötter von Hermopolis – geschlossen werden kann.

Auf der Insel Elephantine, seit alter Zeit die Südgrenze Ägyptens am 1. Katarakt beim heutigen Assuan, sind die Tempel von Mentuhotep II. und Sesostris I., das Heiligtum für den Ortsheiligen Hekaib sowie die bis ins frühe Alte Reich zurückreichenden Festungsmauern Zeugnisse einer regen Bautätigkeit. Diese Bautätigkeit strahlte weit in den Süden, bis hinauf zum 2. Katarakt, der durch die Nubienfeldzüge der Könige der 12. Dynastie zur neuen Südgrenze Ägyptens wurde. Angesichts der politischen und militärischen Stärke ihres südlichen Nachbarn, des Reiches von Kerma, errichteten die Ägypter in Unternubien und am 2. Katarakt nicht weniger als 15 Festungen. Ihre Gräben und Bastionen, Tore und Zugbrücken, Wehrgänge und Schießscharten erinnern an mittelalterliche Burgen und zählen angesichts ihrer Funktionalität und riesigen Dimensionen zu den eindrucksvollsten Bauleistungen des Mittleren Reiches. Vor ihrer Überflutung durch den Nasser-Stausee nur unzulänglich ausgegraben und dokumentiert, sind sie heute für die archäologische Forschung unwiederbringlich verloren.

Seite 85 unten
Festung von Buhen
Die Expansion nach Süden bis zum 2. Katarakt brachte Ägypten in direkte Konfrontation mit dem nubischen Königreich von Kerma. Zur Sicherung der Südgrenze wurden riesige Festungen errichtet. Durch den Bau des Assuanstaudamms wurden sie überflutet und sind heute endgültig verloren.
Mittleres Reich, 12. Dynastie, um 1900–1750 v. Chr.

Festung von Buhen
Mit ihren Gräben, Bastionen und Mauern waren die Festungen des Mittleren Reiches am 2. Katarakt schwer überwindbare Barrieren für den südlichen Nachbarn, das Königreich von Kerma. Innerhalb der Festungsmauern entwickelten sich kleine Städte.
Mittleres Reich, 12. Dynastie, um 1900–1750 v. Chr.

Die Anlage dieser Festungen am 2. Katarakt ist zwar primär, aber nicht ausschließlich aus militärpolitischen Erwägungen heraus zu erklären. Ihre Funktion ging über das rein Pragmatische hinaus; sie waren Repräsentationsbauten, die an der Grenze Ägyptens gegenüber dem Ausland die Macht des ägyptischen Reiches demonstrierten. Durch die Tempelanlagen, die in diese Festungen integriert sind, wurde die Reichsgrenze auch theologisch gesichert. Wenn König Sesostris III. noch im Neuen Reich als Schutzgott des 2. Katarakts im Tempel von Semna abgebildet und genannt wurde, so war dies ein lang nachwirkender Effekt der Bautätigkeit der Könige des Mittleren Reiches an der Grenze zu Obernubien.

Auf der Semna-Stele, die am 2. Katarakt gefunden wurde, äußert sich Sesostris III. selbst zu seiner Präsenz an der Grenze zum Süden: »Ich habe meine Grenze über die meiner Väter hinausgerückt, ich habe vermehrt, was mir vererbt war. [...] Jeder Sohn von mir, der diese Grenze, die meine Majestät gemacht hat, erhält, der ist mein Sohn. Wer sie aber zu Grunde gehen läßt und nicht für sie kämpft, der ist nicht mein Sohn und ist mir nicht geboren. Meine Majestät hat auch eine Statue meiner Majestät machen lassen auf dieser Grenze, welche meine Majestät gemacht hat, damit ihr auf ihr gedeiht und damit ihr auf ihr kämpft.«

Eine ähnlich enge Verbindung von Architektur und Königskult an einem geopolitischen Extrempunkt findet sich auf der Sinai-Halbinsel, also im östlichen Grenzbereich Ägyptens. In Serabit el-Khadim, inmitten des Gebiets der Türkisminen, erscheinen in den Reliefs und Inschriften eines Felsentempels des Mittleren Reiches

Semna-Stele des Königs Sesostris III.
Der lange hieroglyphische Text preist den ägyptischen König als siegreichen Weltherrscher und schildert die Feigheit und Schwäche der nubischen Feinde. Als Ausdruck politischer Propaganda stand die Stele nahe dem 2. Katarakt.
Mittleres Reich, 12. Dynastie, um 1820 v. Chr.; Quarzit; Berlin, Ägyptisches Museum

Tempel von Serabit el-Khadim im Sinai
Schon in der Frühzeit und im Alten Reich wurde die Sinai-Halbinsel wegen ihrer Türkis- und Kupfervorkommen von Ägyptern aufgesucht. Der Tempel von Serabit el-Khadim besteht aus einer langen Abfolge von Höfen, die in ein unterirdisches Sanktuar münden – einer der ältesten Felsentempel der ägyptischen Architektur. Mittleres Reich, 12. Dynastie, um 1800 v. Chr.

und seines ganz unägyptisch konzipierten, langgestreckten und asymmetrischen Vorbaus Könige des Alten und Mittleren Reiches als Götter.

Trotz der Spärlichkeit der archäologischen Reste von Göttertempeln des Mittleren Reiches im ägyptischen Mutterland läßt sich auf verschiedenen Wegen ein beträchtlicher Bestand erschließen. Texte mit Baubeschreibungen und Namen von Tempeln, Berichte über königliche Bauprojekte und altägyptische Baupläne von Tempeln sind authentische Quellen zum einstigen Baubestand. Ein fragmentarisch erhaltener Tempelplan und ein hieratischer Text über eine Tempelgründung durch Sesostris I. geben beispielsweise einen Eindruck von der Tempelarchitektur in Heliopolis, einem der ganz großen religiösen Zentren Ägyptens, von dem heute nur ein Obelisk Sesostris' I. erhalten ist.

Für die Kunstgeschichte Altägyptens ist das Mittlere Reich keine Epoche architektonischer Meisterleistungen, sondern markiert einen der Höhepunkte auf dem Gebiet der Skulptur. Die Porträts der 12. Dynastie stehen als Spitzenwerke altägyptischer Bildhauerkunst gleichrangig neben griechischen und römischen Bildnissen. Ihren Inschriften zufolge dienten im Mittleren Reich die Statuen von Königen und Privatleuten, meist aus Hartgestein geschaffen, nicht mehr als Grabstatuen – dies war im 3. Jahrtausend ihre Hauptfunktion –, sondern fanden Aufstellung in den Tempeln. Darin liegt ihre außerordentliche Bedeutung für die Architekturgeschichte, denn als Inventar der Tempel des Mittleren Reiches werden sie zu indirekten Informationsquellen über ihren ursprünglichen Aufstellungsort, der sich aus ihren Inschriften und ihrer jeweiligen Fundregion erschließen läßt.

Dabei treten Regionen Ägyptens ins Blickfeld, die aufgrund des fast völligen Fehlens architektonischer Reste für die Architekturgeschichte belanglos zu sein scheinen. Das Nildelta nördlich von Kairo, in seiner Flächenausdehnung der größte Teil des bewohnbaren Territoriums Ägyptens, weist nur kärgliche Spuren von Tempeln des Mittleren Reiches auf – unter anderem in Esbet Rushdi, Tell Ibrahim Awad und Bubastis. In Tanis jedoch, der um 1070 v. Chr. gegründeten Hauptstadt Ägyp-

Grab des Cheti in Beni Hassan
Die Decken der weiten Hallen der Felsengräber in Beni Hassan in Mittelägypten werden von leichten Lotossäulen getragen, so daß der Eindruck entsteht, das Grab sei ein Zelt mit pflanzlichen Stützen.
Mittleres Reich, 11. Dynastie, um 2000 v. Chr.

tens im Nordosten des Deltas, sind zahlreiche Statuen des Mittleren Reiches ausgegraben worden. Bevor sie um 1000 v. Chr. dorthin verschleppt wurden, um als 1000jährige Monumente die neue Metropole zu schmücken, befanden sie sich in der Deltaresidenz Ramses' II. (1290–1224 v. Chr.) 30 km südlich von Tanis. Ihre ursprünglichen Aufstellungsorte dürften nicht allzuweit entfernt gelegen haben, vielleicht in Bubastis nahe der modernen Ostdelta-Stadt Zagazig. Hier fanden sich Fragmente kolossaler Königsstatuen der 12. Dynastie; hier wurden Ruinen eines Palastes des Königs Amenemhet III. ausgegraben; hier lag eines der traditionsreichen religiösen Zentren Ägyptens.

Anzahl und Dimensionen der Königsstatuen, die wiederverwendet in Tanis auftauchten, sind überwältigend. Zehn Sitzfiguren aus Granit, jeweils etwa 8–10 Tonnen schwer, stellen Pharaonen der frühen 12. Dynastie dar. Zwei Standfiguren Sesostris' I., am Tempeltor von Tanis aufgestellt, zählen mit einer Höhe von fast 8 m zu den größten ägyptischen Statuen. Der Sphinxtypus ist in Tanis unter anderem mit zwei 5 m langen Granitsphingen Amenemhets II. und mit sechs monumentalen Mähnensphingen Amenemhets III. vertreten.

In Analogie zu den riesigen Tempelanlagen des Neuen Reiches in Theben mit ihren vergleichbar kolossalen Statuen lassen sich um diese in Tanis wiederverwendeten Statuen der Herrscher des Mittleren Reiches gigantisch dimensionierte Heiligtümer annehmen. Sphinxalleen führten zu nicht erhaltenen Pylonen, die Standfiguren ragten beiderseits gewaltiger Tore auf, und die Sitzbilder waren zwischen die Säulen weiter Tempelhöfe gestellt.

Selbst für die Residenz der Könige des Mittleren Reiches, für Memphis, kann die zweifellos eindrucksvolle Tempelarchitektur der 12. Dynastie bislang nur aufgrund indirekter Hinweise ermittelt werden – Hinweise, die seit langem bekannt, aber nicht als solche erkannt worden sind: Kolossalstatuen der frühen 12. Dynastie aus

Grab des Chnumhotep in Beni Hassan
Obwohl sie als unterirdische Felsengräber angelegt sind, folgen die Gräber in Beni Hassan dem Grundprinzip ägyptischer Sakralarchitektur: dem Prinzip der Umsetzung des Holz- und Ziegelbaus in Stein. Über den 16kantigen Pfeilern des Eingangs und dem Architrav erscheinen die Balkenköpfe einer hölzernen Dachkonstruktion – in Stein. Mittleres Reich, 12. Dynastie, um 1900 v. Chr.

den Ruinen von Memphis. Da Ramses II. die originalen Inschriften dieser Statuen durch seinen Namen ersetzen ließ, galten sie als typische Werke ramessidischer Gigantomanie, bis sie vor kurzem als wiederverwendete Statuen des Mittleren Reiches identifiziert wurden.

So weist die Königsplastik der 12. Dynastie den Zugang zur Architektur dieser Zeit und verleiht ihr einen Stellenwert, der sich einst mit den Glanzzeiten altägyptischer Tempelbauten messen konnte, mit dem Neuen Reich und mit der Ptolemäerzeit.

Die nichtkönigliche Architektur des Mittleren Reiches mußte nicht auf solch verschlungenen Wegen wiederentdeckt werden; sie ist an mehreren Orten in Gestalt eindrucksvoller Anlagen erhalten. Die Gaufürsten des Mittleren Reiches, die neben der Zentralregierung in Memphis großen politischen Einfluß hatten, ließen sich nahe den Gauhauptstädten Friedhöfe anlegen, die im mittel- und oberägyptischen Niltal aus Felsengräbern bestehen. Oft liegen diese unterirdischen Gräber hoch oben am Felsabsturz des Ost- oder Westgebirges, der das Niltal von Kairo flußaufwärts bis Assuan begleitet. Diese exponierte Lage der Gräber ist durch die gezielte Suche nach festem und dichtem Gestein bedingt, das für stabiles Bauen und die präzise Ausführung von Wandreliefs die besten Voraussetzungen bot. Teils sind diese Felsengräber wohl auch in ehemaligen Höhlensteinbrüchen angelegt worden, für deren Ortswahl dieselben Kriterien galten.

In manchen dieser Gräber – so in den Gräbern in Gau el-Kebir – sind mit Taltempel, Aufweg und Grabkapelle Elemente der Pyramidenarchitektur aufgegriffen. In Beni Hassan in Mittelägypten, nahe der Hauptstadt des 16. oberägyptischen Gaues, bestehen die Gräber aus einer riesigen unterirdischen Halle, die aus dem anstehenden Fels gehauen worden ist. Als Stützen hat man das Felsengestein in Form graziler Bündelsäulen mit Lotoskapitell stehengelassen. Die Bündelsäulen tragen

Architrave, auf denen die tonnenförmig ausgearbeitete Decke ruht, deren Bemalung textilen Mustern und Holzbalken nachempfunden ist.

Somit folgen die großen Grabhallen von Beni Hassan, die man als autarke Neuerscheinung der ägyptischen Architektur ansehen könnte, der Grundregel der Sakralarchitektur: der Nachahmung von Profanarchitektur. Die Grabhalle ist die monumentale Überhöhung eines zeltartigen Gebäudes, dessen Holzgestänge mit Teppichen verkleidet war. Formen der Holzarchitektur sind auch an den Grabfassaden erkennbar.

Die großflächigen Wände dieser Hallengräber in Beni Hassan tragen ein in Malerei ausgeführtes, umfangreiches Bildprogramm, das fast gänzlich auf Motive des täglichen Lebens ausgerichtet ist. Neben die Themen aus Handwerk und Landwirtschaft, Jagd und Spiel, die sich aus der Grabdekoration des Alten Reiches herleiten lassen, treten vielfigurige Kompositionen, die Belagerungsszenen und Kämpfe zeigen. In diesen Kontext gehören auch die für Beni Hassan typischen Ringerszenen, die in Hunderten von Zweifigurengruppen die unterschiedlichen Phasen eines Ringkampfes vorführen.

Nicht weniger großartig als die Hallengräber von Beni Hassan sind die Felsengräber der Fürsten des südlichsten ägyptischen Gaues in der Nähe des modernen Assuan. Die Hauptstadt dieses 1. Gaues Oberägyptens lag auf der Nilinsel Elephantine am Nordende des 1. Katarakts; ihre Bauschichten türmten sich von der Vorgeschichte bis in die islamische Zeit zu einem Siedlungshügel von etwa 15 m Höhe. Heiligtümer für die Gottheiten des Kataraktgebiets, den Schöpfergott Chnum und die Göttin Satet, sind seit der Frühgeschichte belegt und schließen die Tempel

Felsengräber in Assuan
Jede der großen Nekropolen des Mittleren Reiches hat ihre architektonischen Besonderheiten. Die Gaufürsten von Elephantine, durch die Kontrolle des Südhandels wohlhabend, ließen sich hoch am Wüstenabhang des westlichen Nilufers Felsengräber mit Vorhöfen anlegen, zu denen vom Fluß eine steile Treppe hochführt. Mittleres Reich, 12. Dynastie, 1900–1800 v. Chr.

Pektoral des Königs Sesostris III. Das programmatische Motiv dieses Brustschmuckes, der König als Greif über den Feinden, ist in einen architektonischen Rahmen gesetzt. Lotossäulen und Hohlkehle deuten ein Tempelgebäude an, an dessen Decke der Geier als Schutzgottheit seine Flügel ausbreitet. Mittleres Reich, 12. Dynastie, um 1820 v. Chr.; Gold, Karneol, Lapislazuli; Kairo, Ägyptisches Museum

Mentuhoteps II. und Sesostris' I. sowie ein Heiligtum für den Ortsheiligen Hekaib, einen vergöttlichten Gaufürsten des Alten Reiches, ein.

Die Gräber der Gaufürsten von Elephantine liegen hoch am felsigen Wüstenabhang des westlichen Nilufers. Steile Treppenaufgänge führen direkt vom Ufer zu einem terrassenartigen, querliegenden Vorhof mit Portikus, durch den man eine Pfeilerhalle betritt. Ein Korridor führt tief in den Berg zur Kultkammer.

Jede der Felsennekropolen des Mittleren Reiches weist hinsichtlich der Architektur und des Stils der Reliefs und Malereien lokale Besonderheiten auf. Breite Pfeilerfassaden sind typisch für Theben, Statuenschreine vor der Rückwand des Kultraumes finden sich nur in Meir, und in Assiut nehmen die Felsengräber der Gaufürsten Formen und Dimensionen an, die wie eine Vorwegnahme der Felsentempel des Neuen Reiches wirken.

Zu den kostbarsten und künstlerisch wertvollsten Zeugnissen der Architektur des Mittleren Reiches zählen Schmuckstücke, die in ihrem formalen Aufbau und ihren ikonographischen Details miniaturisierte Tempel darstellen. Die für das Mittlere Reich typischen Pektorale zeigen eine Tempelfassade mit geböschten Wänden, Rundstab und Hohlkehle. In konzentrierter Reduktion legen sie Zeugnis davon ab, daß das Mittlere Reich nicht nur in der bildenden Kunst, Literatur und Schrift, sondern auch in der Architektur als die klassische Periode Altägyptens gelten kann.

Staat aus Stein

Göttertempel des Neuen Reiches

Seite 93

Kopf einer Statue des Königs Tuthmosis III.

Als einer der aktivsten Bauherren in der 3000jährigen ägyptischen Geschichte hat Tuthmosis III. an allen wichtigen Orten seines Reiches Tempelbauten errichten lassen, vom Nildelta bis zum Gebel Barkal im Sudan.
Neues Reich, 18. Dynastie, um 1450 v. Chr.; Grauwacke; Luksor, Luksor-Museum

Die Tempelstadt von Karnak und Luksor

Die physische Präsenz der Antike ist wohl nirgendwo so unmittelbar zu spüren wie in der Tempelstadt von Karnak. Als ob sie heute noch ein lebendiges Heiligtum wäre, zieht sie den Besucher in ihren Bann, läßt ihn verstummen, schirmt ihn ab von der Außenwelt, dem Alltäglichen, und umgibt ihn mit der Aura des Heiligen.

Um 2000 v. Chr. entstanden, als Theben zu Beginn des Mittleren Reiches für eine kurze Zeit die Hauptstadt Ägyptens war, wurde der Tempel des Amun-Re in Karnak schnell zum wichtigsten Heiligtum ganz Ägyptens. An diesem Tempel zu bauen, ihn zu vergrößern und immer noch kostbarer zu machen, war religiöse und staatspolitische Pflicht eines jeden Pharao. Private Statuenstiftungen für die Höfe des Amun-Tempels waren seit dem Mittleren Reich eine verbreitete religiöse Praxis; wer dem Tempelherrn Amun-Re als Statue nahe war, durfte sich seiner Hilfe und Gnade sicher sein. Tausende von Votivfiguren, kleine Bronzestatuetten ebenso wie überlebensgroße Granitfiguren, sind im Lauf der Jahrhunderte nach Karnak gestiftet worden. Viele von ihnen fand man in Abraumgruben, in die sie geworfen wurden, wenn von Zeit zu Zeit im Tempel aufgeräumt wurde.

Trotz der 2000 Jahre währenden Baugeschichte des Amun-Re-Tempels von Karnak ist dessen Grundplan klar und übersichtlich. Die Hauptachse verläuft vom Allerheiligsten im Osten zum Nil im Westen und folgt damit der allgemeingültigen Orientierung altägyptischer Tempel, die stets im rechten Winkel zur theoretischen Nord-Süd-Achse des Nillaufs liegen. Von Norden nach Süden zweigt von dieser Hauptachse eine zweite Achse ab, deren Verlängerung zu einem selbständigen Tempelkomplex hinausführt, der der Göttin Mut, der Gemahlin des Amun-Re, geweiht ist.

An diese Koordinaten reihen sich, von innen nach außen, in – nicht immer strikt eingehaltener – chronologischer Abfolge die Tempeltore und die Pylone mit ihren zwei geböschten Türmen, vor denen Kolossalstatuen, Flaggenmasten und Obelisken aufgestellt waren. Was sich heute als Tempelbauwerk darbietet, ist nichts anderes als eine Abfolge von Portalen, die auf einen Kernbereich zuführen, der seit dem frühen Mittleren Reich die Wohnung der Gottheit auf Erden war.

Zwischen die Pylone der Ost-West-Achse wurden Säulensäle eingebaut, so daß offene Höfe zu geschlossenen Tempelräumen wurden. Das Hypostyl von Karnak, mit seinen 134 Säulen und einer Grundfläche von 5500 m^2 der größte Raum der ägyptischen Architektur, mag als repräsentatives Beispiel dienen. Unter Amenophis III. (1390–1353 v. Chr.) bildete der 3. Pylon die Westfassade des Amun Tempels. Unter Amenophis IV.-Echnaton (1353–1336 v. Chr.) ruhten die Bauarbeiten am Heiligtum des Amun-Re, der dem monotheistischen Aton weichen mußte. Haremhab, der letzte Herrscher der 18. Dynastie, verschob um 1320 v. Chr. mit der Errichtung des 2. Pylons die Tempelfassade nach Westen. Zu Beginn der 19. Dynastie wurden unter Sethos I. und Ramses II. die beiden Tempeltore durch eine doppelte Reihe von 21 m hohen Säulen mit geöffnetem Papyruskapitell miteinander verbunden; beiderseits der drei erhöhten Mittelschiffe liegen je sieben Seitenschiffe, de-

Statuenschrein

Die Erbauung des Tempels als irdische Wohnung Gottes ist die wichtigste Bauaufgabe der ägyptischen Architektur. Der mit getriebenem Goldblech beschlagene Statuenschrein aus dem Grab des Tutanchamun ist das Miniaturmodell eines Gotteshauses. Die geböschten Wände, die Hohlkehle und das vorn gewölbte Dach sind ältesten Vorbildern aus der Ziegel- und Zeltarchitektur nachempfunden.
Neues Reich, 18. Dynastie, um 1325 v. Chr.; Holz und Goldfolie; Kairo, Ägyptisches Museum

Sphinxallee vor dem Amun-Tempel in Karnak
Der göttliche Bewohner des Tempels bleibt in seinem Kultbild im Allerheiligsten verborgen. Vor dem Tempel zeigt er sich in vielfach abgewandelten Statuenformen. Sphingen flankieren seit dem Alten Reich die Tempelportale. Die Sphingen beiderseits des Hauptzugangs zum Tempel von Karnak sind eine Verbindung von Löwenleib und Widderkopf des Amun.
Neues Reich, 18. Dynastie,
um 1380 v. Chr.; Sandstein

Seite 97
Widdersphinx im Amun-Tempel in Karnak
Zwischen die Löwentatzen und unter den Widderkopf der Sphinxfigur des Gottes Amun gestellt, wird der König selbst zum gottähnlichen Wesen: Er nimmt die Gestalt des Gottes Chons an.
Neues Reich, 19. Dynastie,
um 1250 v. Chr.

von Luksor und die thebanischen Tempel am Westufer des Nils gegenüber von Karnak besuchte. Eine Allee monumentaler Sandsteinwidder, der heiligen Tiere des Amun, führt zu seinem Tempel. Beiderseits dieses Gottesweges liegen vor dem Tempeltor des 2. Pylons die kleinen Tempel von Sethos II. (1214–1204 v. Chr.) und Ramses III. (1194–1163 v. Chr.), deren kultisches Zentrum aus drei nebeneinander liegenden Götterschreinen besteht: Kapellen für die Götterbilder der Heiligen Familie von Karnak, das heißt des Götterpaares Amun-Re und Mut sowie ihres Sohnes Chons. Die königlichen Bauherren dieser »Stationstempel« boten der Triade von Karnak einen Ruheplatz, an dem sie während der Prozession Einkehr halten konnte, um auf die Zuwendung zu antworten, die der Pharao ihr im täglichen Opfer und auf den über das ganze Jahr verteilten Götterfesten zukommen ließ.

Hinter dem Säulensaal und den dicht aufeinanderfolgenden Pylonen 3 bis 6 steht als erster kultischer Mittelpunkt das Barkensanktuar, so benannt nach seiner Funktion, die Götterbarke aufzunehmen, in der das Götterbild während der Prozession seinen Platz hatte. Dieses Granitsanktuar, das in Karnak einen zentralen Platz einnimmt, wurde um 320 v. Chr. von Philippus Arrhidäus, dem Nachfolger Alexanders des Großen, an der Stelle errichtet, an der Königin Hatschepsut mehr als 1000 Jahre zuvor ein Sanktuar aus rotem Quarzit erbauen ließ, die »Chapelle Rouge«, die schon bald darauf einem Nachfolgebau Tuthmosis' III. weichen mußte. Daß sie dennoch zu einem großen Teil erhalten ist, ist der Gewohnheit altägyptischer Baumeister zu verdanken, abgerissene Bauteile in einer Art »Architektur-Recycling« wiederzuverwenden. Mehr als 300 Blöcke – zwei Drittel des gesamten Bauwerks – sind im 3. Pylon wiedergefunden worden, wo sie unter Amenophis III. als Fundamente verbaut worden waren.

Die scharf geschnittenen, versenkten Reliefs dieser Kapelle berichten von dem Kultbetrieb im Tempel des Amun-Re, sind darüber hinaus aber auch ein einzigartiges Meisterwerk der Reliefkunst im Neuen Reich.

Der axiale Zugang vom 1. bis zum 6. Pylon endet mit der Kapelle; die Prozession des Götterbildes gelangte von hier auf verschlungenen Wegen zum Allerheiligsten. Sie umging den altehrwürdigen »Hof des Mittleren Reiches« und führte durch die quer zur Tempelachse liegende Festhalle Tuthmosis' III., deren Säulen die Form von Zeltstangen haben; auch dieser Tempelteil ist die steinerne Umsetzung eines Hofes, über den ein von leichten Stützen getragenes Dach gespannt ist.

Schwer zugänglich, verbirgt sich hinter der Festhalle Tuthmosis' III. das Allerheiligste. Der riesige Block aus rotem Granit, auf dem der Schrein der goldenen Kultstatue des Amun-Re, des »Königs der Götter«, plaziert war, ist bis heute an seinem

Seite 101
Amun-Tempel in Karnak
Wo heute der Blick durch die Mitte des Amun-Tempels bis zum Barkensanktuar geht, verschlossen einst metallbeschlagene Flügeltüren die Pylontore und setzten so eine klare Grenze zwischen dem Heiligen und der profanen Welt.
Zweiter Pylon mit vorgelagertem Kiosk des Königs Taharka; Neues Reich, 18. Dynastie, um 1300 v. Chr., und Spätzeit, 25. Dynastie, um 680 v. Chr.

Reliefbild des 3. Pylons von Karnak
Beim alljährlich stattfindenden Opet-Fest zog die Prozession der Götterbilder des Amun, seiner Gemahlin Mut und ihres Sohnes Chons von Karnak nach Luksor. Ein Reliefzyklus in Luksor zeichnet den Weg der Prozession nach und zeigt die Tempelfassade, den 3. Pylon mit seinen Flaggenmasten, zur Zeit Tutanchamuns. Neues Reich, 18. Dynastie, um 1330 v. Chr.

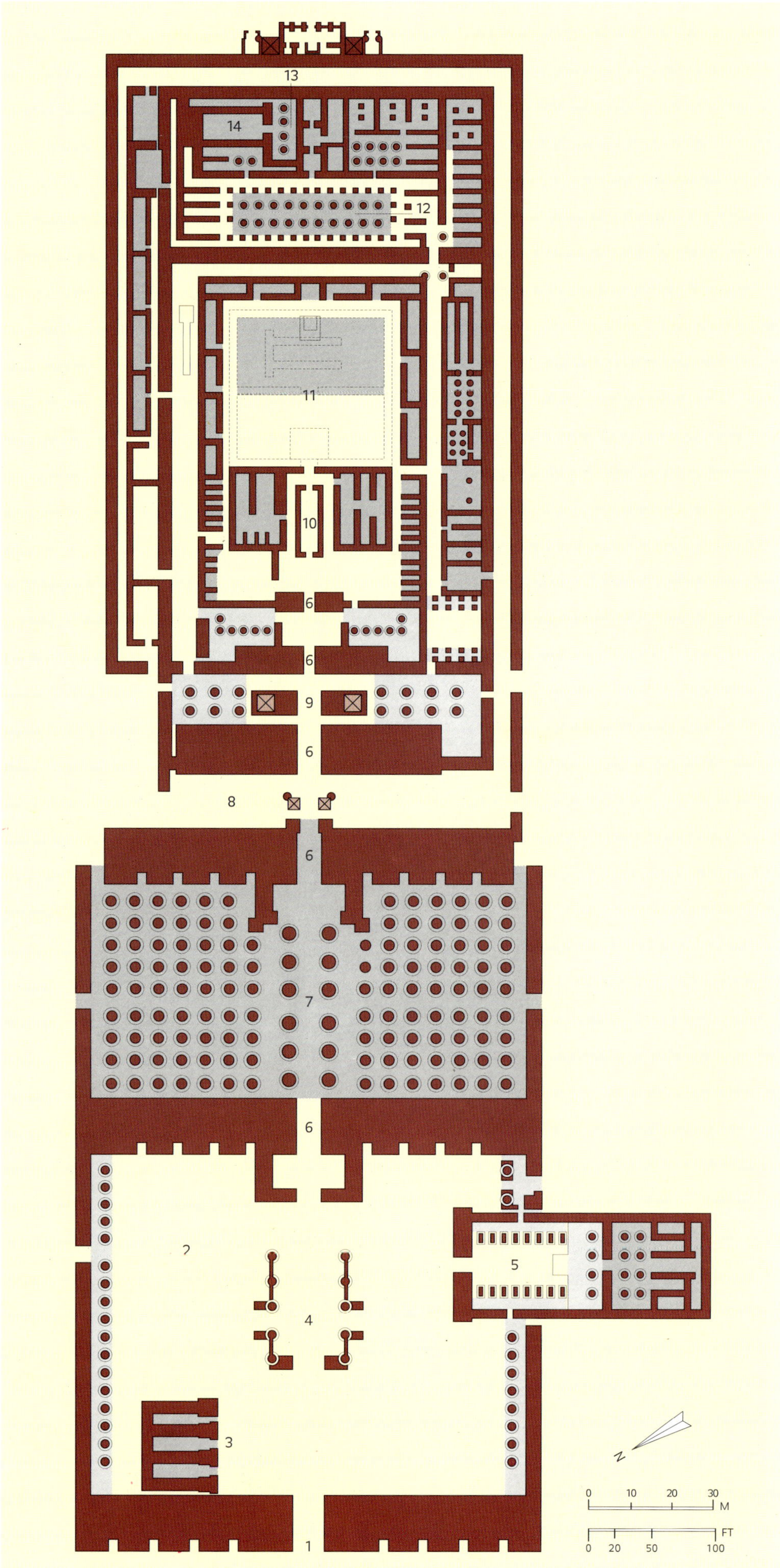

Säulensaal des Amun-Tempels
In die Mauern, die den Höhenunterschied zwischen den Mittel- und Seitenschiffen überbrücken, sind Fenstergitter eingesetzt. Sie waren die einzige Lichtquelle des riesigen Säulensaals.
Neues Reich, 19. Dynastie,
um 1290–1250 v. Chr.

Seite 103
Säulensaal des Amun-Tempels
Anhand der Reliefs auf den Säulen des Hypostyls läßt sich der Weg nachvollziehen, den die Prozessionen genommen haben.
Neues Reich, 19. Dynastie,
um 1290–1250 v. Chr.

Grundriß des Amun-Tempels
Die ursprüngliche Gestalt des Amun-Tempels im Mittleren Reich (um 2000 v. Chr.) wird im Verlauf von zwei Jahrtausenden bis zum unvollendeten 1. Pylon erweitert. Die Höfe zwischen dem 2. und 3. sowie 4. und 5. Pylon wurden zu Säulensälen ausgebaut. Im 1. Hof liegen, quer zur Tempelachse, die Stationskapellen.
1. Pylon, 2. Hof, 3. Tempel Sethos' II., 4. Kiosk des Taharka, 5. Tempel Ramses' III., 6. 2.–6. Pylon, 7. Säulensaal, 8. Obelisken Tuthmosis' I., 9. Obelisken der Hatschepsut, 10. Barkensanktuar, 11. »Hof« des Mittleren Reiches, 12. Festhalle Tuthmosis' III., 13. »Botanischer Garten«, 14. Allerheiligstes

Tempel Ramses' III. in Karnak
Im Vorfeld des Amun-Tempels errichteten mehrere Könige Stationstempel, in denen die Kultbilder der Heiligen Familie während der Prozession Station machten. Die Erweiterung des Amun-Tempels war heilige Pflicht der Könige.
Neues Reich, 20. Dynastie, um 1180–1160 v. Chr.

originalen Standort erhalten. Unmittelbar vor dem Allerheiligsten liegen zwei Räume, deren heute gebräuchliche Bezeichnung »Botanischer Garten« falsche Assoziationen weckt. Die Wandreliefs dieser Tempelräume – unter Tuthmosis III. geschaffen – zeigen in großer Detailgenauigkeit die Tier- und Pflanzenwelt Ägyptens und seiner Nachbarländer in der Art eines Bilderlexikons der Zoologie und Botanik. Der Sinn dieser ungewöhnlichen Illustrationen ist, das Schöpferwerk des »Königs der Götter« Amun-Re darzustellen. Ihre theologische Funktion entspricht der der Jahreszeitenreliefs im Sonnenheiligtum des Niuserre in Abu Ghurob und findet sich wieder in den Reliefs der Sonnentempel des Echnaton in Amarna.

Östlich des Amun-Tempels und der ihn umschließenden Mauer liegt ein kleines Heiligtum, in dem Amun-Re in einem 32 m hohen Obelisken verehrt wurde, der heute in Rom vor der Kirche San Giovanni in Laterano steht. »Amun, der die Bitten erhört« wurde er in diesem Teil von Karnak genannt. Eine ähnliche Rolle einer po-

Obelisk Tuthmosis' I. in Karnak
Vor dem Tempeltor, dem Pylon, standen Obeliskenpaare, auf deren vergoldeter Pyramidenspitze sich die ersten und letzten Strahlen der Sonne spiegelten – ein sinnfälliges Bild der Präsenz des Sonnengottes auf Erden und seines täglichen Kreislaufes.
Neues Reich, 18. Dynastie,
um 1490 v. Chr.

Obelisk der Hatschepsut in Karnak
Einst vor dem Tempel aufgestellt, gerieten die Obelisken von Karnak durch spätere Erweiterungsbauten in das Innere des Tempelkomplexes.
Neues Reich, 18. Dynastie,
um 1470 v. Chr.

Relief der Hatschepsut
Auf einem der Quarzit-Blöcke der »Chapelle Rouge« stiftet die Königin Hatschepsut dem Gott Amun »zwei sehr große Obelisken, mit Weißgold beschlagen, so hoch, daß sie den Himmel durchstoßen«.
Neues Reich, 18. Dynastie,
um 1470 v. Chr.; Luksor, Luksor-Museum

Pfeiler vor dem Barkensanktuar im Amun-Tempel von Karnak
Die Wappenpflanzen von Ober- und Unterägypten, Lilie und Papyrus, stehen, von einem quadratischen Pfeiler gestützt, frei im Zentrum des Tempels vor dem Barkensanktuar. Das Dach, das sie tragen, ist der Himmel. Die Architektur des Tempels wird somit unmittelbar in den Kosmos eingebunden.
Neues Reich, 18. Dynastie, um 1450 v. Chr.

Wappenpfeiler von Oberägypten im Amun-Tempel
Mut, die göttliche Gemahlin des Amun, umarmt König Tuthmosis III. Die emblematische Knappheit des Pflanzen- und Kartuschenmotivs wird zum Bild der körperlichen Begegnung zwischen König und Göttin.
Neues Reich, 18. Dynastie, um 1450 v. Chr.

Seite 106 oben rechts
Wappenpfeiler von Oberägypten
Am oberen Rand des Pfeilers – an der Nahtstelle zwischen Erde und Himmel – steht über den drei Lilien, dem Symbol Oberägyptens, die Kartusche mit dem Namen Tuthmosis' III.: ein klares Bild für die Rolle des Königs als Mittler zwischen Gott und Mensch. Neues Reich, 18. Dynastie, um 1450 v. Chr.

pulären Gottheit spielte der Gott Chons in seinem südlich des Amun-Tempels gelegenen Heiligtum, das Ramses III. hatte erbauen lassen. »Chons der Ratgeber« war über die Grenzen Ägyptens hinaus als Heilgott berühmt.

In der Abfolge von Tor, Sphinxallee, Kiosk, Pylon, Hof, Säulensaal, Barkensanktuar, Vorraum und Allerheiligstem ist der Chons-Tempel das Idealbeispiel für einen Göttertempel des Neuen Reiches. In der Achse dieses Tempels führt eine Widderallee über eine Entfernung von 2,5 km nach Süden zum Luksor-Tempel, der mit dem Amun-Bezirk eine kultische Einheit bildet.

Östlich der Ziegelumwallung des gesamten Amun-Bezirkes ließ Amenophis IV. zu Beginn seiner religiösen Reform um 1353 v. Chr. einen Sonnentempel für Aton erbauen, in dessen Grundriß die Tempelarchitektur von Amarna vorweggenommen ist. Vor Ort sind Teile von etwa 40 Kolossalstatuen des Königs ausgegraben worden, während von den Reliefs der Tempelwände über 40 000 Blöcke im 9. Pylon, den König Haremhab Ende der 18. Dynastie errichten ließ, wieder verbaut worden waren.

So weit der Tempelkomplex des Amun-Re von Karnak sich auch ausdehnt, ist er doch nur Teil eines noch größer konzipierten Ensembles. Nördlich schließt der Kom-

Auszug der Götterbarke
Auf einem Block der »Chapelle Rouge« ist die Prozession des Amun-Kultbildes dargestellt. Verborgen im Schrein der Götterbarke, in seiner Gegenwart aber erkennbar an der widderköpfigen Bug- und Heckzier, wird es von Priestern aus dem Tempel getragen. Neues Reich, 18. Dynastie, um 1470 v. Chr.

plex des Month-Tempels an, im Südosten liegt der Mut-Tempel, und weiter im Süden, dicht am Nil, der Tempel von Luksor, altägyptisch Ipet genannt, der »Harem«. Hier feierte Amun-Re einmal im Jahr die Heilige Hochzeit, nachdem er in lärmender Prozession auf dem Nil von Karnak nach Luksor gefahren war. Am Ende des Festes zog die Prozession über die Sphinxallee zurück nach Karnak.

Die heutige Fassade des Luksor-Tempels, nach Norden in Richtung Karnak orientiert, wird von dem Pylon geprägt, den Ramses II. errichten ließ. Vier kolossale Standfiguren und zwei Sitzfiguren des Königs bildeten zusammen mit zwei Obelisken und vier Flaggenmasten eine klassische Tempelfront. Als deren Hintergrund diente der riesengroße Reliefzyklus der Schlacht von Kadesch, in versenktem Relief

Seite 109 oben
»Botanischer Garten« in Karnak
Der heute gebräuchliche Name »Botanischer Garten« für einen Raum vor dem Allerheiligsten des Amun-Tempels erweckt falsche Assoziationen. Vier Papyrusbündelsäulen trugen die Decke; an den Wänden befinden sich detaillierte Tier- und Pflanzenbilder, die zu dieser Namengebung geführt haben.
Neues Reich, 18. Dynastie, um 1450 v. Chr.

Festhalle Tuthmosis' III. in Karnak
Wie so viele ägyptische Tempelräume ist auch die Festhalle Tuthmosis' III. kein geschlossener Raum, sondern ein Hof, in dem Stützen ein in Stein umgesetztes, leichtes Sonnendach tragen. Aus dieser Funktion der Stützen erklärt sich ihre eigenartige Form, die Zeltstangen nachempfunden ist.
Neues Reich, 18. Dynastie, um 1450 v. Chr.

Relief im »Botanischen Garten«
Nicht in ihrem natürlichen Kontext, sondern wie in einem naturkundlichen Lehrbuch stellt sich die Tier- und Pflanzenwelt in den Reliefs dar – ein bildlicher Hymnus an Amun.
Neues Reich, 18. Dynastie, um 1450 v. Chr.

Der Heilige See des Amun-Tempels von Karnak
Die modern rekonstruierte Form des Sees entspricht dem ursprünglichen Zustand. Der Heilige See war Wasserreservoir, Abbild des Urozeans und kultische Bühne zugleich; und er war fester Bestandteil eines ägyptischen Tempels.

Obelisk der Hatschepsut in Karnak
Der Horus-Falke mit der Krone Ober- und Unterägyptens thront als göttliche Erscheinungsform des Königs über dem ersten seiner fünf Namen, die als eine vertikale Zeile den Obeliskenschaft schmücken.
Neues Reich, 18. Dynastie, um 1450 v. Chr.

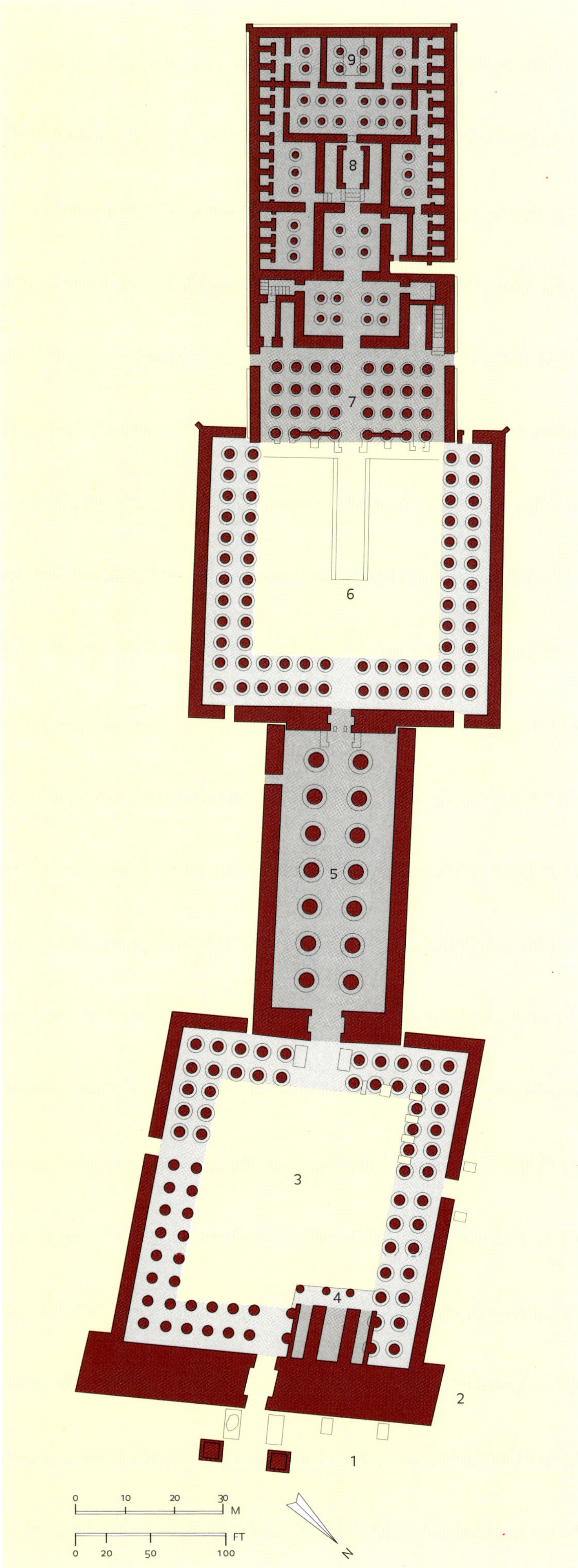

Plan des Luksor-Tempels
Nur Pylon und erster Hof wurden unter Ramses II. erbaut, als spätere Zutat durch die Achsenverschiebung erkennbar. Kolonnade, zweiter Hof, Säulensaal und innerste Tempelräume sind Bauten aus der Zeit Amenophis' III., errichtet als »Harem« des Amun, in dem er, aus Karnak kommend, einmal im Jahr die Heilige Hochzeit feierte.

1. Vorhof mit Obelisken und Kolossalstatuen
2. Pylon
3. Hof Ramses' II.
4. Tempel Tuthmosis' III.
5. Kolonnade Amenophis' III.
6. Hof Amenophis' III.
7. Säulensaal
8. Barkensanktuar
9. Allerheiligstes

Der Luksor-Obelisk in Paris
Als Geschenk Mohamed Alis gelangte der westliche der beiden Obelisken vor dem Luksor-Tempel nach Paris. In der Mitte der Place de la Concorde aufgestellt, wurde er als Wahrzeichen der französischen Hauptstadt zum Konkurrenten des Eiffelturms.
Neues Reich, 19. Dynastie, um 1250 v. Chr.

Laterans-Obelisk aus Karnak in Rom
Nicht erst in der Neuzeit gelangten altägyptische Antiken nach Europa. Bereits die römischen Kaiser brachten ägyptische Denkmäler nach Rom, sei es als Trophäen aus dem politisch unterworfenen Nilland, sei es als geschichtsträchtige und religiös bedeutsame Ausstattungsstücke für die Tempel ägyptischer Götter in Rom. Der Obelisk vor der Lateransbasilika in Rom stand ursprünglich im Ostteil des Amun-Tempels von Karnak. Kaiser Augustus ließ ihn nach Rom bringen und im Circus Maximus aufstellen.
Neues Reich, 18. Dynastie, um 1400 v. Chr.

in die Pylonfassade gemeißelt. Im Hof hinter dem Pylon stehen kolossale Granitstatuen Ramses' II. zwischen den Säulen der rings umlaufenden zweireihigen Kolonnade. Zwei monumentale Sitzfiguren flankieren das Tor zu einem Säulengang, dessen Wände zu beiden Seiten der 21 m hohen Papyrussäulen mit einem Reliefzyklus bedeckt sind, der die Festprozession zwischen Karnak und Luksor in größter Lebendigkeit zeigt. Unter Tutanchamun um 1325 v. Chr. geschaffen, lassen die Reliefs den Einfluß der Kunst aus der Zeit Echnatons und Nofretetes erkennen.

Hinter der Kolonnade öffnet sich der Hof Amenophis' III., einer der schönsten Räume der altägyptischen Architektur; ein Raum nach altägyptischer Definition, die keinen Unterschied macht zwischen dem Himmel und seiner Darstellung im Kontext des Tempels. Die Papyrusbündelsäulen der Hofumrahmung und des unmittelbar anschließenden Pronaos binden in ihrer hoch aufragenden Schlankheit den Himmel in den Tempel ein, machen ihn zur Decke eines geschlossen wirkenden Raumes. Der von Menschenhand geschaffene Tempel wird so zu einem Teil des Kosmos.

Die vor wenigen Jahren in diesem Hof gefundenen Götter- und Königsstatuen – von Herrschern der 18. Dynastie bis in die Spätzeit gestiftet – deuten darauf hin, daß dieser Hof innerhalb des Tempels von Luksor im Mittelpunkt des kultischen Geschehens stand. In mythologischer Hinsicht ist der Tempel von Luksor der Ort im theologischen Gefüge der Tempel von Theben, an dem König und Götterkönig, also Pharao und Amun-Re, eine unmittelbare Beziehung eingehen: Reliefs stellen die

Kolossalstatue Ramses' II. in Luksor
Der Hof Ramses' II. im Luksor-Tempel ist von Statuen gesäumt, die teils aus der Zeit Amenophis' III. stammen, teils unter Ramses II. für den erweiterten Tempel geschaffen wurden. Die Sitzfigur zeigt Ramses II. als vergöttlichten König mit dem Beinamen »Sonne der Herrscher«.
Neues Reich, 19. Dynastie, um 1250 v. Chr.

göttliche Abkunft des Königs Amenophis III. dar. Seine irdische Mutter wurde vom Götterkönig Amun-Re schwanger; der König ist Gottes Sohn und doch Mensch – wer sähe darin nicht eine Analogie zur Geburtsgeschichte Jesu im Neuen Testament? Luksor ist das Geburtshaus des Tempels von Karnak, in dem der Götterkönig auf die Erde kommt und der menschliche König zu einem Gott wird.

Diese staatstragende Ideologie von der Göttlichkeit des Königs und der Menschennähe des Gottes erfuhr ihren rituellen Vollzug im Opet-Fest, im Hochzeitsfest des Amun-Re, das nicht in heiliger Abgeschiedenheit stattfand, sondern mitten in der quirligen Hauptstadt gefeiert wurde, denn Karnak und Luksor lagen ja – wie eine Kathedrale in einer mittelalterlichen Stadt – im Zentrum von Theben. Die Tempel waren auch durch ihre Rolle in Wirtschaft und Politik in das Leben der Metropole eingebunden; ihr Grundbesitz und ihre Funktion als Steuerbehörden verliehen ihnen beträchtliche politische Macht, die sich durchaus auch gegen die eigentliche Staatsmacht, das Königshaus, wenden konnte.

Seite 117
2. Hof des Luksor-Tempels
Der weite Hof Amenophis' III. im Luksor-Tempel ist von Bündelsäulen mit geschlossenem Papyruskapitell umstanden. Die Architrave tragen nur den Himmel als Dach, so daß sich der Hof als Symbiose von Architektur und Kosmos zum geschlossenen Raum verdichtet.
Neues Reich, 18. Dynastie, um 1370 v. Chr.

Kolonnade Amenophis' III. im Luksor-Tempel
Dem Tempel Amenophis' III. ist eine riesige Kolonnade vorgelagert. Ihre Papyrussäulen bestehen aus Sandsteintrommeln. Die Seitenwände tragen einen langen Reliefzyklus aus der Zeit Tutanchamuns, das Opet-Fest darstellend. Neues Reich, 18. Dynastie, um 1360 v. Chr.

Das antike Theben, Rekonstruktionsvorschlag
Der Komplex des Karnak-Tempels im Norden und der des Luksor-Tempels im Süden waren die Eckpfeiler des »hunderttorigen Theben«. Die Achse der Stadt, zugleich auch die Verbindung zwischen den beiden Tempeln, bildete eine von Sphingen gesäumte Prozessionsstraße von über 2 km Länge. Zwei Jahrtausende lang war Theben das geistliche Zentrum Ägyptens.

Sonnentempel Amenophis' IV. in Karnak, Rekonstruktionsvorschlag
In Luksor und Karnak sind Zehntausende von Reliefblöcken aus der Zeit Amenophis' IV. ausgegraben worden, die als Fundamente und Füllmaterial in späteren Bauwerken wiederverwendet worden waren. Sie gehörten ursprünglich zu Tempeln, die Amenophis IV. zu Beginn seiner Regierung dem Sonnengott Aton in Karnak hatte errichten lassen. Ende der 18. Dynastie wurden sie unter Haremhab zerstört, um die Epoche des »Ketzerkönigs« aus dem Gedächtnis der Nachwelt zu tilgen. Die systematische Erforschung dieser Blöcke erlaubt die Rekonstruktion der Bildzusammenhänge und der ursprünglichen architektonischen Gestalt der von Pfeilern umstandenen offenen Höfe.

Nordpalast in Amarna
Von der neuen Hauptstadt Amarna, die Amenophis IV. seit seinem 5. Regierungsjahr errichten ließ, sind nur geringe Reste erhalten. Ramses II. benutzte die Stadt als Steinbruch, um im nahen Hermopolis Tempel zu errichten. Aus den dort gefundenen Reliefblöcken, den in Amarna ausgegrabenen Grundmauern und den Darstellungen in den Grabreliefs läßt sich die Hauptstadt sehr präzise rekonstruieren.
Neues Reich, 18. Dynastie, um 1348–1335 v. Chr.

Kopf einer Kolossalstatue Amenophis' IV.
Der von Amenophis IV. verkündete Glaube an Aton veränderte die Kunst. Die karikaturhafte Übersteigerung des Königsportraits wurde zum allgemein verbindlichen Leitbild. Die fast 4 m hohen Statuen des Königs aus Karnak bilden den Höhepunkt dieses Stils.
Neues Reich, 18. Dynastie, um 1350 v. Chr.; Sandstein; Luksor, Luksor-Museum

Amarna

Als Theben um 1350 v. Chr. seine 700 Jahre lang unangefochtene Stellung als geistliches Zentrum des Landes verlor, war es wohl gerade die Verquickung von Religion und Politik, von Kult und Kommerz, die König Amenophis IV. veranlaßte, eine religiöse Revolution in die Wege zu leiten. Mit der Abkehr von der Götterfamilie Amun-Re – Mut – Chons und von allen anderen Namen und Erscheinungsformen Gottes, die im Laufe von eineinhalb Jahrtausenden gewachsen waren, machte sich Amenophis IV. frei für einen Gottesbegriff, der nur einen Namen kannte, Aton, »die Sonne«, und der sich nur in einem Bild darstellen ließ, in der Sonnenscheibe, die hoch am Himmel steht und ihre in menschliche Hände mündenden Strahlen auf die Erde schickt.

Dieses neue monotheistische Weltbild benötigte einen angemessenen architektonischen Ausdruck. Aton, Gott in der Sonne, wohnte am Himmel. Seine Verehrungsstätten waren weite, zum Himmel geöffnete Höfe. Im Tempel Amenophis' III. in Luksor war dieser Tempeltypus des offenen Hofes bereits vorbereitet, und auch er stellt generell nichts absolut Neues dar, war doch der Hof stets ein wichtiges Element der Grundstruktur des ägyptischen Tempels in seiner Funktion als Ort der Begegnung zwischen Himmel und Erde, Gott und Mensch.

Die ersten dieser Sonnentempel für Aton entstanden bald nach dem Regierungsantritt Amenophis' IV. (um 1353 v. Chr.) in Karnak, in unmittelbarer Nähe und Konfrontation zum Tempel des Amun-Re. Reste eines großen Hofes sind östlich des Amun-Tempels ausgegraben worden, und dort fanden sich auch kolossale Standfiguren des Königs aus Sandstein, die ihn als irdische Erscheinungsform des Schöpfergottes mit nahezu weiblichen Körperformen zeigen.

Bemalter Fußboden aus Amarna
Das Leben in der Natur als unmittelbarer Ausdruck der Päsenz des Sonnengottes Aton auf Erden ist ein Hauptthema der Kunst der Amarnazeit. Die Fußböden der königlichen Paläste werden durch die impressionistischen Naturbilder zum Papyrusdickicht. »Die Vögel sind aus ihren Nestern aufgeflogen, ihre Schwingen preisen deinen Ka«, heißt es im großen Sonnengesang des Königs. Neues Reich, 18. Dynastie, um 1348–1335 v. Chr.; Malerei auf Stuck; Berlin, Ägyptisches Museum

Fünf Jahre nach Herrschaftsbeginn kehrten der König und sein gesamter Hofstaat der Hauptstadt Theben den Rücken. Neue Metropole Ägyptens wurde eine Stadt aus der Retorte, am Reißbrett für einen Standort auf halber Strecke zwischen Theben und Memphis entworfen: Amarna (so der moderne Name), Achet-Aton, »Lichtort des Aton«.

Auf den Grenzstelen, die das Stadtgebiet bezeichneten, hat der König, der seinen Namen in Echnaton, »dem Aton wohlgefällig«, geändert hatte, die Stadtgründung in einem Dekret aufgezeichnet: »Aton, mein Vater, war es, der auf Achet-Aton wies. Schaut, Pharao spürte es auf! Nicht gehörte es einem Gott, nicht gehörte es einer Göttin, nicht gehörte es einem Herrscher, nicht gehörte es einer Herrscherin, nicht gehörte es irgendeinem Beamten oder irgendeinem Menschen, um Anspruch darauf geltend zu machen. Ich errichtete Achet-Aton für Aton, meinen Vater, an diesem Platz. Ich baue den großen Tempel für Aton, meinen Vater, in Achet-Aton an dieser Stelle. Und ich baue den kleinen Tempel für Aton, meinen Vater, in Achet-Aton an dieser Stelle. Ich baue die Sonnenschatten-Kapelle für die große königliche Gemahlin Nofretete dem Aton, meinem Vater, in Achet-Aton an dieser Stelle. Ich baue einen Jubiläumstempel für Aton, meinen Vater, auf der Insel des Aton in Achet-Aton an dieser Stelle [...]. Ich errichte mir Paläste des Pharao, und ich baue einen Harim für die königliche Gemahlin in Achet-Aton an dieser Stelle. Man baue mir ein Grab in dem Berg von Achet-Aton, wo die Sonne aufgeht, in welchem meine Bestattung erfolgen soll nach Millionen von Regierungsjubiläen, die Aton, mein Vater, mir zugewiesen hat [...]. Man errichte Grabanlagen für den Hohenpriester und für die Gottesväter des Aton sowie für die Diener des Aton in dem Berg von Achet-Aton, wo die Sonne aufgeht [...].«

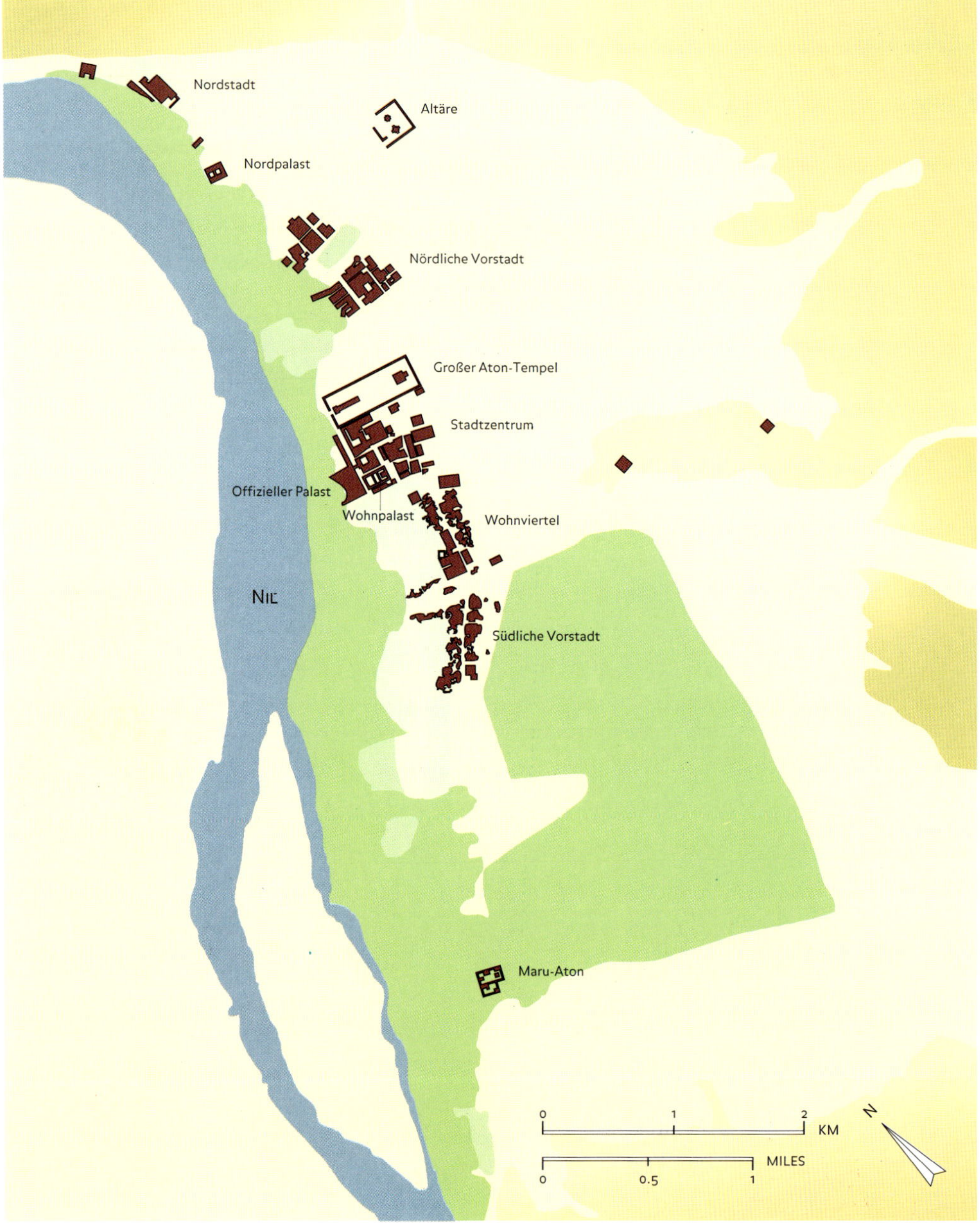

Reliefblock aus Amarna
Die in Hermopolis wiederverbauten Blöcke aus den Tempeln und Palästen von Amarna geben in ihren Reliefs ein detailgenaues Bild der Stadt Echnatons. Die Architekturdarstellungen und die durch die Grabungen gesicherten Gebäudegrundrisse ermöglichen die Rekonstruktion der ursprünglichen Architektur. Der Reliefblock zeigt einen Teil des königlichen Palastes mit dem Erscheinungsfenster.
Neues Reich, 18. Dynastie, um 1348–1335 v. Chr.; Kalkstein; Boston, Museum of Fine Arts

Übersichtsplan von Amarna
Nicht weit vom Nil zieht sich am Rand der Wüste über mehrere Kilometer das Stadtgebiet von Amarna hin, das innerhalb weniger Jahre erbaut und nach eineinhalb Jahrzehnten bereits wieder aufgegeben wurde. Königspalast und Tempel liegen im Zentrum der Stadt, beiderseits der Königsstraße.

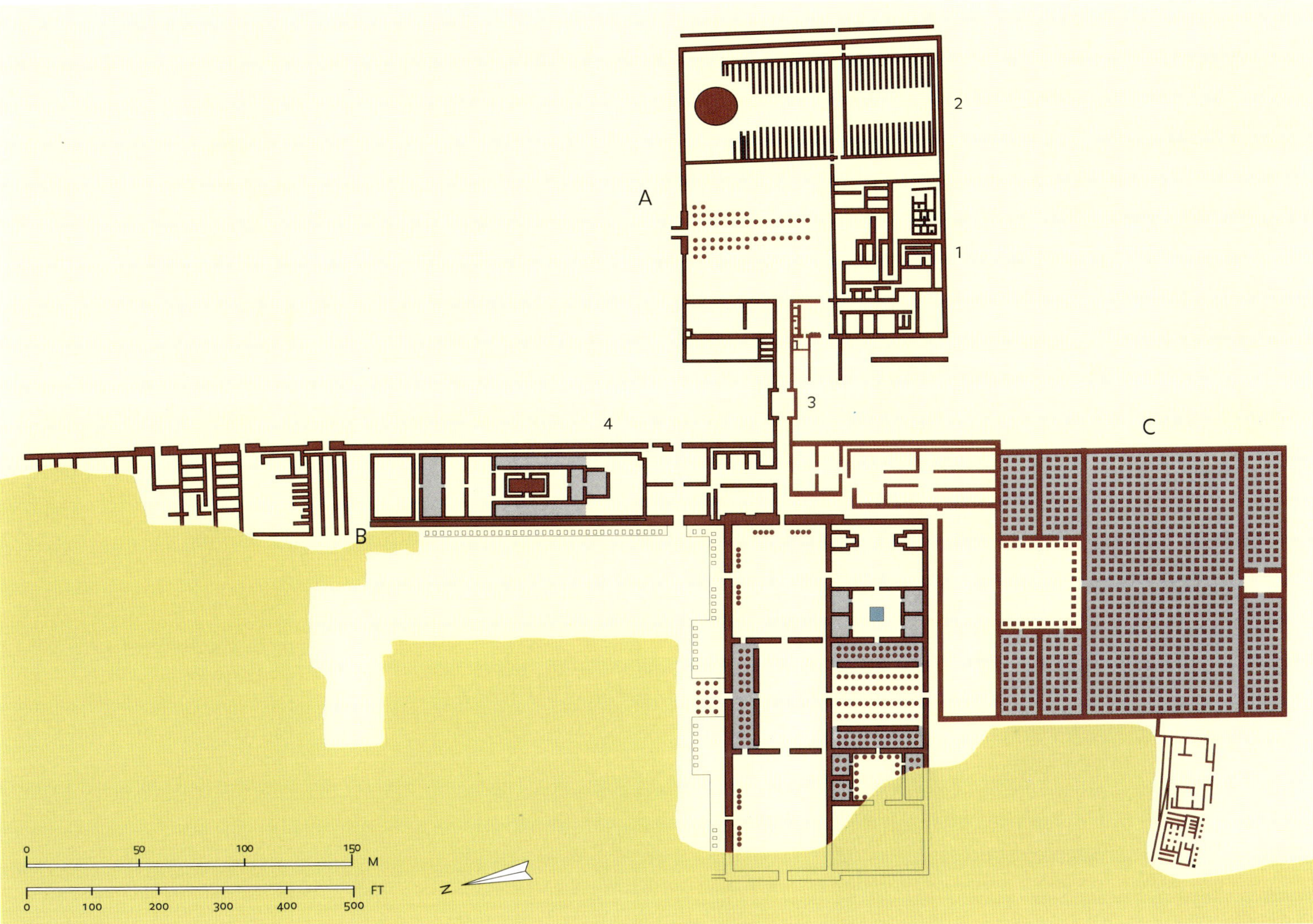

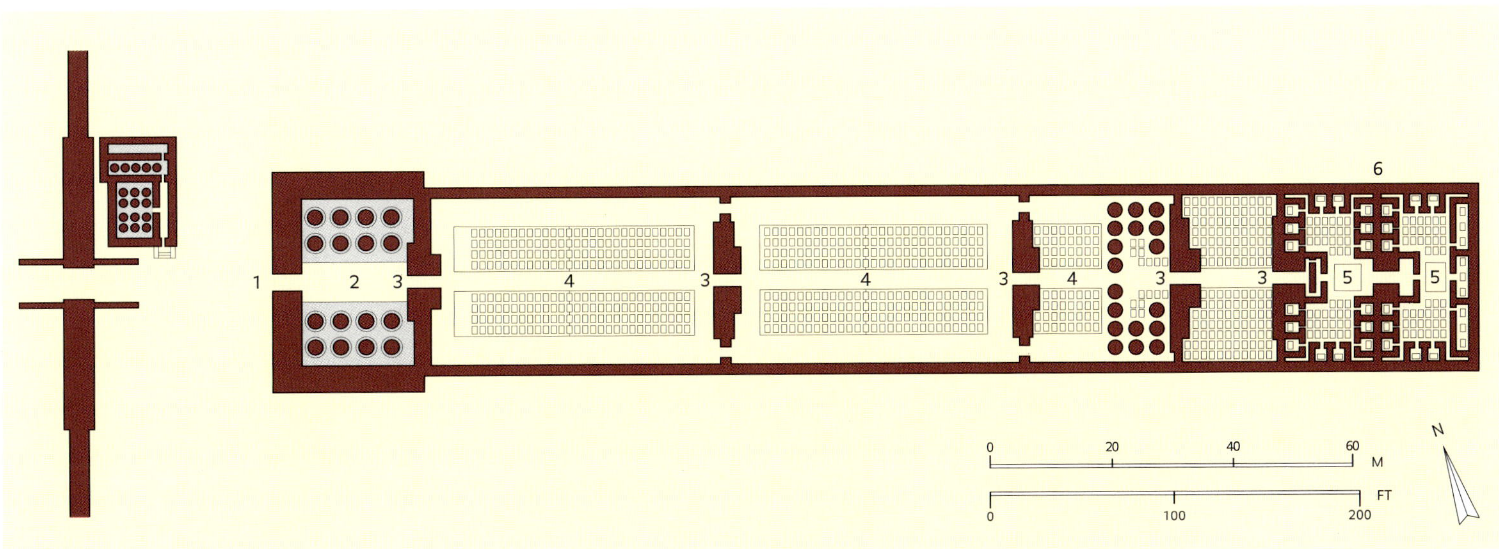

Das Palastviertel von Amarna
Der Königspalast liegt beiderseits der Königsstraße. Der private und der öffentliche Teil waren durch eine Brücke über der Straße verbunden, von der sich das Königspaar dem Volk zeigte.

A Wohnpalast
 1. Wohnung des Königs
 2. Magazine
 3. Brücke
 4. »Königsstraße«
B »Harem«
C Offizieller Palast

Der große Aton-Tempel
Sonnengott Aton wohnt am Himmel, der in seinen Tempeln in das architektonische Konzept eingebunden ist, indem an die Stelle geschlossener Räume offene Höfe getreten sind.

1. 1. Pylon
2. Festhalle
3. 2.–6. Pylon
4. Höfe mit Altären
5. Altäre
6. Höfe mit Kapellen

Ein Jahrhundert archäologische Arbeit in Amarna hat diese von König Amenophis IV.-Echnaton konzipierte neue Hauptstadt Ägyptens in ihren Grundmauern wieder ans Tageslicht gebracht: den großen Aton-Tempel mit seiner Folge von Pylonen und offenen Höfen, in denen Hunderte von Opferaltären standen, den kleinen Tempel, die Paläste, beiderseits einer Prachtstraße, die parallel zum Nil die ganze Stadt über eine Gesamtlänge von etwa 5 km durchzog. Im Stadtzentrum führte eine gemauerte Brücke mit drei Durchfahrten über diese Hauptstraße und verband zwei Palastbauten miteinander. Vom Erscheinungsfenster in der Mitte der Brücke gab das Königspaar seine Audienzen. Im Süden der Stadt dehnten sich die Viertel mit Villen und Werkstätten aus, gegliedert in vornehme Straßen und einfachere Quartiere. Die Felsengräber liegen hoch an einem Felshang, der die Stadt im Osten halbkreisförmig umzieht. Östlich, weit von der Stadt entfernt, befindet sich das Königsgrab, das nach thebanischen Vorbildern in einem einsamen Wüstental angelegt ist.

An keinem anderen Ort Ägyptens läßt sich antike Stadtplanung so gut beobachten wie in Amarna. Die Tempel und Paläste sind zwar von Echnatons Nachfolgern am Ende der 18. Dynastie bis auf die Grundmauern abgerissen worden (das gleiche Schicksal widerfuhr auch den Aton-Tempeln in Karnak), aber dennoch läßt sich die antike Stadt authentisch rekonstruieren – dank der detailgenauen Reliefbilder in den Gräbern von Amarna, in denen die Stadt mit großer Ausführlichkeit dargestellt wird. Weitere Reliefdarstellungen finden sich auf den Kalksteinblöcken, die ursprünglich die Tempelwände bildeten und erhalten sind, weil sie nach dem Abriß der Tempel von Ramses II. im nahen Hermopolis als Baumaterial für einen neuen Tempel wiederverwendet wurden.

Da die Stadt nur etwa 15 Jahre bewohnt wurde, sind ihre Profanbauten, die im Gegensatz zu den Aton-Tempeln nicht zerstört wurden, recht gut erhalten, bis hin zu Teilen von Wandmalereien und Inneneinrichtungen. Den spektakulärsten Fundkomplex stellt zweifellos das Atelier eines der Hofbildhauer von Achet-Aton dar, in dem neben zahlreichen Porträtstudien aus Gips auch die weltberühmte Büste der Nofretete entdeckt wurde.

Die Grabungsarbeiten in Amarna werden Jahr für Jahr fortgesetzt und fördern nun auch Randbezirke der Stadt zutage, in denen die Wohnungen und Werkstätten der einfachen Arbeiter lagen. So gewinnt der »Lichtort des Aton« zunehmend Bedeutung für die Siedlungsarchäologie und für die Sozialgeschichte Ägyptens, für Problemfelder also, die stets im Schatten des Interesses an Tempeln und Gräbern standen.

Reliefdarstellung eines Aton-Tempels
In das architektonische Konzept der Öffnung zum Himmel sind auch die Torkonstruktionen einbezogen. Nach Ausweis der Architekturdarstellungen in den Tempelreliefs von Amarna treten in den Aton-Tempeln an die Stelle geschlossener Türrahmen gebrochene Architrave.
Neues Reich, 18. Dynastie, um 1348–1335 v. Chr.; Kalkstein; Boston, Museum of Fine Arts

Tempelrelief aus Amarna
Eines der bevorzugten Themen in den Tempelreliefs von Amarna ist das Leben in der Natur. Die Darstellung der Tier- und Pflanzenwelt ist der unmittelbare Ausdruck der Präsenz des Sonnengottes auf Erden. Zur rein deskriptiven Auflistung der Vielfalt der Schöpfung tritt die Bewegtheit der Darstellung; sie verleiht den Bildern impressionistischen Reiz.
Neues Reich, 18. Dynastie, um 1348–1335 v. Chr.; Kalkstein; New York, The Metropolitan Museum of Art

Standfigur des Königs Echnaton
Diesseitsbezogen wie die Naturschilderungen in den Reliefs ist auch die Darstellung des Herrschers und seiner Familie. Echnaton ließ sich nicht in idealisierter, sondern in individuell übersteigerter Gestalt darstellen und schuf damit ein neues Leitbild in der altägyptischen Kunst.
Aus Amarna; Neues Reich, 18. Dynastie, um 1345 v. Chr.; Kalkstein; Kairo, Ägyptisches Museum

Schlösser für Millionen von Jahren

Totentempel und Grabbauten des Neuen Reiches

Seite 127
Statue Ramses' II.
Kein anderer ägyptischer König entfaltete eine so umfangreiche Bautätigkeit wie Ramses II. Seine Tempel in Theben und in Nubien prägen noch heute das Bild der ägyptischen Architektur, und seine oft kolossalen Statuen, die an vielen Orten Ägyptens gefunden wurden, lassen auf zahlreiche, heute verlorene Tempel schließen. Aus Theben; Neues Reich, 19. Dynastie, um 1250 v. Chr.; Granit; Turin, Museo Egizio

Statue des Amenophis-Sohn-des-Hapu
Die Architekten wurden im alten Ägypten als die herausragenden Persönlichkeiten des kulturellen Lebens in hohen Ehren gehalten. Zusammen mit Imhotep, dem Baumeister der Stufenpyramide von Sakkara (um 2650 v. Chr.), wurde Amenophis-Sohn-des-Hapu, Baumeister unter Amenophis III., als Kulturheros verehrt und lange nach seinem Tod in einen gottahnlichen Status erhoben. Die Hockfigur, wahrscheinlich eine umgearbeitete Statue des Mittleren Reiches, zeigt ihn als weisen alten Mann.
Aus Karnak, Neues Reich, 18. Dynastie, um 1360 v. Chr.; Granit; Kairo, Ägyptisches Museum

Theben

»Für Aton, meinen Vater« lautete die Widmung der Tempel, die Echnaton in Amarna errichten ließ. Als König spielte er in diesen Tempeln, begleitet von der Königsfamilie, nach Aussage der Reliefs die Rolle des Hohenpriesters, der einzigen direkten Kontaktperson zu Aton. Ob Echnaton zusätzlich zum Königsgrab eine Tempelanlage für die Pflege des königlichen Totenkultes geplant hatte, ist nicht bekannt. Seine Theologie, die die Erfüllung des Lebens unter den Strahlen des Aton beinhaltete, läßt einen Totenkult nach traditionellem Muster wenig sinnvoll erscheinen.

Mit dem Ende der Amarnazeit zog der Hof nach Memphis um, und Ägyptens Hauptstadt lag künftig im Norden. Theben jedoch gewann seine Bedeutung als geistliches Zentrum des Landes zurück. Seine wiedergewonnene Tradition erwies sich als so stark, daß sich die Nachfolger Echnatons und alle Herrscher der Ramessidenzeit, der 19. und 20. Dynastie (1307–1070 v. Chr.), wieder in Theben bestatten ließen, im Tal der Könige.

Zu ihren Felsengräbern gehört ein Totentempel, der weit entfernt vom Grab am Rand des Ackerlandes liegt. Schon seit Beginn des Neuen Reiches hatten die Könige der 18. Dynastie zusätzlich zu ihren Gräbern diese Totentempel angelegt, die sich am westlichen Talrand von Theben in chronologischer Folge von Norden nach Süden hinziehen; in einer ersten Reihe von Amenophis I. bis Haremhab, in einer zweiten, parallel laufenden, von Sethos I. bis zu den Herrschern der 20. Dynastie. Die altägyptische Bezeichnung »Schlösser für Millionen von Jahren« beschreibt ihre religiöse Funktion. Es sind Tempel, in denen der verstorbene König eins mit dem König der Götter wurde, mit Amun-Re. Er wuchs über seine Sterblichkeit hinaus und gewann in den Kolossalstatuen eine neue göttliche Qualität.

Der Tempelplan folgt dem Grundschema der axialen Folge von Pylonen, Höfen, Säulensaal, Opfertischsaal, Erscheinungssaal und Allerheiligstem. Das Sanktuar war Amun-Re geweiht, der einmal im Jahr in Gestalt seiner Statue den Tempel von Karnak verließ und jenseits des Nils sein »Millionenjahrhaus« besuchte. In der Nebenachse liegt das Sanktuar für den verstorbenen König, bisweilen auch für königliche Vorfahren. Um die Millionen von Regierungsjahren, die Amun-Re dem verstorbenen König verlieh, in eine nicht endende jenseitige Herrschaft umsetzen zu können, errichtete sich der König im Bezirk des Totentempels einen Kultpalast, ein Abbild des wirklichen Königspalastes. Die Verschmelzung von König und Gott garantierte dem König einen langen Bestand des Kultes, für dessen Vollzug rings um den Tempel ausgedehnte Magazine, Stallungen, Büros und Wohnbauten für das Tempelpersonal angelegt wurden.

Nahezu alle Millionenjahrhäuser der 18. Dynastie sind nur in geringen Resten erhalten. Von der mit ursprünglich 700 m Gesamtlänge größten dieser Anlagen, dem Totentempel Amenophis' III. (1390–1353 v. Chr.), stehen nur noch die beiden Kolossalstatuen, die einst den Eingang flankierten, die »Memnonskolosse«. Der Tempel selbst wurde bereits eineinhalb Jahrhunderte nach seiner Errichtung – wahrscheinlich nach einem Erdbeben – als Steinbruch benutzt und lieferte so

Baumaterial und Statuen für den in nächster Nähe gelegenen Totentempel des Königs Merenptah (1224–1214 v. Chr.).

Nur einer der königlichen Totentempel der 18. Dynastie in Theben ist heute noch weitgehend intakt, der Tempel der Königin Hatschepsut (1473–1458 v. Chr.) in Deir el-Bahari. Er fällt aufgrund seines guten Erhaltungszustandes und seiner baulichen Gestalt aus dem Rahmen; aber gerade wegen seiner Gestalt eignet er sich nicht als Vorbild für die Ergänzung der zerstörten Vorgänger- und Nachfolgebauten.

Seine außergewöhnliche Form erklärt sich aus der Art des Bauplatzes, des von senkrecht aufragenden Felswänden umgebenen Talkessels von Deir el-Bahari. Hier legte um 2050 v. Chr. Mentuhotep II., der Begründer des Mittleren Reiches, seinen terrassenförmig ansteigenden Totentempel an; diese Struktur bestimmt ebenso die Gestalt des Hatschepsut-Tempels; auch die Pfeilergalerien, die beiderseits der zentralen Rampe die Rückwände der zwei Höfe bilden, finden ihre Entsprechung in den Pfeilerstellungen, die sich im Mentuhotep-Tempel in zwei Etagen aufbauen. Wenn im Hatschepsut-Tempel das Sanktuar und auch die Seitenkapellen in den Felsen hineingebaut sind, so daß der Tempel zu einem Hemispeos, einem »Halb-Felsentempel« wird, so hat dies seine Entsprechung in der Anlage des Felsengrabes des Mentuhotep, das sich hinter dem Tempel tief in der Felswand befindet.

Funktional und typologisch entsprechen die einzelnen Bauteile des Hatschepsut-Tempels denen der klassischen thebanischen Totentempel: Pylon, Höfe, Hypostyl (hier als Säulenhof), Sonnenhof, Kapelle des Königskultes, Kultpalast, Sank-

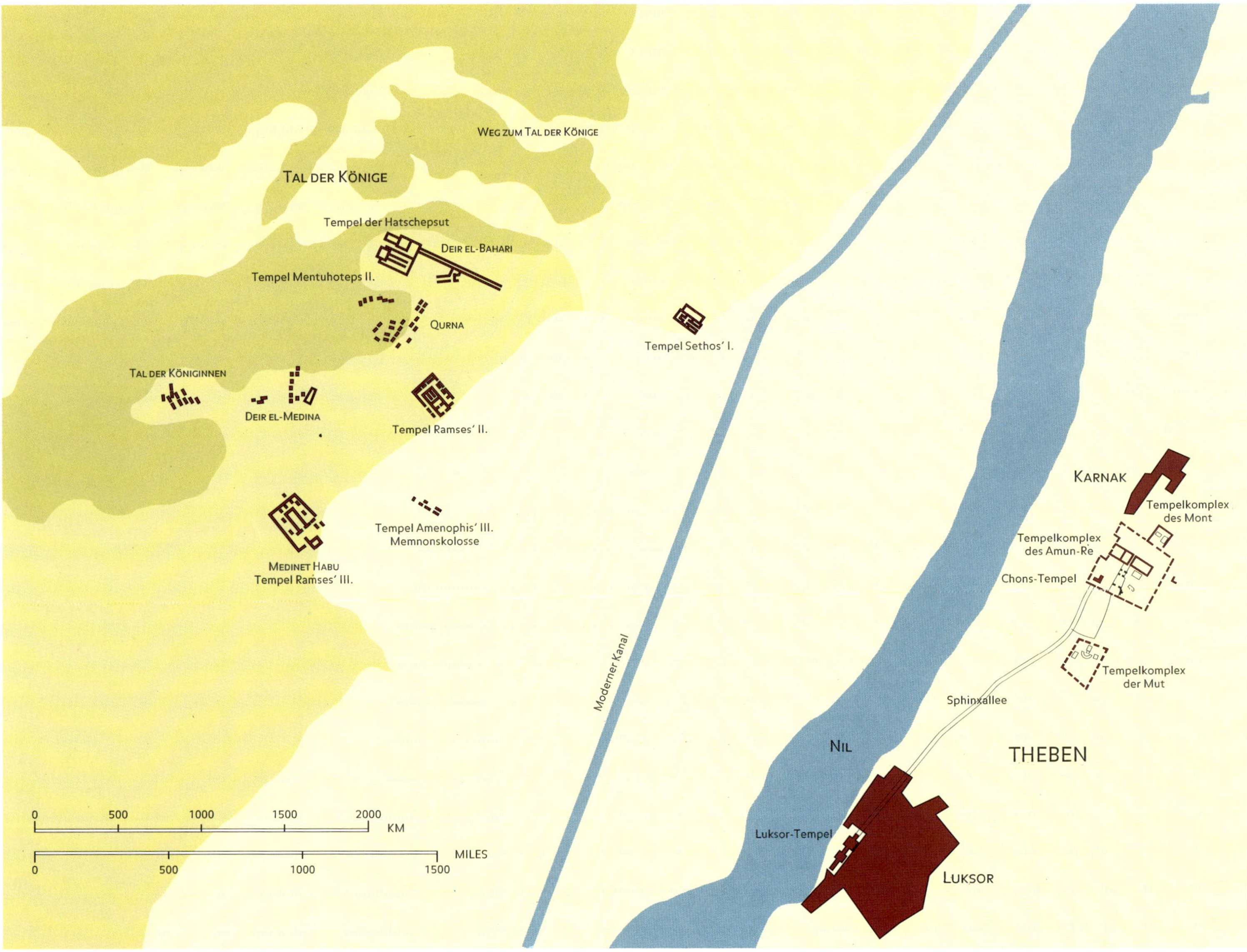

Übersichtsplan von Theben
Während das Ostufer, die antike Stadt Theben, von den Göttertempeln der modernen Orte Karnak und Luksor geprägt wird, ist das Westufer das Reich der Verstorbenen. Am Talrand liegen in langer Reihe die königlichen Totentempel, westlich davon die Nekropolen der Beamtenschaft und inmitten der Berge die Gräber der Könige und Königinnen.

Memmnonskolosse
Vom größten der thebanischen Totentempel, dem Tempel Amenophis' III., sind nur die den Eingang flankierenden Kolossalstatuen erhalten. Die nördliche der monolithen Statuen wurde in der römischen Kaiserzeit restauriert und mit Einzelblöcken ergänzt.
Neues Reich, 18. Dynastie, um 1360; Quarzit

tuar. So ungewöhnlich wie die Architektur, ist auch die Thematik der Tempelreliefs. Sie zeigen – erstmalig in der ägyptischen Kunst – den Text- und Bildzyklus der göttlichen Geburt des Königs und einen ausführlichen Bildbericht über eine Expedition in das Weihrauchland Punt an der Küste des Roten Meeres.

Das heutige Erscheinungsbild des Terrassentempels von Deir el-Bahari vermittelt nur einen schwachen Abglanz der Konzeption des Architekten Senenmut. Der gesamte Statuenschmuck fehlt: die Osiris-Statuen vor den Pfeilern der oberen Kolonnade, die Sphinxalleen in den Höfen sowie die Stand-, Sitz- und Kniefiguren der Königin; er wurde im Zuge der postumen Verfemung der Königin zerschlagen. Die Architektur ist durch Rekonstruktionsarbeiten des frühen 20. Jahrhunderts stark verfremdet. Es wird noch Jahre dauern, bis die laufenden Arbeiten eines polnischen Teams zumindest teilweise das ursprüngliche Aussehen des Tempels wiederhergestellt haben werden.

Für die 19. Dynastie steht als repräsentatives Beispiel dieses Tempeltypus der Totentempel Ramses' II, das Ramesseum, nicht zuletzt wegen der eindrucksvollen Reste seiner kolossalen Statuen und der gut erhaltenen Nebengebäude.

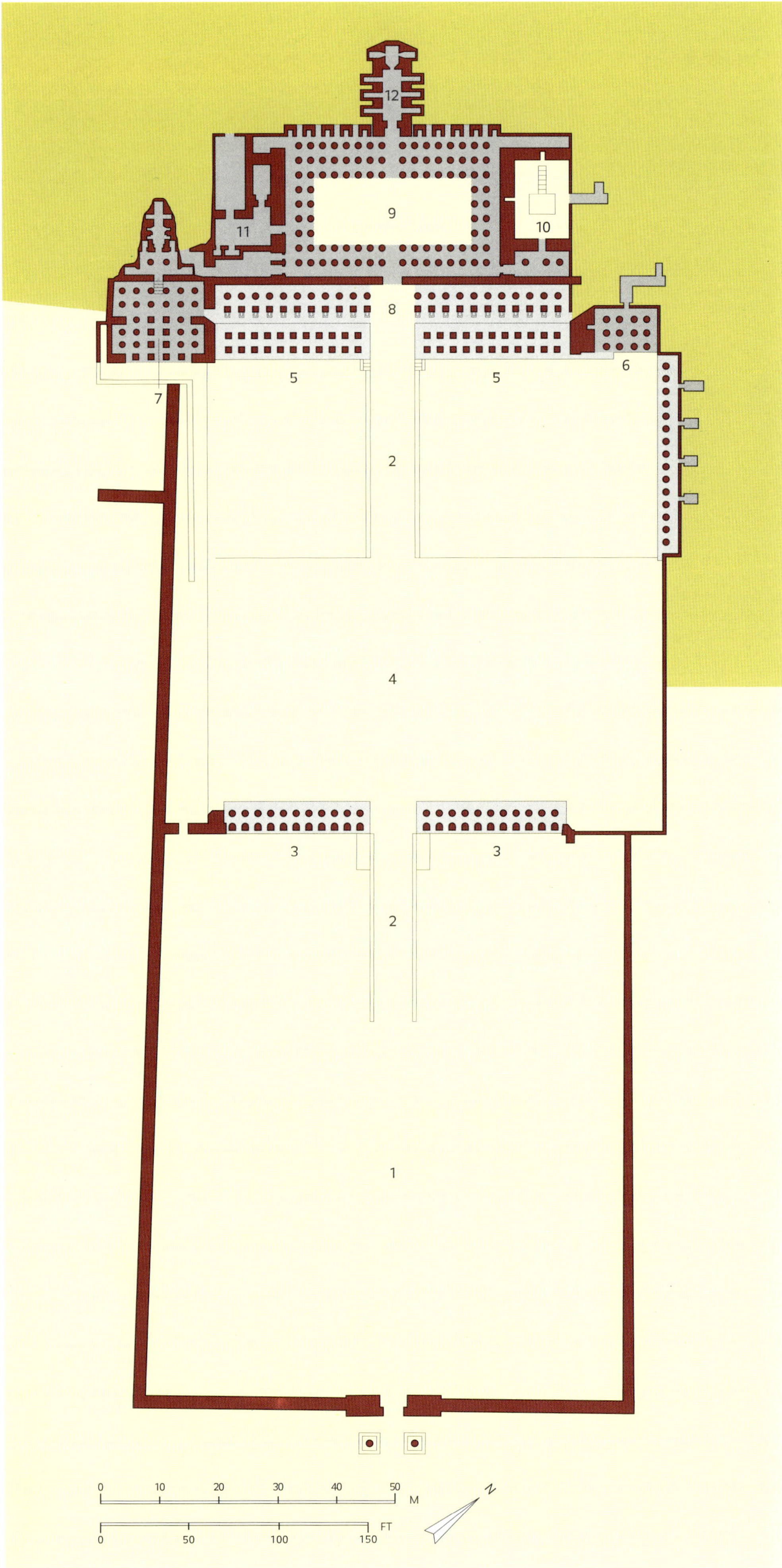

Statue der Königin Hatschepsut
Die Mittelachse des Terrassentempels der Hatschepsut war eine von Bäumen und Statuen gesäumte Straße: Stand-, Sitz- und Kniefiguren sowie Sphingen stellen die Königin im vollen Ornat eines Pharaos dar.
Neues Reich, 18. Dynastie, um 1470 v. Chr.; Granit; New York, The Metropolitan Museum of Art

Totentempel der Hatschepsut
Das ursprüngliche Erscheinungsbild des Terrassentempels ist durch die Restaurierungen des frühen 20. Jahrhunderts verunklärt und wird erst nach Abschluß der laufenden Arbeiten eines polnischen Teams wiederzuerkennen sein. Auch die kolossalen Pfeilerfiguren der Hatschepsut auf der obersten Terrasse, die die starre Linearität der Architektur auflösen, werden wiederhergestellt. Neues Reich, 18. Dynastie, um 1470 v. Chr.

Seite 132 links
Grundriß des Totentempels der Königin Hatschepsut
Über zwei Terrassen, durch Rampen miteinander verbunden, steigt das Tempelniveau vom Hof zum Allerheiligsten an, das in den gewachsenen Felsen getrieben ist. Dem Haupttempel sind vier kleine Heiligtümer angegliedert.
1. Vorhof, 2. Rampen, 3. Untere Kolonnaden, 4. Untere Terrasse, 5. Obere Kolonnaden, 6. Anubis-Heiligtum, 7. Hathor-Heiligtum, 8. Osiris-Pfeiler, 9. Festhof, 10. Sonnenheiligtum, 11. Hatschepsut-Heiligtum, 12. Allerheiligstes

Totentempel der Hatschepsut, Anubis-Heiligtum
In der Nordwestecke der ersten Terrasse liegt ein kleines Heiligtum für Anubis. Seinem Charakter als Gott der Unterwelt entspricht die Architekturform: Auf einen Vorraum mit 16kantigen Pfeilern folgt ein unterirdisches Sanktuar, das tief in den Berg führt. Neues Reich, 18. Dynastie, um 1470 v. Chr.

Seite 132 unten rechts
Kniefigur des Senenmut
Der Oberhaushofmeister Senenmut ist nicht nur in vielen Reliefbildern und Inschriften des Hatschepsut-Tempels als Baumeister belegt, sondern hat sich auch in vielen Statuen darstellen lassen. Nicht weniger als 25 sind erhalten, darunter – in mehrfacher Ausführung – der von ihm geschaffene Typus des Sistrophoren, einer Kniefigur mit dem Kultsymbol der Göttin Hathor.
Aus Armant; Neues Reich, 18. Dynastie, um 1470 v. Chr.; Granit; München, Staatliche Sammlung Ägyptischer Kunst

Totentempel der Hatschepsut, Hathor-Heiligtum
Das Kultsymbol der Göttin Hathor, das Sistrum, gibt den Säulen des Hathor-Heiligtums ihre Form. Auf Vorder- und Rückseite tragen die Kapitelle das Gesicht der Göttin, an das Kuhohren angesetzt sind. Darüber befindet sich – zwischen stilisierten Kuhhörnern – eine Kapellenfassade mit zwei Uräus-Schlangen.
Neues Reich, 18. Dynastie, um 1470 v. Chr.

Relief aus dem Totentempel der Hatschepsut
Im Reliefschmuck des Hatschepsut-Tempels wird das kanonische Bildprogramm durchbrochen. An die Stelle der Opferszenen sind lange Bildsequenzen mit ungewöhnlicher Thematik getreten: Eine Expedition ins Weihrauchland Punt, der Mythos von der göttlichen Geburt der Königin und der Transport eines Obelisken, ferner mehrere Festaufzüge mit paradierenden Soldaten.
Neues Reich, 18. Dynastie, um 1470 v. Chr.

Rekonstruktion des Totentempels Ramses' II. (Ramesseum)
Während die Gräber der Könige des Neuen Reiches weltabgeschieden inmitten der thebanischen Berge liegen, wurden die zugehörigen Totentempel an der Grenze von Niltal und Wüste angelegt. Der eigentliche Tempel bildete mit den Wirtschaftsgebäuden einen architektonisch geschlossenen Komplex und eine selbständige Verwaltungseinheit.

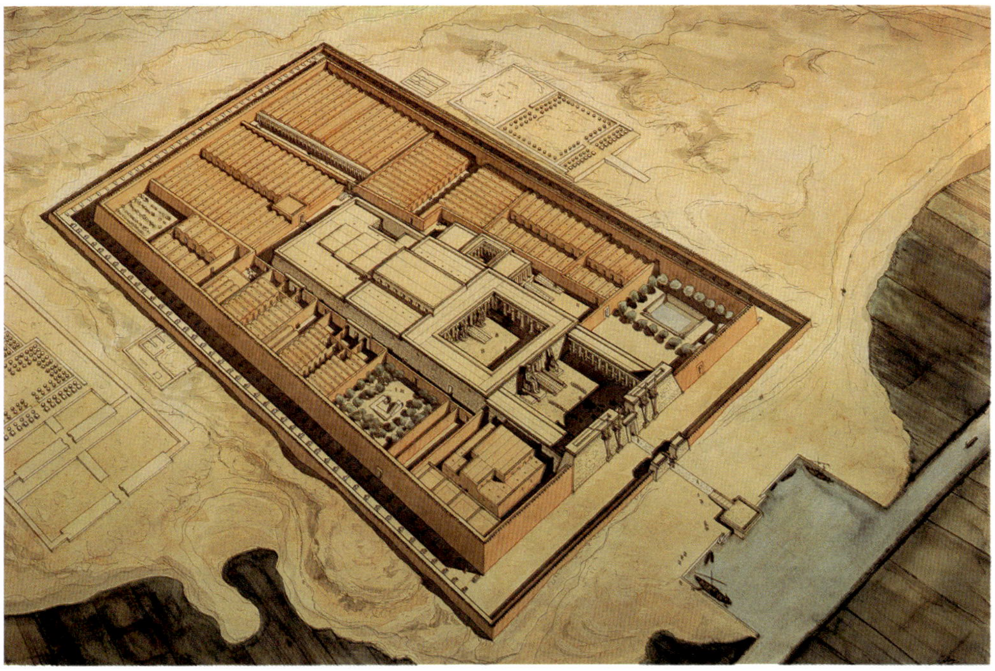

Zweiter Hof des Totentempels Ramses' II. (Ramesseum)
An der Nord- und Südseite des zweiten Hofes des Ramesseums stehen Papyrussäulen mit geschlossenem Kapitell, an der Ost- und Westwand dagegen Statuenpfeiler des Königs. Ihre mumienähnliche Gestalt ist von den Pfeilerfiguren des Königs im Festgewand abgeleitet, wie sie erstmals in großem Format im Festhof des Djoser in Sakkara in Erscheinung traten.
Neues Reich, 19. Dynastie, um 1250 v. Chr.

Reliefwand im Ramesseum
Während im Inneren der Tempel ausschließlich religiöse Themen dargestellt sind, tragen die Außenwände und die Wände der Höfe historische Szenen. Ramses II. ließ die Schlacht von Kadesch, die er in seinem 8. Regierungsjahr gegen den Hethiterkönig schlug, in mehreren Tempeln darstellen. Die großflächigen Bildberichte sprengen das strenge Registerschema und breiten sich über die ganze Wand aus.
Neues Reich, 19. Dynastie, um 1250 v. Chr.

Seite 137
Wandrelief im Hypostyl des Ramesseums
Auf der linken, südlichen Rückwand des Säulensaales des Ramesseums tritt in einem großformatigen Reliefbild Ramses II. auf das Götterpaar Amun und Mut zu und erhält aus der Hand des Götterkönigs das Krummschwert, den Krummstab und den Wedel als Herrschaftsinsignien.
Neues Reich, 19. Dynastie, um 1250 v. Chr.

Magazinräume im Ramesseum
Rings um den Tempel liegen die Werkstätten, Stallungen, Lagerhäuser und Wohnungen der Tempelbediensteten. Obwohl sie aus ungebrannten Nilschlamm-Ziegeln errichtet wurden, sind ihre Tonnengewölbe noch sehr gut erhalten, so daß ein authentischer Eindruck vom Umfeld eines Tempels entsteht.
Neues Reich, 19. Dynastie, um 1250 v. Chr.

Die Millionenjahrhäuser gibt es nicht nur in Theben, und sie sind nicht an die räumliche Nähe zum Königsgrab gebunden. Die Verschmelzung von König und Gott konnte sich auch an anderen wichtigen Kultorten mit den dort heimischen Gottheiten ereignen. Osiris, der Gott des Jenseits und der Auferstehung, fand in diesem Zusammenhang das besondere Interesse der Könige der 19. Dynastie. Ramses I., Sethos I. und Ramses II. ließen sich außer ihren thebanischen Totentempeln auch in Abydos ein Millionenjahrhaus erbauen. Die Reliefs im abydenischen Tempel von Ramses II. gewähren aufgrund ihres ausgezeichneten Erhaltungszustands einen guten Einblick in das Bildprogramm. Die Außenwände tragen historische Darstellungen; ihre Reliefs zeigen die Kadesch-Schlacht, die Ramses II. gegen den Hethiterkönig schlug. Im Tempelinneren dominiert die religiöse Thematik. Über die Wände der Höfe ziehen sich die Prozessionen der Priester und Opfertiere. Den Wandfuß im Hypostyl bedecken die Personifikationen der Gaue Ober- und Unterägyptens. Diese Darstellungen bilden die geopolitische Grundlage der Begegnung von Gott und König, die sich in den Reliefbildern der darüber liegenden Wände vollzieht. Hier wie auch im nahe gelegenen Tempel Sethos' I. sind in die Ikonographie des Herrscherbildes viele Details integriert, die die postume Vergöttlichung des Pharaos zum Ausdruck bringen. In beiden Tempeln finden sich Königslisten, die bis in die Anfänge der ägyptischen Geschichte um 3000 v. Chr. zurückführen.

Das größte Millionenjahrhaus ließ Ramses III. errichten; der Komplex seines thebanischen Totentempels in Medinet Habu entspricht mit einer Grundfläche von 205 x 315 m der Größe einer ganzen Tempelstadt. Die Ortswahl im Süden von Theben-West ist durch das uralte Heiligtum eines schlangengestaltigen Schöpfergottes bedingt; es steht als ehrwürdiges Denkmal hoher Vergangenheit im Vorhof des Tempels von Medinet Habu. Den Zugang zum Tempelkomplex bildet das Hohe Tor, die Nachbildung eines Festungsturmes. Ein weiteres Element aus der Profanarchitektur ist der Tempelpalast auf der Südseite des Totentempels; obwohl nur als Kultpalast konzipiert, folgt er dem realen Vorbild bis zu den sanitären Anlagen.

Der eigentliche Totentempel, in Konzeption und hinsichtlich der Wandreliefs dem Ramesseum eng verpflichtet, ist mit der Abfolge von zwei Pylonen und zwei Höfen, dem Säulensaal und dem Allerheiligsten für Amun sowie mit seinen farblich außerordentlich gut erhaltenen Wandreliefs das monumentale Idealbild eines Göttertempels. Es ist das Bildprogramm der Seitenachsen, durch das der Tempel seiner Rolle als Totentempel gerecht wird. Ramses ist in den Vignetten des Totenbuches als Verstorbener dargestellt, der – nachdem er wie jeder Sterbliche das Totengericht überstanden hat – im Gefilde der Seligen, im Paradies in die Gemeinschaft der Götter aufgenommen ist. Die historischen Reliefs der fast endlos wirkenden Außenwände zeigen die Schlacht Ramses' III. gegen die Seevölker, eine Bildkomposition von erzählerischer Dynamik und mit präzise referierten historischen Details.

Relief im Tempel Ramses' II. in Abydos
Im untersten Bildstreifen der Tempelreliefs sind oft Personifikationen der Gaue und Städte Ägyptens dargestellt. Ihr Kopfputz besteht aus dem jeweiligen Ortsnamen; in ihren Armen tragen sie die Gaben des Landes und symbolisieren damit die Ordnung der Natur, eine der Lebensgrundlagen der Altägypter.
Neues Reich, 19. Dynastie, um 1250 v. Chr.

Säulensaal des Ramesseums
Das architektonische Schema des Säulensaals des Amun-Tempels in Karnak findet sich im Ramesseum wieder: Beiderseits der drei erhöhten Mittelschiffe, deren Säulen geöffnete Papyruskapitelle tragen, liegen die niedrigeren Seitenschiffe mit Säulen, deren Papyruskapitelle geschlossen sind. Neues Reich, 19. Dynastie, um 1250 v. Chr.

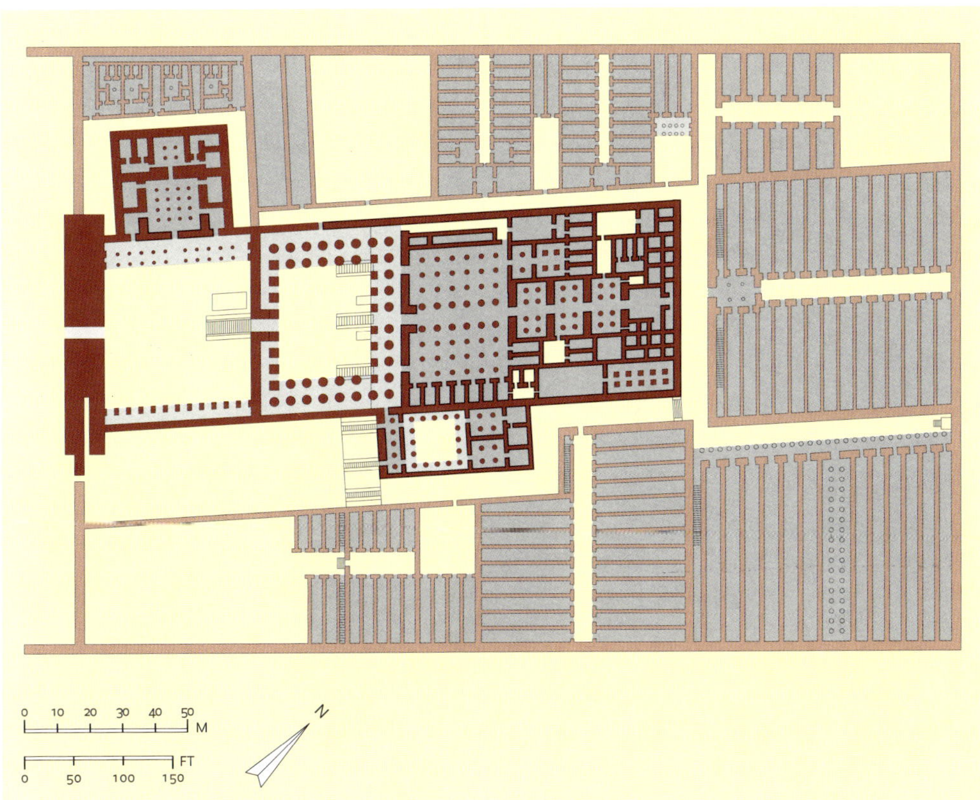

Grundriß des Ramesseums
An den eigentlichen Tempel ist südlich des ersten Hofes der Kultpalast angebaut. Der an die Nordwand des Ramesseums anschließende Tempel ist wohl ein Geburtshaus. Der Grund für die Abweichung des Tempelplans vom rechten Winkel ist unbekannt.

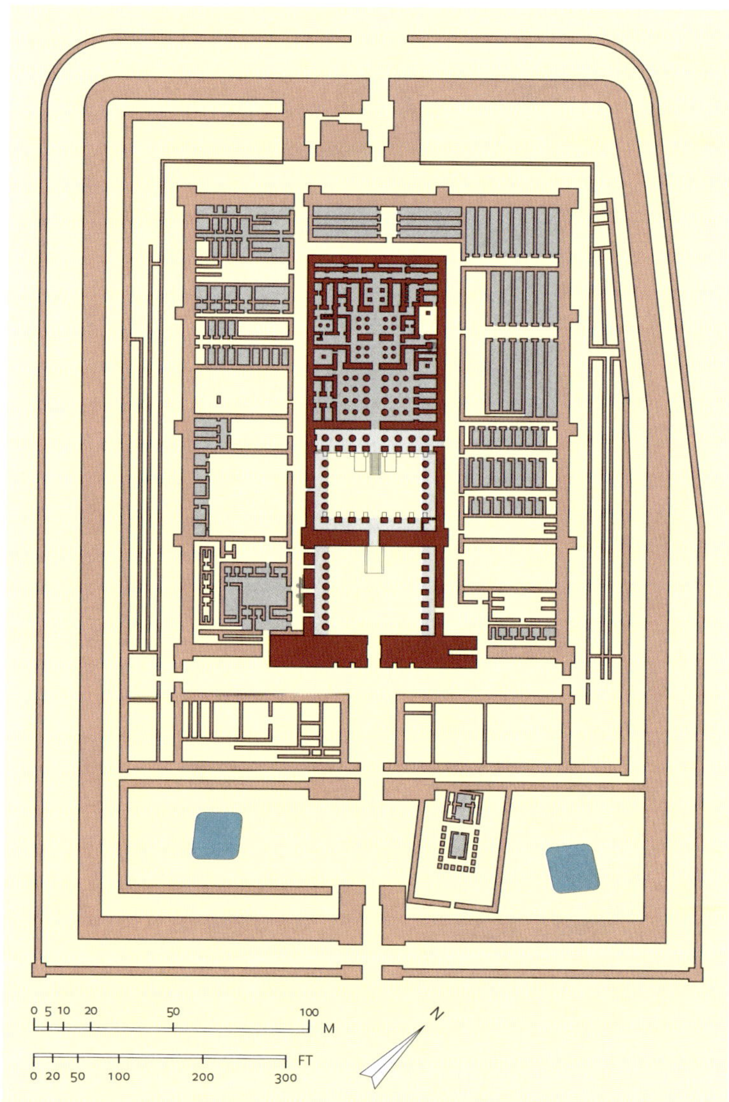

Totentempel Ramses' III.
Den südlichen Abschluß der langen Reihe der thebanischen Totentempel bildet der Totentempel Ramses' III. in Medinet Habu. Die Ortswahl ist durch einen älteren Tempel (links) bedingt, in dem ein schlangengestaltiger Urgott verehrt wurde.
Neues Reich, 20. Dynastie, um 1150 v. Chr.

Grundriß des Tempels von Medinet Habu
Der Grundriß des Totentempels Ramses' III. ist eine nur geringfügig modifizierte Nachahmung des Ramesseums, das auch bei der Auswahl der Bildthemen für die Tempelreliefs Pate gestanden hat.

Seite 141
Kolonnade im 2. Hof des Tempels von Medinet Habu
Die Bemalung der Wände, Säulen und Decken im Tempel von Medinet Habu ist ausgezeichnet erhalten und vermittelt einen guten Eindruck von der grellen Farbigkeit ramessidischer Reliefs.
Neues Reich, 20. Dynastie, um 1150 v. Chr.

Türsturz im Tempel von Medinet Habu
Über dem Türdurchgang breiten sich die Schwingen der geflügelten Sonnenscheibe aus – ein seit dem Beginn der ägyptischen Geschichte belegtes Bild des Gottes Horus, der mit seinen Flügeln den Himmel umspannt. Die Namen Ramses' III. sind unmittelbar daneben gesetzt und haben dieselbe kosmische Symbolkraft. Neues Reich, 20. Dynastie, um 1150 v. Chr.

Das Hohe Tor von Medinet Habu
Im mehrgeschoßigen Torturm, der den Zugang zum Tempelkomplex von Medinet Habu bildet, ist eine typische Bauform der Befestigungsanlagen der Ramessidenzeit in die Sakralarchitektur umgesetzt. Wie beim Kultpalast wird dem König ein Abbild irdischer Realität für sein jenseitiges Fortleben zur Verfügung gestellt. Neues Reich, 20. Dynastie, um 1150 v. Chr.

Kultpalast in Medinet Habu
An die Südmauer zwischen dem 1. und 2. Pylon des Tempels in Medinet Habu ist ein kleiner Palast angebaut, der durch das Erscheinungsfenster mit dem 1. Hof in Verbindung steht. Dieser Mauerdurchbruch ist dem Audienzfenster des Königspalastes nachempfunden und wie dieses mit programmatischen Szenen geschmückt, die den König bei der Vernichtung der Feinde Ägyptens zeigen.
Neues Reich, 20. Dynastie, um 1150 v. Chr.

Kultpalast in Medinet Habu
Obwohl der Palast niemals bewohnt werden sollte, weil er ausschließlich dem verstorbenen König zur Verfügung stand, entsprechen Säulensaal, Thronsaal (mit Thronpodest) und sogar die Sanitäranlagen den Räumlichkeiten im Königspalast. Neben vielen Totentempeln in Theben finden sich Kultpaläste.
Neues Reich, 20. Dynastie, um 1150 v. Chr.

Relief im Tempel von Medinet Habu
In den Schlachtenbildern der Außenwände und Höfe in Medinet Habu treten zahlreiche neue Einzelmotive auf, die in bislang unüblicher Weise die Grausamkeiten des Krieges zeigen. Nach siegreicher Schlacht werden die abgehackten Hände der Gefallenen (in anderen Bildern auch die Geschlechtsteile) vor dem König aufgehäuft und gezählt.
Neues Reich, 20. Dynastie, um 1150 v. Chr.

Relief am 1. Pylon des Tempels von Medinet Habu
Der ägyptische König als Weltenherrscher besiegt nicht nur die Feinde des Landes, sondern vernichtet auch das Böse in der Natur. Der dogmatische Auftrag des Königs, Ordnung zu stiften, hat zwei Varianten: Krieg und Jagd. Die Stierjagdszene auf der Rückseite des 1. Pylons entspricht typologisch dem Bild von der Vernichtung der Feinde auf der Vorderseite.
Neues Reich, 20. Dynastie, um 1150 v. Chr.

Rekonstruktion des Tempelkomplexes von Medinet Habu
Die festungsähnliche Mauer mit dem Hohen Tor umschließt nicht nur den Totentempel Ramses' III., sondern auch den älteren Tempel in der Nordostecke. In diesem Heiligtum blieb der Kultbetrieb bis in die Römerzeit lebendig.

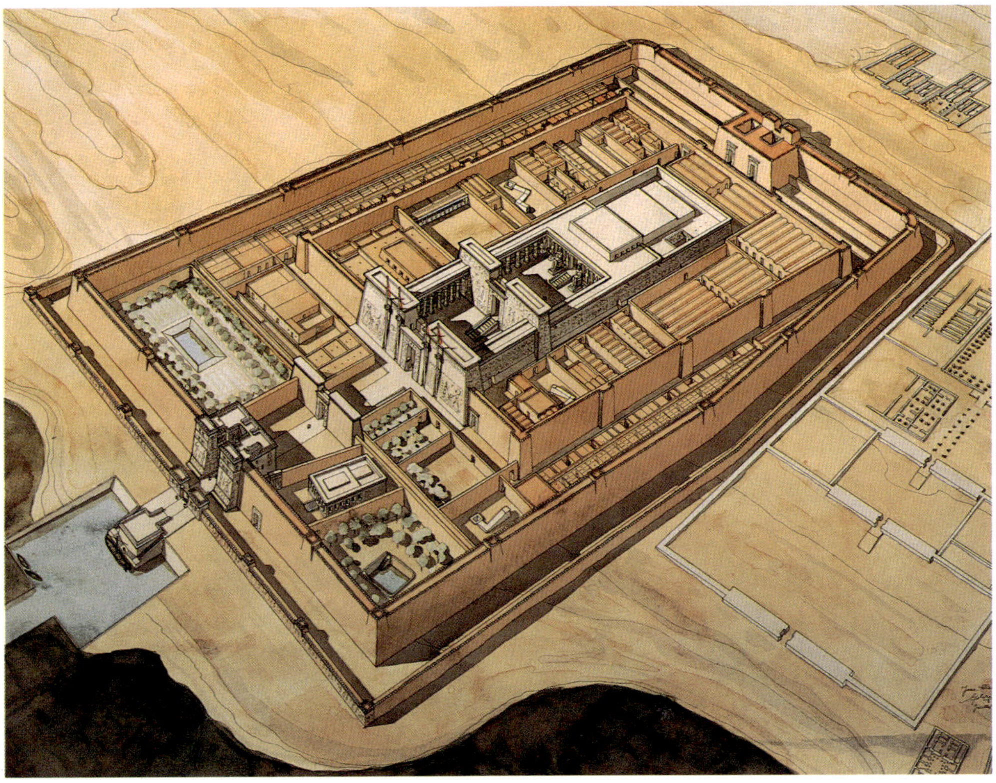

Wandrelief im Tempel von Medinet Habu
Im südlichen Teil des Totentempels Ramses' III. sind einige Räume dem Totenkult des Königs vorbehalten. In den Wandreliefs erscheint Ramses bei der Feldarbeit und in Anbetung vor dem Nilgott Hapi und dem Benu-Vogel, dem »Vater der Götter«.
Neues Reich, 20. Dynastie, um 1150 v. Chr.

Die Tempel von Abusimbel an ihrem neuen Standort
Ursprünglich lagen die Tempel von Abusimbel in den Felswänden des Niltals. Heute stehen sie 60 m höher – über dem »Nubischen Meer«, dem Stausee, der sich von Assuan 500 km nach Süden erstreckt.
Neues Reich, 19. Dynastie, um 1250 v. Chr.

Seite 146
Köpfe der Kolossalstatuen Ramses' II. in Abusimbel
Die göttlichen Aspekte des ägyptischen Königtums werden in den Tempeln Ramses' II. zum Hauptthema der Ikonographie. Die Kolossalfiguren an der Fassade des Großen Tempels – hier bei seiner Umsetzung – sind Darstellungen des vergöttlichten Königs.
Neues Reich, 19. Dynastie, um 1250 v. Chr.

Felsentempel

Die beiden Funktionen, die seit alters das Aussehen des ägyptischen Tempels bestimmen, treten in der Form der thebanischen Totentempel besonders deutlich in Erscheinung. Der Tempel ist nach außen ein Instrument der Selbstdarstellung der königlichen Macht. Das traditionelle Motiv der Pylondekoration ist die Darstellung des Pharaos, der sich anschickt, die Feinde Ägyptens zu erschlagen – eine heraldische Drohgebärde ohne Realitätsbezug, aber voller politischer Symbolkraft. Im Tempelinneren gehen König und Gott eine unlösbare Verbindung ein; die Gottähnlichkeit des Pharaos garantiert die Ordnung der Welt.

Eine in der Ramessidenzeit beliebte Sonderform der Tempelarchitektur, der Felsentempel, veranschaulicht diese Doppelfunktion. Repräsentativ für mehrere Felsentempel in Ägypten und Unternubien mögen die beiden Heiligtümer sein, die Ramses II. in Abusimbel errichten ließ, 300 km südlich der eigentlichen Reichsgrenze am 1. Katarakt, inmitten des nur dünn besiedelten nubischen Niltals. Die kolossalen Sitzfiguren Ramses' II. an der Fassade des Großen Tempels und die Standfiguren des Königs und der Königin Nefertari vor dem Kleinen Tempel von Abusimbel sind Selbstdarstellungen des vergöttlichten Königspaares, das durch diese ins Gigantische übersteigerte Darstellungsform die Grenzen des Reiches zu sichern versucht. Die Frage, ob im Kleinen Tempel von Abusimbel die Königin Nefertari in der Gestalt der Göttin Hathor erscheint oder ob die Göttin Hathor in diesem Tempel die menschliche Gestalt der Königin angenommen hat, ist müßig. Königin und Göttin sind eins geworden.

Seite 149
Kolossalstatuen Ramses' II. in Abusimbel
22 m hoch sind die vier Kolossalstatuen Ramses' II., die an der Fassade des Großen Tempels aus dem Felsen gehauen sind. Die Kombination von Königskopftuch und Doppelkrone von Ober- und Unterägypten findet sich auch bei anderen Kolossalstatuen des Königs. Die Flächigkeit des Gesichtes wird durch den breiten Zeremonialbart und den klobigen Uräus über der Stirn unterstrichen.
Neues Reich, 19. Dynastie, um 1250 v. Chr.

Der Große Tempel von Abusimbel
Die Elemente eines »normalen« ägyptischen Tempels sind beim Felsentempel in den anstehenden Felsen verlegt. Die Fassade des Großen Tempels von Abusimbel hat die Form eines Pylonturms mit geböschten Wänden, Rundstab und Hohlkehle. Die aus dem anstehenden Felsen gehauenen Kolossalstatuen Ramses' II. sind typologisch den freistehenden Statuen gleichzusetzen, wie sie beispielsweise vor dem Luksor-Tempel stehen. Die typische Reliefdekoration der Pylonfront ist in das Innere des Tempels verlegt; die Szene von der Vernichtung der Feinde befindet sich auf der Eingangswand des unterirdischen Hofes.
Neues Reich, 19. Dynastie, um 1250 v. Chr.

Wandrelief im Großen Tempel von Abusimbel
Ramses II. betet eine Götterdreiheit an, in deren Mitte er selbst in vergöttlichter Gestalt zwischen Amun und Mut sitzt: Sonnenscheibe und Widderhorn sind göttliche Attribute, die nicht zum gewöhnlichen Königsornat gehören.
Aus: I. Rosellini, »Monumenti dell'Egitto e della Nubia«, 1832–1844

Sanktuar des Großen Tempels von Abusimbel
Die Dreiergruppe Ptah (hier nicht abgebildet), Amun und Re-Harachte, der Götter von Memphis, Theben und Heliopolis, ist im Allerheiligsten des Großen Tempels von Abusimbel um die vergöttlichte Gestalt Ramses' II. erweitert, der gleichrangig unter den Göttern Platz genommen hat.
Neues Reich, 19. Dynastie, um 1250 v. Chr.

Seite 151
Halle des Großen Tempels von Abusimbel
Statuenpfeiler sind typische Architekturelemente der Tempelhöfe. Wenn sie im Großen Tempel von Abusimbel in der großen unterirdischen Eingangshalle stehen, so ist diese Halle als Hof definiert. Die Deckendekoration, die Geier mit ausgebreiteten Schwingen zeigt, ist eine Darstellung des Himmels, der sich über dem offenen Hofraum spannt.
Neues Reich, 19. Dynastie, um 1250 v. Chr.

Grundriß und Längsschnitt des Großen Tempels von Abusimbel
Die Magazine, die bei einem freistehenden Tempel rings um das Tempelhaus liegen, sind beim Großen Tempel von Abusimbel unterirdische Nebenräume. Da sie Wandreliefs mit Kultszenen tragen, war ihre Funktion wohl eher ritueller als praktischer Art.

Kleiner Tempel von Abusimbel
Zwischen je zwei kolossale Figuren Ramses' II. ist eine Statue der Nefertari gestellt, die durch ihre Hathor-Krone als Darstellung der vergöttlichten Königin ausgewiesen ist. Die Nischenstruktur unterstreicht die Funktion des Tempels als Nahtstelle zwischen Ober- und Unterwelt, zwischen profanem Außen und heiligem Innen.
Neues Reich, 19. Dynastie, um 1250 v. Chr.

Pfeilerhalle im Kleinen Tempel von Abusimbel
An die Stelle der Statuenpfeiler im Großen Tempel von Abusimbel treten im Kleinen Tempel die Hathor-Pfeiler. Das Hathor-Emblem des Sistrums wird hier – analog zu den Pfeilerfiguren des vergöttlichten Ramses – zum Bild der vergöttlichten Königin, deren Krönung zur Göttin im Sanktuar bildlich dargestellt ist.
Neues Reich, 19. Dynastie, um 1250 v. Chr.

Der Felsentempel dringt durch seine Anlage im Fels über die Grenzen der begehbaren Welt hinaus in die unbekannten Tiefen des Unterirdischen vor und ist damit der architektonische Ausdruck der Verzahnung von Ober- und Unterwelt, von Weltlichem und Heiligem, von König und Gott. Das Mysterium der Höhle, in vielen Kulturen der Anstoß zur Schaffung von Höhlenheiligtümern, ließ auch in Altägypten unterirdische Orte besonderer Heiligkeit entstehen, die dem König den Übergang in die Götterwelt erleichtern sollten. Nirgendwo sonst tritt Ramses II. in Statuen und in Reliefbildern so häufig und so deutlich mit den Insignien der Göttlichkeit auf wie in den Felsentempeln in Nubien.

Die generell gültige Funktion des Tempels als Ort, an dem der König als Vertreter der Menschheit in direkten Kontakt mit den Göttern trat, wurde hier zur ausschließlichen Bauaufgabe. Daß im kaum bevölkerten Nubien das Publikum fehlte, an das sich diese Botschaft von der Göttlichkeit des Pharaos richten könnte, blieb für die Funktionsfähigkeit dieser Heiligtümer ohne Belang. Die Aussage ihrer architektonischen Form, ihrer Wandreliefs und ihrer statuarischen Ausstattung beruht in sich selbst, schafft eine eigenständige Realität, die nicht des Betrachters bedarf, um wirksam zu werden oder wirksam zu sein.

Steinbruch und Zeichentisch – Bauplanung und Logistik

Steinbruch am Gebel es-Silsila
Aus den Sandsteinbrüchen des Gebel es-Silsila südlich von Edfu kam seit dem Neuen Reich das Baumaterial für alle oberägyptischen Tempel. Der antike Abbau ist noch heute an den bis zu 20 m hohen Wänden erkennbar.

In einem Steinbruch des Wadi Hammamat
In der Ostwüste zwischen Niltal und Rotem Meer liegen Steinbrüche, in denen Grauwacke abgebaut wurde, ein beliebtes Material für Statuen und Sarkophage. Unfertige Werkstücke markieren die antiken Arbeitsplätze.

Den praktischen Aspekten der altägyptischen Architektur ist über viele Jahrzehnte wenig Aufmerksamkeit geschenkt worden. Die geradezu hypnotische Wirkung, die die physische Präsenz der Pyramiden und Tempel auf den Betrachter ausübt, hat die Fragen nach Materialbeschaffung, Bautechnik, Arbeitsorganisation und Bauplanung verdrängt und allenfalls phantastische Spekulationen über die Bewältigung der gigantischen Bauaufgaben der Pharaonen genährt.

Eine systematische Erforschung der Steinbrüche des ägyptischen Niltals gibt heute genaue Aufschlüsse über die Herkunft der in pharaonischer Zeit verwendeten Gesteine und ihren Abbau. Manche der antiken Steinbrüche zwischen Kairo und Assuan sind ohne Veränderung durch spätere Nutzung in ihrem ursprünglichen Zustand erhalten. Kalksteinbrüche, meist als unterirdische Höhlensteinbrüche angelegt, finden sich vom Gebel Mokattam bei Kairo über ganz Mittelägypten bis in die Gegend von Luksor. Eine besonders kostbare Variante des Kalksteins, der Kalzit-Alabaster, wurde unter anderem im Untertagebau in Hatnub in der Nähe von Amarna gewonnen. Basaltsteinbrüche liegen nördlich des Fayum-Sees bei Kasr es-Sagha. Quarzit wurde entweder am Gebel el-Ahmar, dem »Roten Berg«, am östlichen Stadtrand des modernen Kairo oder am Westufer des Nils bei Assuan gebrochen. Anorthosit-Gneis, der sogenannte »Chephren-Diorit«, kam aus einem Steinbruch in Nubien, südwestlich von Abusimbel tief in der Wüste gelegen. Aufgrund ihrer spezifischen Zusammensetzung können die Gesteine von Bauwerken und Statuen den verschiedenen Herkunftsgebieten zugewiesen werden, so daß sich die Ausbeutung der Steinbrüche auch zeitlich bestimmen läßt.

Südlich von Edfu liegen über eine Strecke von mehreren Kilometern an beiden Ufern des Nils die Sandsteinbrüche von Gebel es-Silsila, aus denen von 2000 v. Chr. bis in die römische Kaiserzeit das Baumaterial für die großen Tempelanlagen Oberägyptens gewonnen wurde, für Karnak, das Ramesseum und Medinet Habu, für Dendera, Esna, Edfu und Kom Ombo. Bis zu 30 m hoch stehen die abgearbeiteten Felswände in gigantischen Schächten, die im Tagebau senkrecht in den Fels getieft wurden. An den Bearbeitungsspuren lassen sich die verwendeten Werkzeuge – Bronze- und Eisenmeißel – sowie die Formate der gewonnenen Blöcke erkennen. Die Aufteilung des Steinbruchareals zeigt, daß Verladerampen direkt vom Flußufer durch tief aus dem Fels gehauene Schluchten in die Abbauschächte führten und manche Abbaustellen – zumindest zur Zeit der Nilüberschwemmung – eine Kanalverbindung zum Nil hatten. Die Sandsteinblöcke konnten also ohne lange Transportwege unmittelbar auf die Lastschiffe verladen werden. Für den Weitertransport bot die Lage dieser Sandsteinbrüche den Vorteil, daß die meisten Bestimmungsorte flußabwärts lagen, die schweren Lastkähne also mit der Strömung des Flusses fuhren.

Unfertige Werkstücke, die noch heute im Steinbruchgebiet liegen, lassen erkennen, daß bereits an Ort und Stelle Statuen und Architekturteile in Rohform zugehauen wurden, um Transportgewicht zu sparen. Offenbar wurde für bestimmte Aufträge und nicht in Serienproduktion »auf Halde« gearbeitet.

Nicht überall konnte die Materialbeschaffung so effektiv organisiert werden wie am Gebel es-Silsila. Seltenere Hartgesteine, vor allem die für Statuen und Sarkophage sehr beliebte grünliche Grauwacke, mußten in den Steinbrüchen in der Ostwüste abgebaut werden, einer Region, in der noch unter den römischen Kaisern der rote Porphyrs gewonnen wurde, der in großen Mengen bis nach Rom und Byzanz exportiert wurde. Transportwege von 100 km bis zum Niltal, die Versorgung und Unterbringung Hunderter von Arbeitern und die Logistik eines Großeinsatzes in

Steinbrüche im ägyptischen Niltal
Das Niltal weist auf seiner ganzen Länge von Assuan bis Kairo antike Steinbrüche auf: Im Süden wurde Sandstein und nördlich von Edfu Kalkstein abgebaut. Hartgestein wurde in Assuan, in der Ostwüste, im Fayum und an der Südspitze des Deltas gewonnen.

Papyrus mit Lageplan eines Steinbruchs
Zur Orientierung im unwegsamen Gelände der Ostwüste diente dieser antike Plan auf Papyrus, der wahrscheinlich einen Teil des Wadi Hammamat darstellt.
Neues Reich, 19./20. Dynastie, 1300–1100 v. Chr.;
Turin, Museo Egizio

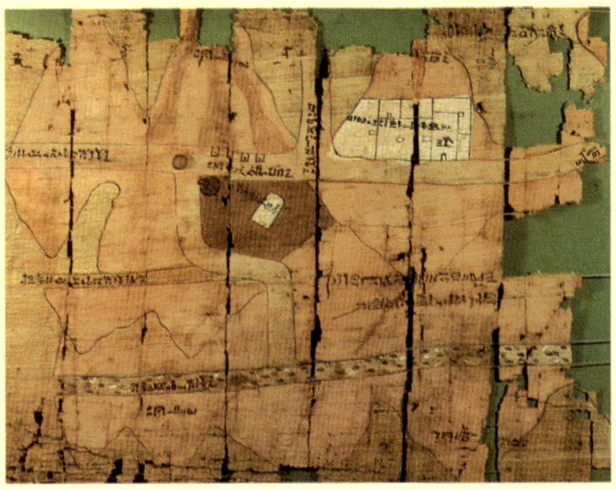

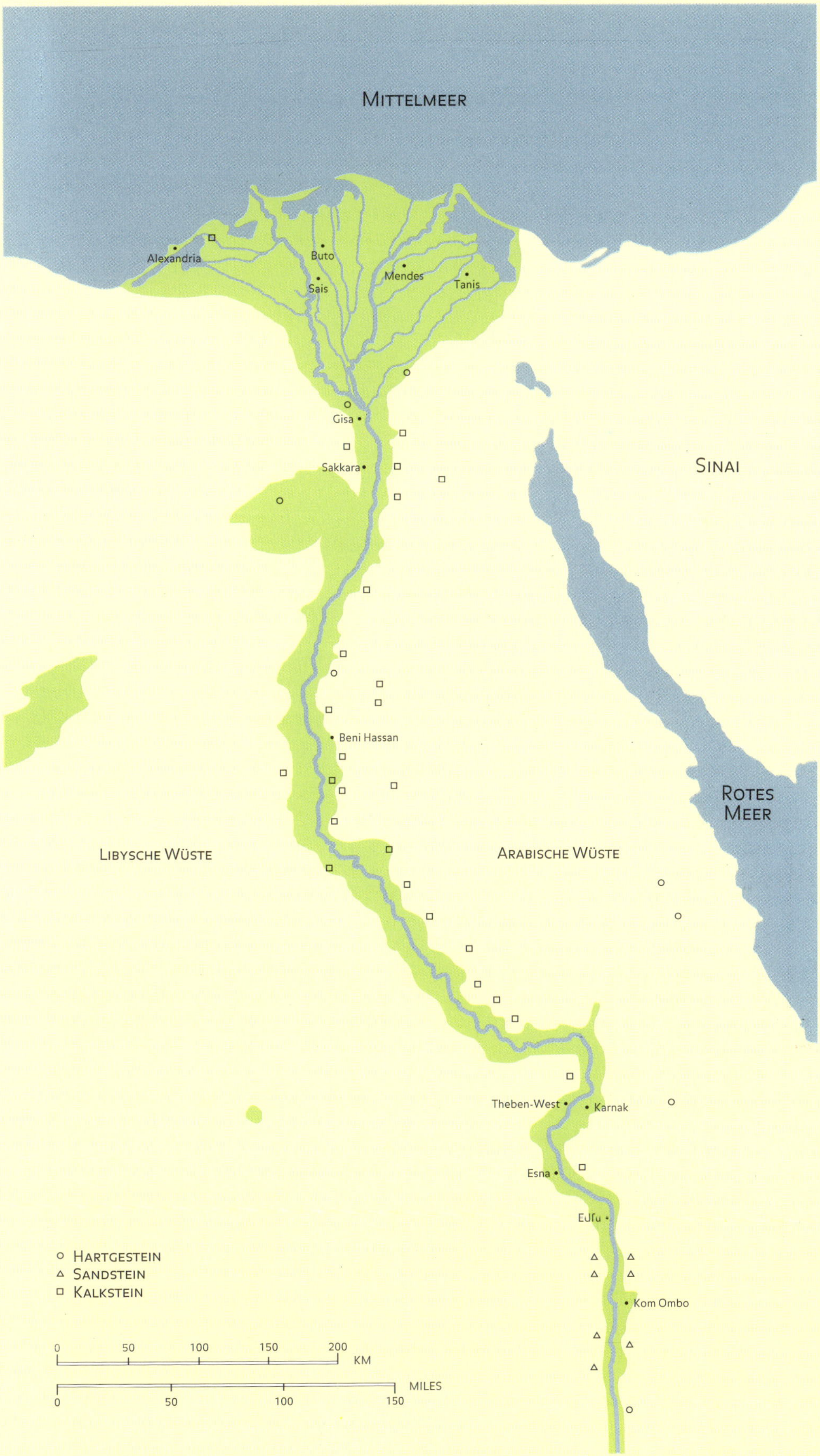

den unwirtlichen und schwer zugänglichen Wüstenbergen zwischen Niltal und Rotem Meer stellten höchste Anforderungen an die Expeditionsleiter. Nicht ohne Stolz berichten sie in langen Inschriften von ihren Leistungen und geben interessante Informationen über Mannschaftsstärke, Ausrüstung sowie Art und Anzahl der im Steinbruch gewonnenen Werkstücke, deren Gewicht bis zu 50 Tonnen betragen konnte.

Die größten Steinmonumente kamen aus dem Gebiet des 1. Katarakts bei Assuan; seit dem Alten Reich wurden die monolithen Obelisken aus dem für Assuan typischen Rosengranit gefertigt. Der größte bislang bekannte Obelisk hat den Steinbruch nie verlassen und liegt unfertig an seinem antiken Werkplatz. Mit 1200 Tonnen

Gewicht dürfte er die technischen Möglichkeiten des Neuen Reiches überfordert haben.

Der Transport schwerster Lasten über Land wird in Grabreliefs dargestellt. Als Verkehrsmittel dienten flache hölzerne Schlitten mit breiten Kufen, gezogen von Arbeitern oder Rindern. Wesentlich war die Herrichtung einer Transportbahn, deren feuchter Nilschlammbelag selbst schwerste Lasten mit geringem Energieaufwand bewegen ließ. Für den Vertikaltransport von Schwerlasten wurden Rampen gebaut, über die die Blöcke auf Schlitten nach oben gezogen werden konnten. Reste solcher Rampen sind am 1. Pylon in Karnak, bei der Pyramide von Medum und an vielen anderen Bauwerken erhalten.

Über die Arbeitsbedingungen auf den Großbaustellen, beim Schwerlasttransport und in den Steinbrüchen darf man sich keine Illusionen machen. Trotz der Versicherung der Expeditionsleiter, daß alle Arbeiter wohlbehalten aus den Steinbrüchen zurückgekehrt seien, dürfte die Unfall- und Todesrate hoch gewesen sein. Altägyptische Darstellungen charakterisieren die Arbeiter häufig als Angehörige sozial niedriger Schichten oder als Nicht-Ägypter, die wohl oft Kriegsgefangene gewesen sein dürften.

Über die Bauplanung altägyptischer Architektur liegen nur spärliche Informationen vor. Sicherlich sind Häuser, Dörfer und Städte als »anonyme Architektur« spontan und organisch aus der jeweiligen örtlichen Situation heraus entstanden. Tempelbauten dagegen zeigen in ihren über Jahrtausende nur wenig veränderten Grundstrukturen, daß verbindliche Richtlinien existiert haben müssen. Für die einzelnen Architekturelemente sind zahlreiche Modelle und Planzeichnungen auf Papyrus oder Ostraka belegt: für Säulen, Türen und Naoi. Gesamtpläne oder Modelle ganzer Gebäude sind selten. Von zwei Königsgräbern im Tal der Könige – von den Gräbern Ramses' IV. und Ramses' IX. – existieren präzise Grundrißzeichnungen mit schriftlichen Erläuterungen; sie stellen jedoch eher Bauaufnahmen der fertigen Gräber als Pläne, nach denen gebaut werden sollte, dar. Dasselbe gilt für die wenigen Tempelmodelle, die wahrscheinlich als Votivgaben und nicht als Konstruktionsgrundlagen dienten. Echte Bauskizzen mit Maßangaben für Gewölbekonstruktionen und Neigungswinkel der Pyramiden bleiben die Ausnahme.

Neben zeichnerischen Unterlagen zur Bauplanung gibt es Baubeschreibungen, anhand derer sich die Ausstattung der Tempel detailliert rekonstruieren läßt. Zwar erscheinen die Tempelräume von Medinet Habu oder Abydos noch heute in der Farbigkeit ihrer Wandreliefs überaus lebendig, aber für den Gesamteindruck eines altägyptischen Heiligtums fehlen ganz entscheidende Elemente. Im Papyrus »Harris I« aus der 20. Dynastie sind die Tempelbauten Ramses' III. und ihre Stiftungen beschrieben. Immer wieder liest man bei der Schilderung der Tempel in Theben und Memphis, Heliopolis und vielen anderen Städten Ägyptens von den »Toren aus Elektrum und gehämmertem Kupfer«, vom »Erscheinungsfenster aus feinem Gold«, von »Opfertischen aus getriebenem Silber, gefaßt in Gold«, von »Götterbarken von 130 Ellen Länge aus Zedernholz, bis zur Wasserlinie mit Gold be-

Skizze eines Steinmetzen
Ostraka – Ton- oder Kalksteinscherben – wurden nicht nur für Entwürfe, sondern auch als Skizzenblätter benutzt. Die flüchtige Zeichnung zeigt einen kahlköpfigen, unrasierten Steinmetz bei seiner sichtlich mühsamen Arbeit. Neues Reich, 19./20. Dynastie, um 1300–1100 v. Chr.; Cambridge, Fitzwilliam Museum

Grabmalerei in Deir el-Bersche
Im Grab des Djehutihetep in Deir el-Bersche in Mittelägypten ist der Transport einer Kolossalstatue dargestellt. Ein breitkufiger Holzschlitten auf einer befeuchteten Lehmbahn, die mit Bohlen befestigt wurde, erlaubte den Transport schwerster Werkstücke. Mittleres Reich, 11./12. Dynastie, um 1900 v. Chr.; aus: H. v. Minutoli, »Reise zur Oase des Jupiter Ammon«, 1824

Seite 156 oben
Entwurf eines Gebäudes
Architekturskizzen auf Ostraka sind häufig erhalten. Der flüchtig gezeichnete Entwurf auf einer Gefäßscherbe zeigt den Aufriß eines Kiosks.
Neues Reich, 19./20. Dynastie, um 1300–1100 v. Chr.; Berlin, Ägyptisches Museum

Architekturmodell eines Tempels
Architekturprojekte wurden auch in dreidimensionalen Modellen dargestellt. Für einen Tempel in Heliopolis sind auf einem Quarzitblock die Standorte für Pylon, Obelisken, Flaggenmasten, Statuen und Sphingen festgelegt. Die entsprechenden Bauteile wurden auf dem antiken Modellblock modern rekonstruiert.
Neues Reich, 19. Dynastie, um 1290 v. Chr.; Quarzit; New York, The Brooklyn Museum

Inschrift im Wadi Hammamat
Im Steinbruchgebiet der Ostwüste hat sich ein Expeditionsleiter in einer Inschrift verewigt, in der er auch seine Vorfahren, alle Baumeister, aufzählt. Die ältesten vergleicht er mit Imhotep, dem Erbauer der Pyramide in Sakkara.
Spätzeit, um 580 v. Chr.

schlagen und mit einem Schrein in ihrer Mitte, ganz aus Gold und mit jeglichem Edelstein eingelegt und mit goldenen Widderköpfen vom Bug bis zum Heck«. Die in diesen Texten beschriebene Verkleidung von Tempelwänden mit Edelmetall wird durch die Dübellöcher bestätigt, die sich häufig rings um die Reliefs und Inschriftenfelder finden und der Befestigung getriebener Gold- und Silberbleche dienten. Grellbunte Fayence- und Glaseinlagen erhöhten noch die Farbigkeit.

Bauplanung und Bauausführung dieser überaus kostbaren Tempel gehörten zu den verantwortungsvollsten und geachtetesten Aufgaben im Staat. Die handwerklichen und planerischen Kenntnisse wurden von Generation zu Generation primär auf mündlichem Wege in der festen Tradition von Berufsgruppen, die an Familien gebunden waren, überliefert. Stammbäume von Baumeistern sind mehrfach belegt und führen bisweilen die Tradition dieser beruflichen Stellung über Hunderte von Jahren bis in älteste Zeiten zurück.

Wie hoch die Fähigkeiten der Oberbaumeister eingeschätzt wurden und wie stark dieses Wissen und Können an einzelne herausragende Persönlichkeiten gebunden war, zeigt sich an der Verehrung, die manchen dieser Architekten über Jahrhunderte und sogar Jahrtausende zuteil wurde. Imhotep (um 2650 v. Chr.), Baumeister des ältesten Steinbaus von Ägypten, der Stufenpyramide von Sakkara, und Amenophis-Sohn-des-Hapu (um 1360 v. Chr.), Oberbaumeister unter Amenophis III., wurden bis in die Ptolemäer- und Römerzeit als leuchtende Beispiele altägyptischer Weisheit verehrt. Ihre Leistungen auf dem Gebiet der Architektur galten als repräsentativ für ihre Rolle in der Kultur Ägyptens; Architektur war der unmittelbare Ausdruck nationalen Selbstverständnisses. Die Stellung des »Architekten« als Zentralfigur des kulturellen Lebens läßt sich an den Biographien verschiedener Persönlichkeiten der altägyptischen Geschichte ablesen. Senenmut, Obergüterverwalter der Königin Hatschepsut (um 1470 v. Chr.), hat sich sein bleibendes Denkmal im Terrassentempel von Deir el-Bahari gesetzt, den er für Hatschepsut erbaute und in dem er an vielen Stellen seine Signatur in Bild und Schrift hinterlassen hat. So ist die Geschichte der ägyptischen Architektur aus altägyptischer Sicht die Geschichte der ägyptischen Kultur schlechthin.

Jenseitswege

Eine der großen und außergewöhnlichen architektonischen Leistungen der alten Ägypter manifestiert sich in den Königsgräbern des Neuen Reiches. Mit Ausnahme Echnatons ließen sich während eines halben Jahrtausends alle Herrscher der 18., 19. und 20. Dynastie (1550–1070 v. Chr.) im thebanischen Tal der Könige in unterirdischen Felsengräbern beisetzen. Nach der Bestattung wurde der Grabeingang unter einer Geröllhalde verborgen, so daß selbst die Lage des Grabes nicht mehr erkennbar war. Der Gegensatz zu den königlichen Grabanlagen des Alten und Mittleren Reiches, zu den hoch aufragenden und weithin sichtbaren Pyramiden, konnte nicht größer sein. Die versteckte Lage der Gräber in dem schwer zugänglichen, felsigen Wüstental und die Unkenntlichmachung des Grabeinganges sind oft mit Sicherheitsbestrebungen erklärt worden. Die Grabräuberprotokolle des späten Neuen Reiches zeigen jedoch, daß schon bald nach der Grablegung die Totenruhe der Pharaonen gestört wurde. Der Wandel der Architekturform hatte tiefere Gründe; er war Ausdruck veränderter Jenseitsvorstellungen.

An die Stelle der Pyramide, die als Himmelsleiter und Sonnenmal den Aufstieg des Königs zu den himmlischen Göttern ermöglichen sollte, trat das unterirdische Felsengrab als Abbild der Unterwelt, die der Sonnengott Re auf seiner Nachtfahrt vom abendlichen Sonnenuntergang bis zum morgendlichen Sonnenaufgang durchmaß. Der zu Osiris gewordene verstorbene König stieg hinab in die Nachtbarke des Sonnengottes und fuhr, mit ihm eins geworden, durch die zwölf Stunden der Finsternis. »Osiris ist dies, der in Re ist. Re ist dies, der in Osiris ist« – so beschreibt eine Grabinschrift die unterweltliche Vereinigung von König und Gott.

In der Grabarchitektur ist diese Vorstellung in konkrete Räume umgesetzt. So ist

Sargraum im Grab Tuthmosis' III. im Tal der Könige
In den Königsgräbern des Neuen Reiches im Tal der Könige nimmt eine fiktive Jenseitswelt tief unter der Erde konkrete architektonische Gestalt an. Im ovalen Sargraum des Grabes Tuthmosis' III. sind in drei Bildregistern die zwölf Stunden der Nacht als detaillierte Jenseitstopographie dargestellt und beschrieben.
Neues Reich, 18. Dynastie, um 1450 v. Chr.

der tiefe senkrechte Schacht, der sich am unteren Ende des schräg abfallenden Eingangskorridors befindet, nicht als Hindernis für Grabräuber konzipiert, sondern stellt die »Höhle des Sokaris«, also einen unterweltlichen Raum dar, den der Tote zu durchqueren hatte. Die bis in die Mitte der 18. Dynastie ovale Sargkammer ist ein Abbild des Raumes der zwölften Nachtstunde. Die Abfolge von Eingangskorridoren und Pfeilerhalle wiederholt sich im inneren Teil der Gräber; der vordere Grabteil ist dem toten König als Osiris gewidmet, der folgende Abschnitt dem mit Re vereinigten Herrscher.

Die Entschlüsselung dieser Symbolik wird durch die Bilder und Inschriften ermöglicht, die sämtliche Wände und meist auch die Decken der Gräber überziehen. In Relief oder Malerei ausgeführt, schildern sie in zunächst unverständlichen, bizarr erscheinenden Bildern die Unterwelt als begehbare Region mit Wegen, Kanälen und Inseln. Jede Nachtstunde hat ihre von feuerspeienden Schlangen bewachten Tore und wird von Dämonen bevölkert, die der Sonnengott, von guten Geistern un-

Unterweltsbild im Grab Tuthmosis' III. im Tal der Könige
Der Weg der Sonne vom Abend bis zum Morgen ist der kosmische Präzedenzfall für den Weg des Königs vom Tod zur Auferstehung. Die Darstellung des Weges, der schräg abfallend in die Tiefe der Nacht führt, spiegelt sich in den Korridoren des Grabes, die tief in den Fels getrieben sind.
Neues Reich, 18. Dynastie, um 1450 v. Chr.

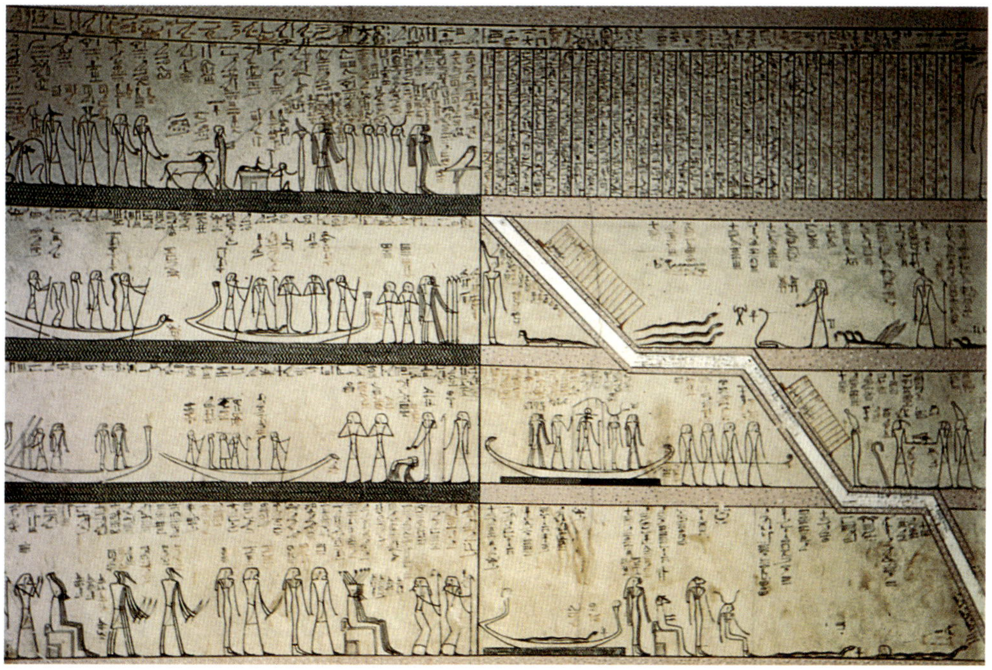

Deckenbild im Grab Ramses' VI. im Tal der Könige
Die Himmelsgöttin Nut bildet mit ihrem Körper den Nachthimmel, an dem die Sonnenbarke entlangfährt. Am Abend von Nut verschluckt, tritt die Sonne am Morgen neu geboren aus ihrem Schoß hervor. Durch die Wölbung der Decke des Sargraumes weitet sich das Bild zum kosmischen Raum.
Neues Reich, 20. Dynastie, um 1145 v. Chr.

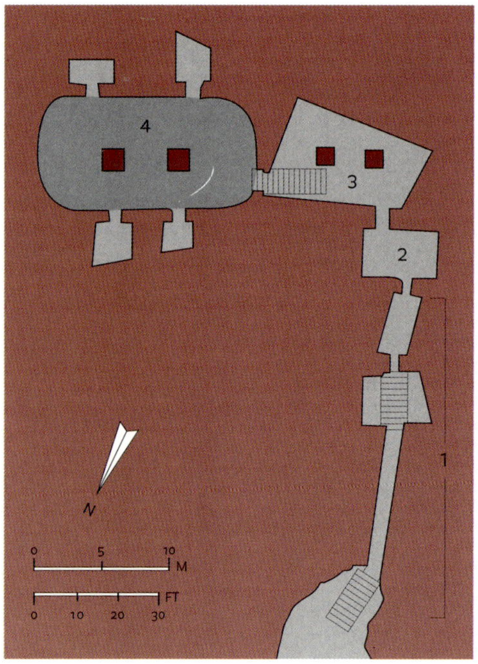

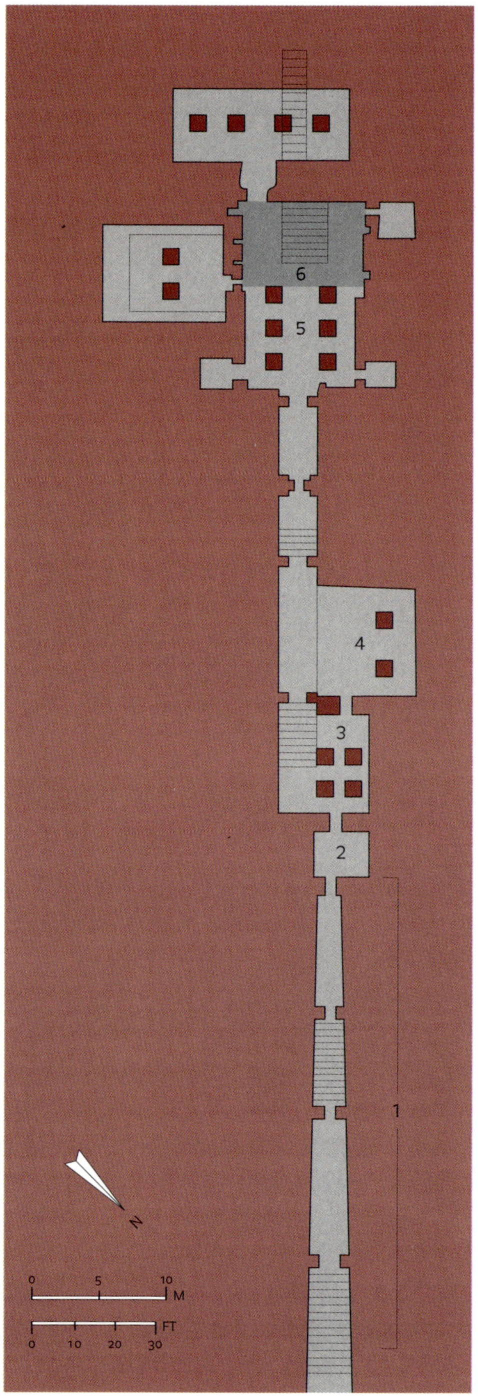

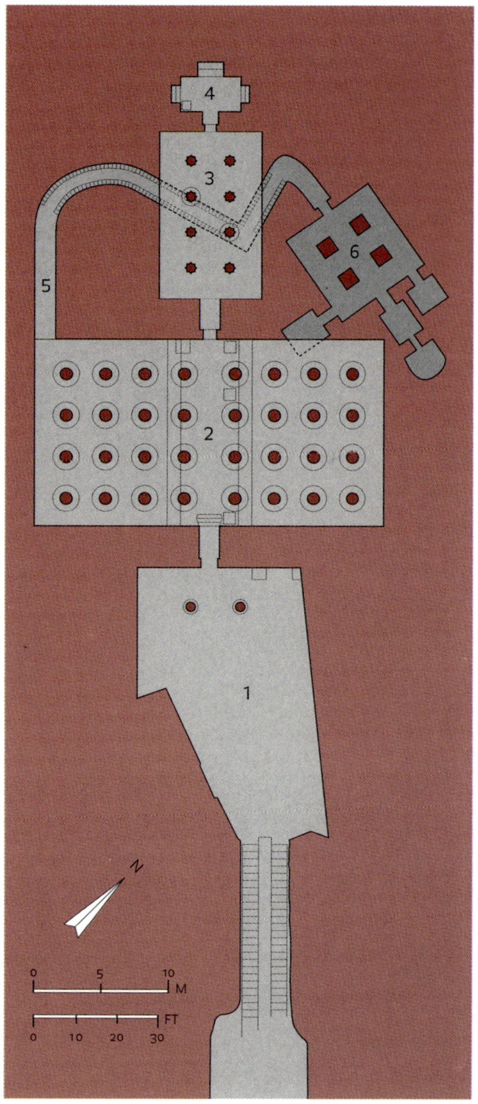

Grundrisse thebanischer Gräber
Links: Grab Tuthmosis' III. im Tal der Könige. Die geknickte Achse ist typisch für die Königsgräber der Zeit vor Amarna. 1. Eingangskorridore, 2. Schachtraum, 3. Pfeilerhalle, 4. Grabkammer
Mitte: Grab Sethos' I. im Tal der Könige. Nach der Amarnazeit verläuft die Achse des Grabes gerade und läßt (theoretisch) die Sonne in das Dunkel der Nacht. Auf halbem Weg zwischen Eingang und Sargkammer ist die Achse zur Seite versetzt. Von hier an wiederholt sich die Raumfolge des vorderen Grabteils. 1. Eingangskorridor, 2. Schachtraum, 3. Obere Pfeilerhalle, 4. Obere Grabkammer (Osiris-Grab), 5. Untere Pfeilerhalle, 6. Grabkammer

Rechts: Grab des Ramose in Gurna. Hinter dem Vorhof weitet sich die breite Halle zu einem Säulensaal, von dem ein begehbarer, gewundener Gang in die Sargkammer führt. 1. Hof, 2. Breite Halle, 3. Tiefe Halle, 4. Statuenkammer, 5. Korridor, 6. Grabkammer

terstützt, überwindet. Am Ende dieser gefahrvollen Reise geht er – und mit ihm der verstorbene König – siegreich als jugendlicher Gott in einen neuen Tag. Seit der 19. Dynastie zeigen die Decken der Sargräume als alternatives Jenseitsbild den gestirnten Nachthimmel. Er wird von der Himmelsgöttin Nut überwölbt, durch die die Sonne läuft, um am Morgen aus ihrem Schoß neu geboren zu werden.

Charakteristisch für die Königsgräber des Neuen Reiches ist, daß mit Ausnahme der Eingangskorridore keines der Wandbilder eine Darstellung des im Grab bestatteten Königs zeigt. Der verstorbene Herrscher geht ganz in den Göttern auf, und das Grab ist dadurch nicht so sehr der Bestattungsort eines Pharaos als vielmehr die architektonische Gestaltung eines mythischen Raumes, einer gedachten und geglaubten Jenseitswelt, die Konkretisierung einer sinnlich nicht erfahrbaren Landschaft.

Noch vor wenigen Jahrzehnten stand die Ägyptologie der Architektur und den Wandbildern der Königsgräber des Neuen Reiches recht verständnislos gegenüber.

Grab der Nefertari im Tal der Königinnen
Für die Gräber der Angehörigen der Königsfamilie ist ein besonderer Platz reserviert, das Tal der Königinnen. Von den meist einfachen Grabformen hebt sich das Grab der Nefertari, der Gemahlin Ramses' II., durch seine den Königsgräbern vergleichbare Anlage ab. Neues Reich, 19. Dynastie, um 1250 v. Chr.

Reliefs im Grab der Nefertari
Im Bildprogramm des Grabes der Nefertari sind Elemente des Königsgrabes, des Privatgrabes und der Tempelreliefs zu einem neuartigen Konzept verbunden, in dessen Mittelpunkt nicht die Nachtfahrt der Sonne, sondern die Gemeinschaft der verstorbenen Königin mit den Göttern steht. Neues Reich, 19. Dynastie, um 1250 v. Chr.

Es ist das Verdienst weniger Forscher, allen voran des Baseler Ägyptologen Erik Hornung, durch die Übersetzung der Texte und die unbefangene Beschreibung der Bilder den Weg zum Verständnis dieser faszinierenden und letztlich gut nachvollziehbaren Vorstellungswelt erschlossen zu haben.

Der Reichtum der Ausstattung dieser Gräber läßt sich anhand des einzigen weitgehend unversehrten Königsgrabes, des Grabes des Tutanchamun (um 1323 v. Chr.), zumindest in Umrissen erahnen. Aber selbst die Tatsache, daß alle anderen Gräber im Tal der Könige völlig ausgeraubt wurden, erlaubt Rückschlüsse auf die Kostbarkeit der Grabbeigaben.

Der Totenkult für den verstorbenen Herrscher wurde in seinem »Millionenjahrhaus«, in seinem Totentempel vollzogen, der räumlich völlig vom Grab getrennt am Rande des Fruchtlandes lag. Die den Totenkult vollziehenden Priester hatten also keinen Kontakt mit der Grabstätte des Königs, und die Totenopfer wurden auf Altären dargebracht, die kilometerweit von dem Leichnam, dessen Jenseitsversorgung sie garantieren sollten, entfernt standen.

In den felsigen Hügeln am Wüstenrand, zwischen dem Tal der Könige und den königlichen Totentempeln, liegen die Gräber der höhergestellten Bürger von Theben. Im Gegensatz zu den nach außen hin unkenntlich gemachten Königsgräbern besitzen sie an der Rückseite ihrer in den Felshang eingeschnittenen Höfe architektonisch gestaltete Fassaden mit Scheintüren, Stelen und Säulenstellungen. Über dem Eingang mancher Gräber erhebt sich eine steilwandige kleine Pyramide mit einer Statuennische, in der der nach Osten orientierte Grabinhaber als Kniefigur dargestellt ist. Die Figur hält eine Stele mit einem hieroglyphischen Hymnus an die aufgehende Sonne. Der Bezug zum Sonnenaspekt der königlichen Pyramiden des Alten und Mittleren Reiches ist offenkundig.

Der Grundriß des Grabes ist umgekehrt T-förmig angelegt; durch den Grabeingang erreicht man zunächst den quer liegenden Raum, dessen Reliefs oder Male-

Vorhof eines thebanischen Privatgrabes
Die Gräber der Angehörigen der Oberschicht von Theben liegen in den Felshängen des steil aufragenden westlichen Gebirgszuges. Vor dem unterirdischen Felsengrab ist ein Hof angelegt, der terrassenartig in den Berg eingeschnitten ist. An der Rückwand des Hofes sind oft Stelen in den anstehenden Felsen gemeißelt.

reien einen stark biographischen Bezug haben. Sie berichten von der beruflichen Karriere des Grabherrn und sind so ein unerschöpfliches Bilderlexikon der Kulturgeschichte des Neuen Reiches. Von diesem Querraum gelangt man in einen schmalen Raum, der ebenerdig in den Fels eingreift und oft in einer Statuennische endet. Das Bildprogramm im vorderen Teil dieses Raumes handelt von der Bestattung und dem »schönen Fest im Wüstental«, dem jährlich gefeierten großen Totenfest, das bei reichlich Speis und Trank, Musik und Tanz die Grenzen zwischen Lebenden und Verstorbenen aufhebt. Die Wände im hinteren Teil des Raumes tragen meist Darstellungen, die den Verstorbenen vor den Göttern der Unterwelt zeigen. Dieser Teil des Grabes ist ebenerdig zugänglich und diente dem Vollzug des Kultes für den Verstorbenen.

Räumlich von diesem getrennt liegt tief unter der Erde die Sargkammer. Zu ihr führt ein Schacht, der nach der Bestattung aufgefüllt wurde, so daß die Sargkammer unzugänglich blieb. Ihre Wände tragen Bilder, die den Verstorbenen und seine Familie in der Gemeinschaft der Götter zeigen. Rings um die ineinander geschachtelten, bemalten Holzsärge des Verstorbenen waren die Grabbeigaben aufgestellt: Mobiliar und Keramik, Schmuck, Kleider und Naturalien.

In manchen Gräbern ist dieser unterirdische Teil architektonisch so gestaltet, daß er begehbar bleibt. Eine Rampe mit geringer Neigung führt vom querliegenden Eingangsraum zur Sargkammer. Die formale Analogie zum Königsgrab ist offensichtlich, und so wird auch hier der Gedanke von einer begehbaren Unterwelt die bauliche Gestaltung bestimmt haben.

Weit über 400 mit Reliefs und Malereien ausgestattete Gräber sind bislang in der thebanischen Nekropole ausgegraben worden; jährlich kommen neue Grabanlagen

Siedlungsruinen in Deir el-Medina
Die Handwerker und Künstler, die im Tal der Könige tätig waren, lebten in einer von der Außenwelt abgeschlossenen Siedlung in einem Gebirgstal nicht weit von ihrer Arbeitsstätte. In den gut erhaltenen Ruinen dieses Handwerkerdorfes wurden zahlreiche Texte gefunden, die einen Einblick in die Organisation der Arbeit, das Lohnniveau und das Privatleben der Arbeiter geben.

Versteinerter Kosmos

Vom Delta in den Sudan

Seite 167
Mumienmaske des Königs Psusennes
Die Könige der Dritten Zwischenzeit ließen ihre Gräber im Tempelbezirk der Residenzstadt Tanis im Nildelta anlegen. Die Oberbauten der Gräber sind völlig zerstört. In den unterirdischen Sargkammern und ihren Nebenräumen wurden um 1940 die Grabbeigaben unversehrt aufgefunden – nach der Entdeckung von Tutanchamuns Grab der bedeutendste Schatzfund in Ägypten.
Dritte Zwischenzeit, 21. Dynastie, um 1000 v. Chr.; Gold; Kairo, Ägyptisches Museum

Bubastis und Tanis

In der Kulturgeschichte Ägyptens spielt das Nildelta keine bedeutende Rolle, obwohl es – heute wie in der Antike – den größten Teil der bewohnbaren und landwirtschaftlich nutzbaren Fläche Ägyptens bildet. Die häufig für dieses archäologische Vakuum gegebene Erklärung, das Delta sei in altägyptischer Zeit zu großen Teilen unwirtliches Sumpfland gewesen, hat sich längst als unrichtig erwiesen. Bereits im späten 4. Jahrtausend v. Chr. wies das Nildelta, wie Ausgrabungen der letzten zwei Jahrzehnte bewiesen haben, zahlreiche Siedlungen auf, und seit dem Alten Reich war es ein wichtiger Faktor im Wirtschaftsleben des Landes. Anhand altägyptischer Texte läßt sich für alle Epochen der 3000jährigen Geschichte des Nillandes eine dicht mit Dörfern und Städten belegte Topographie des Deltas erstellen.

Die Dürftigkeit der archäologischen Befunde resultiert vor allem aus den geomorphologischen Gegebenheiten, aus der intensiven landwirtschaftlichen Nutzung und der dichten Besiedlung. Die archäologisch ergiebigen Schichten liegen heute an vielen Stellen unter dem Grundwasserspiegel und sind aufgrund der jährlichen Nilüberschwemmungen von meterhohen Ablagerungen bedeckt. Damit sind an diesen Stellen Ausgrabungen aus technischen und finanziellen Gründen kaum möglich. Antike Siedlungen und Friedhöfe, die auf einem höherem Niveau angelegt wurden und sich an verschiedenen Stellen als flache Hügel über das Ackerland erheben, sind zum allergrößten Teil eingeebnet worden, um landwirtschaftliche Nutzfläche gewinnen zu können. Die infolge der Bevölkerungsexplosion rasch expandierenden Siedlungen überlagern und zerstören viele historische Stätten. So muß das gesamte Nildelta heute als archäologisches Notstandsgebiet bezeichnet werden.

Seine Bedeutung für die Geschichte Altägyptens rechtfertigt dennoch einen Blick auf die wenigen Reste der einstmals bedeutenden Städte. Am südlichen Stadtrand der Großstadt Zagazig im östlichen Nildelta liegen die letzten Überreste der Stadt Bubastis, die der Katzengöttin Bastet geweiht war. Die Beschreibung des Tempels durch den griechischen Historiker Herodot wird durch den archäologischen Fund bestätigt. Umgestürzte Säulen, Architrave und Statuen aus rotem Granit kennzeichnen den Ort des 50 x 180 m großen Bastet-Tempels aus der Zeit Ramses' II. (1290–1224 v. Chr.), dessen Areal, von Wasserläufen gesäumt, auch Heilige Haine einschloß. Die Reliefs des Tores, das vom Hof in das Hypostyl führte, sind über die Museen in aller Welt verstreut. Sie zeigen in langen Bildfolgen das Sed-Fest, das Regierungsjubiläum des Königs Osorkon II. (924–909 v. Chr.). Im Innersten des Bastet-Tempels standen in einem weiten Hof sieben monolithe Naoi, Kultbildschreine für Götterfiguren. Die architektonischen Reste von Bubastis bestehen aus einem Palast des Mittleren Reiches (um 1800 v. Chr.) und einer Tempelanlage der 6. Dynastie (um 2300 v. Chr.).

Um das ursprüngliche Erscheinungsbild des mehrere Quadratkilometer umfassenden Areals von Bubastis wenigstens im Ansatz erfassen zu können, muß man etwa 75 km nordöstlich von Bubastis das Ruinenfeld von Tanis aufsuchen. Hier, im

Pektoral des Königs Amenemope
Das Motiv des käfergestaltigen Sonnengottes zwischen den Göttinnen Isis und Nephthys ist in diesem Brustschmuck aus dem Grab des Amenemope in Tanis mit einem architektonischen Rahmen in Form eines Tempels versehen, der von Rundstab und Hohlkehle bekrönt ist. Wie über einem Tempeltor sitzt in der Mittelachse die geflügelte Sonnenscheibe.
Dritte Zwischenzeit, 21. Dynastie, um 985 v. Chr.; Gold, Lapislazuli, Fayence; Kairo, Ägyptisches Museum

äußersten Nordosten des Nildeltas, entstand um 1070 v. Chr. die Hauptstadt der politisch selbständig gewordenen Nordhälfte Ägyptens, strategisch und verkehrstechnisch günstig an einem der Mündungsarme des Nils gelegen. Das Stadtgebiet erhebt sich als hügelige Ruinenlandschaft über die Salzsteppe und hat eine Nord-Süd-Ausdehnung von 1,5 km.

Der Haupttempel von Tanis in Unterägypten ist theologisch und architektonisch ein Gegenstück zu Karnak. Die Könige von Tanis unterstrichen damit ihre Gleichrangigkeit mit dem oberägyptischen Reich samt Theben als Hauptstadt. Für die Errichtung des Amun-Re geweihten Haupttempels in einem Tempelbezirk von 370 x 430 m Grundfläche wurde die 22 km entfernte Ramses-Stadt als Steinbruch benutzt. Hunderte von monolithen Granitsäulen, Architraven, Mauerblöcken, aber auch Statuen und Sphingen kolossaler Dimensionen wurden von dort nach Tanis transportiert.

Die Allgegenwart der Namen Ramses' II. auf den Denkmälern von Tanis galt bis vor wenigen Jahrzehnten als Beweis für die Lokalisierung der Ramses-Stadt in Tanis. Neuere Untersuchungen haben jedoch gezeigt, daß Ramses II. einen Teil der in seiner Hauptstadt aufgestellten Kolossalstatuen – die größte dieser Statuen wog etwa 1 000 Tonnen und war fast 30 m hoch – aus anderen Orten, wo sie im Mittleren Reich, also ein halbes Jahrtausend zuvor, aufgestellt worden waren, holen ließ.

Figur einer Widdergottheit mit Schrein
Aus dem Grabschatz des »Obersten der Bogenschützen« und Oberpriesters Wen-Djebau-en-djed in Tanis stammt die kleine Widderfigur aus Lapislazuli, in Goldblech gefaßt, zu der ein Miniaturnaos gehört. Auf dessen Wandung ist das Götterbild in Relief dargestellt.
Dritte Zwischenzeit, 21. Dynastie, um 950 v. Chr.; Gold, Lapislazuli; Kairo, Ägyptisches Museum

Statue des Königs Osorkon I.
Durch die Verlagerung der Residenz Ägyptens in das Nildelta gewann der Norden seit der Ramessidenzeit nicht nur an politischem Gewicht, sondern wurde auch zu einem künstlerischen Zentrum. König Osorkon ließ in mehreren Städten des Deltas Bauarbeiten ausführen.
Aus Byblos; Dritte Zwischenzeit, 22. Dynastie, um 900 v. Chr.; Granit; Paris, Musée du Louvre

Reliefblock in Bubastis
Die einstmals riesige Tempelstadt Bubastis, »die Stadt der Bastet«, der katzengestaltigen Göttin, ist nur noch in den Beschreibungen des griechischen Historikers Herodot in ihrer ganzen Pracht zu fassen. Ein Tempeltor des Königs Osorkon II. ist in großen Teilen erhalten. Seine Reliefs, heute in alle Welt verstreut, zeigen die Festlichkeiten anläßlich des Regierungsjubiläums des Herrschers, des *Hebsed*.
Dritte Zwischenzeit, 22. Dynastie, um 880 v. Chr.

Ruinenfeld von Bubastis
Am Rand der Großstadt Zagazig im östlichen Nildelta liegt das weite Ruinenfeld der antiken Stadt Bubastis, dessen Bauten bis in das Alte Reich zurückreichen. Aus den zahlreichen Granitblöcken kann ein Tempel Ramses' II. rekonstruiert werden, zu dem mehrere vor Ort liegende Statuen gehören.

Diese Statuen, die zu den größten gehören, die jemals in Ägypten geschaffen wurden, waren wahrscheinlich in Bubastis aufgestellt, da sich von dort der Transport zur Ramses-Stadt über einen der Nilarme anbot, und in den Ruinen von Bubastis auch Fragmente von kolossalen Königsstatuen des Mittleren Reiches gefunden worden sind.

Die im letzten Jahrzehnt dieses Jahrhunderts ausgegrabenen Reste der Ramses-Stadt, wenige Zentimeter unter dem Ackerboden gelegen, bestehen nur noch aus einigen Ziegelschichten, die aber genügen, um Stallungen und Waffenschmieden erkennen zu lassen, die auf die Existenz einer Garnison hinweisen. Diese unwiederbringlich zerstörte Hauptstadt Ägyptens ersteht aber in den literarischen Schilderungen, die noch nach dem Tod Ramses' II. in ägyptischen Schulen als Lesestoff verwendet wurden: »Seine Majestät hat sich eine Burg gebaut. Sie liegt zwischen Palästina und Ägypten. Sie gleicht Theben, und ihre Dauer ist die von Memphis. Ihr westlicher Teil ist der Tempel des Amun und ihr südlicher ein Tempel des Seth; der Tempel der Astarte befindet sich an ihrer Morgenseite und der Tempel der Uto auf ihrer Nordseite. Die Burg, die in ihrem Inneren ist, die gleicht dem Horizont des Himmels.«

All diese Tempel sind nach Tanis verschleppt worden, um dort zu neuen Bauten zusammengefügt zu werden. Am Haupttor des noch nicht systematisch ausgegrabenen Amun-Tempels von Tanis stehen die bereits von Ramses II. wiederverwendeten Kolossalstatuen des Mittleren Reiches; im Hof zwischen dem 2. und 3. Pylon befindet sich ein wahres Museum von Sphingen des Mittleren Reiches, die die Namen Ramses' II., seines Nachfolgers Merenptah und des tanitischen Königs Psusennes I. tragen. Insgesamt 23 Obelisken des Neuen Reiches sind in Tanis ausgegraben wor-

Seite 173
Vorhof des Amun-Tempels in Tanis
Da das Delta sehr gesteinsarm war, wurde das Baumaterial für die Residenz und die Tempel aus den Städten geholt, deren Tempelbauten an Bedeutung verloren hatten. Insbesondere die Ramses-Stadt, nur etwa 20 km weiter südlich gelegen, wurde als Steinbruch benutzt. Es wurde aber auch sehr viel älteres Material verbaut: Blöcke mit Königsnamen des Mittleren und Alten Reiches.
Dritte Zwischenzeit, 22. Dynastie, 9. Jahrhundert v. Chr.

Amun-Tempel in Tanis
Im äußersten Nordosten des Nildeltas liegen auf einem riesigen *Tell* die Ruinen von Tanis, das um 1075 v. Chr. Hauptstadt der nördlichen Landeshälfte Ägyptens wurde, während Oberägypten von Theben aus regiert wurde. Tanis konkurrierte in der Größe und Pracht seiner Tempel mit Karnak.
Dritte Zwischenzeit, 22. Dynastie, 9. Jahrhundert v. Chr.

Tor des Amun-Tempels in Tanis
Die Kolossalstatuen, die vor dem Tor des Königs Scheschonk aufgestellt wurden, tragen zwar die Namen Ramses' II., sind aber zum Teil in das Mittlere Reich zu datieren. Bereits Ramses bediente sich älterer Statuen, die er mit seinem Namen versah, um seine Hauptstadt prachtvoll auszustatten. Ursprünglich waren diese mehrfach umgesetzten Kolossalfiguren wohl in Heliopolis oder Bubastis aufgestellt. Dritte Zwischenzeit, 22. Dynastie, 9. Jahrhundert v. Chr.

den. Während sich heute rings um den Tempel die Schutthügel späterer Besiedlung türmen, lag das Heiligtum des Amun-Re ursprünglich einer Akropolis gleich auf dem höchsten Punkt des Stadtareals, im flachen Nildelta weithin sichtbar für jeden, der sich der Hauptstadt näherte.

Im Tempelbezirk von Tanis sind neben weiteren Tempelanlagen für die vorderasiatische Göttin Anat sowie für die Götter Chons und Horus auch die Königsgräber der Herrscher von Tanis im Vorhof des Amun-Tempels eingeschlossen. Königsgräber im Tempelhof sind aus derselben Epoche auch in Memphis belegt, finden sich später ebenso bei den Gottesgemahlinnen der 25. Dynastie in Medinet Habu und werden von Herodot auch für die Könige der 26. Dynastie in Sais bezeugt. Zu den einfachen unterirdischen Kammergräbern, aus wiederverwendeten Granitblöcken zusammengesetzt, gehörten vermutlich oberirdische Grabkapellen, von denen jedoch keine Spuren erhalten sind. Die Ausstattung dieser 1939 entdeckten Königsgräber – heute im Ägyptischen Museum in Kairo ausgestellt – ist nach dem Tutanchamun-Schatz der kostbarste Fund in Ägypten.

Mähnensphinx des Königs Amenemhet III.
Die Ausstattung des Amun-Tempels von Tanis mit Statuen aus alter Zeit machte das Heiligtum geradezu zu einem Freilichtmuseum. Die nach Tanis verschleppten monumentalen Mähnensphingen der späten 12. Dynastie tragen die Namen Ramses' II., Merenptahs und Psusennes', und damit ist ihre mehrfache Wiederverwendung deutlich zu erkennen. Der letzte Nutzer dieser Statuen, Psusennes, stellte sich in die Tradition einer großen historischen Vergangenheit.
Mittleres Reich, 12. Dynastie, um 1800 v. Chr.; Kairo, Ägyptisches Museum

Amun-Tempel in Tanis
Nicht weniger als 23 Obelisken sind im Amun-Tempel in Tanis gefunden worden. Sie tragen die Namen Ramses' II. und erwecken damit den Eindruck, der Tempel sei unter diesem großen Herrscher erbaut worden – wohl eine politische Absicht der Könige der Dritten Zwischenzeit.
Dritte Zwischenzeit, 22. Dynastie, 9. Jahrhundert v. Chr.

Seite 177 oben
Ruinen des Tempels von Behbeit el-Hagar
Die eindrucksvollste Ruinenstätte des Deltas ist Behbeit el-Hagar nahe der Großstadt Mansura. Vom Tempel der Isis, im 4. Jahrhundert v. Chr. erbaut, ist noch ein großer Teil der Bausubstanz erhalten. Der Tempel wurde wahrscheinlich durch ein Erdbeben zerstört. Spätzeit, 30. Dynastie, um 380–343 v. Chr.

Götterschrein in Mendes
Einsam erhebt sich auf der höchsten Stelle des Ruinenberges von Mendes einer von ursprünglich vier Götterschreinen aus Granit, mit einer Höhe von 8 m ein eindrucksvolles Zeugnis für den zerstörten Tempel des widdergestaltigen Gottes dieser bedeutenden Stadt der Spätzeit im mittleren Nildelta.
Spätzeit, 26. Dynastie, um 550 v. Chr.

Mendes und Behbeit el-Hagar

Die von den Ramessiden seit 1300 v. Chr. vollzogene Verlegung der Hauptstadt des Pharaonenreiches in das Ostdelta war Ausdruck steigender politischer und wirtschaftlicher Bedeutung des nördlichen Ägypten. Mit Ausnahme der nubischen Kuschiten regierten alle nachfolgenden Dynastien bis zu den Ptolemäern das Niltal vom Delta aus. Die Hauptstädte Unterägyptens brauchten während ihrer Blütezeit im 1. Jahrtausend v. Chr. den Vergleich mit den geschichtsträchtigen Metropolen Theben und Memphis nicht zu scheuen. Die Anhaltspunkte für eine Rekonstruktion ihrer früheren Pracht und Größe sind jedoch gering. Das vollständigste Bild vermittelt der Reisebericht des griechischen Historikers Herodot, der Ägypten zwischen 450 und 440 v. Chr. mehrere Monate besuchte und alle wichtigen Städte des Deltas beschrieb. Vor Ort sind heute nur trostlose, in Jahrhunderten wieder und wieder durchwühlte Schuttberge übriggeblieben.

Sais, die Hauptstadt der 26. Dynastie im nordwestlichen Delta, bot noch zu Beginn des 19. Jahrhunderts das eindrucksvolle Bild einer riesigen Ruinenlandschaft. Herodot beschrieb den Tempel der Neith mit den Königsgräbern und das Heiligtum des Osiris und berichtete voller Bewunderung von einem monolithen Naos von 10 m Länge aus Rosengranit, der von 2 000 Transportarbeitern aus Elephantine nach Sais gebracht worden sei.

Nicht weit von Sais liegt Buto, seit vorgeschichtlicher Zeit ein religiöses Zentrum Ägyptens. Vom Sanktuar im Tempel der Göttin Uto schreibt Herodot: »Es ist in Höhe und Länge aus einem einzigen Stein gemacht, und jede Wand ist diesen gleich, jede 40 Ellen.« Mögen solche antiken Beschreibungen zunächst stark übertrieben erscheinen, so werden sie doch durch archäologische Befunde in einer der großen Städte des Zentraldeltas bestätigt, in Mendes, das in der 29. Dynastie die Hauptstadt Ägyptens war. Von dem 400 x 700 m großen Tempelbezirk auf dem Stadthügel steht als imposanter Rest nur noch einer von vier monolithen Granit-Schreinen, der eine Höhe von 8 m erreicht. Die Schreine waren, wie in Bubastis und

Reliefbildnis Taharkas in Edfu
In Oberägypten sind die Spuren der Bautätigkeit der Spätzeit nicht allzu reich. Die aus dem Sudan stammenden Könige der 25. Dynastie bauten in Karnak, und auch in Edfu fanden sich Reste eines Tempels aus dieser Zeit unter dem Hof des ptolemäischen Horus-Tempels. Der Kopf des Königs Taharka (690–664 v. Chr.) zeigt die ausgezeichnete Qualität des Reliefschmucks dieses Heiligtums.

Buto, in einem offenen Hof aufgestellt; in diesen Höfen lebte ein typischer Aspekt der Sonnentempel der 5. Dynastie in Abu Ghurob und der Amarnazeit fort. Auch in Mendes scheinen die Königsgräber – wie in Tanis – im Tempelbezirk gelegen zu haben. Die antike Stadt ragt mit teilweise gut erhaltenen Hausruinen aus zwei riesigen Schuttbergen, unter denen sich auch eine Nekropole des Alten Reiches verbirgt.

Der desolate Zustand und die endlosen Ruinenfelder dieser Städte haben die Archäologen bislang vor Ausgrabungen zurückschrecken lassen. Nur an einem Ort ist die vergangene Pracht und Größe der Delta-Städte der Spätzeit Ägyptens noch zu erkennen: in Behbeit el-Hagar nahe der Großstadt Mansura im Ostdelta. In einem Gebirge aus schwarzem und rotem Granit, Basalt und Quarzit türmen sich Säulentrommeln und Hohlkehlengesimse, Treppenstufen und Blöcke mit Reliefs und Inschriften von höchster handwerklicher und künstlerischer Qualität. Sie bildeten das in der 30. Dynastie (380–343 v. Chr.) errichtete Iseum, den Tempel der Isis von Hebet, der in seiner baulichen Gestalt dem Hathor-Tempel von Dendera ähnlich war. Obwohl manche der Reliefblöcke heute in Museen in aller Welt verstreut sind, ist die vor Ort erhalten gebliebene Bausubstanz so umfangreich, daß ein Wiederaufbau des wohl durch ein Erdbeben zerstörten Tempels von Behbeit el-Hagar durchaus realisierbar zu sein scheint. Einzelfunde von Bauteilen und Statuen an vielen anderen Orten des Deltas deuten auf die ehemalige Existenz zahlreicher weiterer Städte hin und liefern den archäologischen Beweis für die Aussage altägyptischer, griechischer, lateinischer und arabischer Texte, in denen das Delta als die lebendigste und reichste Region Ägyptens geschildert wird.

Das Niltal zwischen Memphis und Elephantine, also von Kairo bis Assuan, trat nach dem Neuen Reich gegenüber dem Delta deutlich in den Hintergrund. An den Tempeln von Theben wurden zwar An- und Umbauten vorgenommen und kleine zusätzliche Tempel errichtet, aber das Hauptinteresse der Pharaonen der Dritten Zwischenzeit und der Spätzeit galt dem Norden.

Reliefblock des Isis-Tempels in Behbeit el-Hagar
Die Wände des Isis-Tempels von Behbeit el-Hagar sind mit Reliefs geschmückt. Von den Sandstein-Reliefs der oberägyptischen Tempel heben sie sich durch ihr Material, roten und grauen Granit, und durch die Feinheit der bildhauerischen Arbeit ab.
Spätzeit, 30. Dynastie, um 380–343 v. Chr.

So lagen die architektonischen Leistungen Oberägyptens in der ersten Hälfte des ersten Jahrtausends v. Chr. nicht im Tempelbau, sondern in der Entwicklung neuer Typen von Privatgräbern. In der 25. und 26. Dynastie, zwischen 750 und 525 v. Chr., ließen sich bedeutende Persönlichkeiten, so die thebanischen Statthalter der kuschitischen und saitischen Könige, riesige Gräber im Talkessel des Asasif unmittelbar vor dem Terrassentempel der Königin Hatschepsut errichten (Gräber des Montemhet, Harwa, Anch-Hor, Pabasa, Petamenophis und Ibi).

Hierbei wurden Architekturelemente des Tempelbaus und der Königsgräber aufgegriffen; oberirdisch markieren große Ziegelpylone den Grabeingang, wäh-

Grab des Montemhet in Theben-West
Die erstaunlichsten architektonischen Leistungen der Spätzeit Oberägyptens sind die Gräber hochgestellter Persönlichkeit in der thebanischen Nekropole. Zu Füßen der Gräberberge des Neuen Reiches liegen sie im Vorfeld der Tempel von Deir el-Bahari, oberirdisch markiert durch eine Ziegelumwallung und einen Ziegelpylon. Das eigentliche Grab ist unterirdisch angelegt. Sein signifikantester Bauteil ist ein schachtartiger Hof, durch den das Sonnenlicht in die Unterwelt gelangt. Spätzeit, 26. Dynastie, um 650 v. Chr.

rend sich das eigentliche Grab über Treppen und Schächte in mehreren unterirdischen Stockwerken bis hin zu den Sargkammern erstreckt. Ein neues Element sind die offenen Lichthöfe, die – über Treppen zugänglich – tief unter dem Niveau der Oberfläche liegen und die Sonne des Tages in das Reich der Nachtsonne hinunterführen, in die Unterwelt, deren Abbild das Grab ist. An der Rückseite dieser Lichthöfe führt ein gestuftes Tor, dessen Vorbilder bis in das Alte Reich zurückreichen, in das eigentliche Grab.

Nicht nur die Einzelformen der Architektur dieser riesigen Grabanlagen der Spätzeit in Theben sind an früheren Epochen orientiert, sondern auch die Reliefs und Inschriften. Sie wurden zum Teil unmittelbar von denen in den Gräbern und Tempeln des Mittleren und Neuen Reiches kopiert. Ihr Stil ist dem der Jahrhunderte und Jahrtausende alten Vorbilder bisweilen so perfekt nachempfunden, daß eine Unterscheidung zwischen Vorlage und Kopie kaum möglich ist. Neben diesen archaisierenden Tendenzen in der Kunst um 700–600 v. Chr. bestand ein starker Einfluß der nubischen Kunst unter den Kuschiten-Königen der 25. Dynastie, die für ein Jahrhundert Ägypten regierten. Typisch kuschitisch sind zwei Bautypen: der vor einen Tempeleingang gestellte Kiosk, wie er sich in Karnak an allen vier Seiten des Amun-Bezirks findet, und die in den Säulensaal integrierte Barkenstation. Die afrikanische Komponente der kuschitischen Kunst äußert sich insbesondere im Stil der Reliefs, die den König, aber auch alle anderen Personen in athletischen Proportionen, mit kurzem Hals, vollen Lippen und niedriger Stirn zeigen.

Die intensive Begegnung zwischen ägyptischer und kuschitischer Kunst schlug sich nicht nur in Ägypten nieder, sondern wirkte nach dem Ende der 25. Dynastie auch zurück auf das Stammland der Kuschiten, auf Obernubien und den Sudan. Die auf die Kuschiten folgenden Reiche von Napata und Meroe zehrten von diesem Jahrhundert des unmittelbaren Kontakts mit dem pharaonischen Ägypten und trugen das ägyptische Kulturerbe nilaufwärts bis zum 6. Katarakt in die Nähe des modernen Khartum.

Schnitt durch das Grab des Montemhet
Die unterirdischen Räume der großen thebanischen Gräber der Spätzeit führen über mehrere Etagen abwärts bis zur Sargkammer und erinnern an die Unterweltsarchitektur der Königsgräber des Neuen Reiches. Eine vollständige Freilegung und Untersuchung der meisten dieser Gräber steht noch aus.
1. Pylon
2. Eingang
3. Lichthof
4. Osiris-Grab
5. Grabkammer

Pyramiden und Tempel im Sudan

Die Südgrenze des antiken Ägypten verlief im 3. Jahrtausend v. Chr. am 1. Katarakt südlich von Assuan. Zu Beginn des 2. Jahrtausends, im Mittleren Reich, wurde sie nach Süden bis zum 2. Katarakt verlegt und durch Festungsanlagen gesichert, da der unmittelbare Nachbar, das Königreich von Kerma am 3. Katarakt, eine ernsthafte Gefahr für Ägypten darstellte. Das Neue Reich dehnte das von Ägypten beherrschte Territorium bis nach Napata am 4. Katarakt aus. Die unternubischen Tempel Ramses' II. betonten diesen Herrschaftsanspruch ebenso wie die oberhalb des 3. Katarakts erbauten Tempel Amenophis' III. in Soleb und Sedeinga und die Heiligtümer Tuthmosis' III. am Gebel Barkal nahe dem 4. Katarakt.

Die Struktur der Grundrisse und die Ikonographie dieser Tempel des Neuen Reiches am oberen Nil sind ganz den Regeln der ägyptischen Baukunst verpflichtet. Stilistisch jedoch nehmen sie außerhalb des Mutterlandes eine Sonderstellung ein. Die Kolossalstatuen Ramses' II. im Tempel von Gerf Hussein oder an der Fassade der beiden Tempel von Abusimbel sind in ihren Proportionen gedrungener als die Figuren in den ägyptischen Tempeln. Die Papyrusbündelsäulen im Tempel Amenophis' III. in Soleb unterscheiden sich von den aus derselben Zeit stammenden Säulen desselben Typus im Luksor-Tempel durch ihre geringere Höhe und ihren größeren Durchmesser.

Die Eigenständigkeit des nubisch-sudanesischen Niltals als Kunstprovinz trat jedoch erst mit der politischen Selbständigkeit dieser Region deutlich in Erscheinung: Um 760 v. Chr. drang ein lokales Fürstengeschlecht von Napata über die nubisch-ägyptische Grenze nach Norden vor und brachte ganz Ägypten unter seine Herrschaft. Für ihre Königsgräber übernahmen diese Herrscher, nach dem altägyp-

Pyramidenfeld von Nuri (Sudan)
Die im Sudan beheimatete 25. Dynastie entfaltete während ihrer Herrschaft über Ägypten eine nicht allzu lebhafte Bautätigkeit. In ihrem Stammland hat sie jedoch Königsgräber nach ägyptischem Vorbild errichtet und die seit einem Jahrtausend erloschene Tradition des königlichen Pyramidengrabes wiederbelebt. Seit König Taharka (690–664 v. Chr.) war Nuri für dreieinhalb Jahrhunderte der Friedhof der sudanesischen Könige von Napata.

tischen Wort »Kusch« für Nubien als »Kuschiten« bezeichnet, die Bauform der Pyramide. Sie war nach dem Mittleren Reich und der Zweiten Zwischenzeit als königliche Bestattungsform vom Felsengrab abgelöst worden. Wenn sie nun im Sudan eine Renaissance erfuhr, dann scheinen nicht die königlichen Pyramiden des Alten und Mittleren Reiches der memphitischen Nekropole Pate gestanden zu haben. Für die sudanesischen Pyramiden ist ein Neigungswinkel von etwa 70° charakteristisch, und ihre Höhe überschreitet nur selten 20 bis 25 m. Beides – das kleine Format und die Steilwandigkeit – kennzeichnet jedoch die Pyramiden über den thebanischen Privatgräbern des Neuen Reiches. Da die Gemahlin des Amun als Statthalterin des kuschitischen Königs ihren Amtssitz in Theben hatte, ist es wahrscheinlich, daß die thebanischen Grabpyramiden in Deir el-Medina, in Gurna und in Dra Abul Naga als Vorbilder für die Königspyramiden im Sudan dienten.

Diese Königsgräber unterscheiden sich von ihren ägyptischen Vorbildern aber auch durch ihre Kultbauten und durch die Art ihrer Grabkammern. Direkt an die Ostseite der Pyramide ist eine Opferkammer, ein kleiner, meist einräumiger Totentempel angebaut. Zu der im gewachsenen Fels angelegten Sargkammer unter der Pyramide führt eine schräg abfallende Rampe, die weit außerhalb der Ostseite der Pyramide angesetzt ist.

Großer Amun-Tempel am Gebel Barkal
Von Tuthmosis III. um 1450 v. Chr. gegründet, ist der Große Amun-Tempel am Fuß des »Heiligen Berges« seit dem 8. Jahrhundert v. Chr. von den Königen von Napata ausgebaut worden. Über ein ganzes Jahrtausend war der Gebel Barkal das religiöse Zentrum des napatanischen und meroitischen Reiches, gewissermaßen das sudanesische Theben.

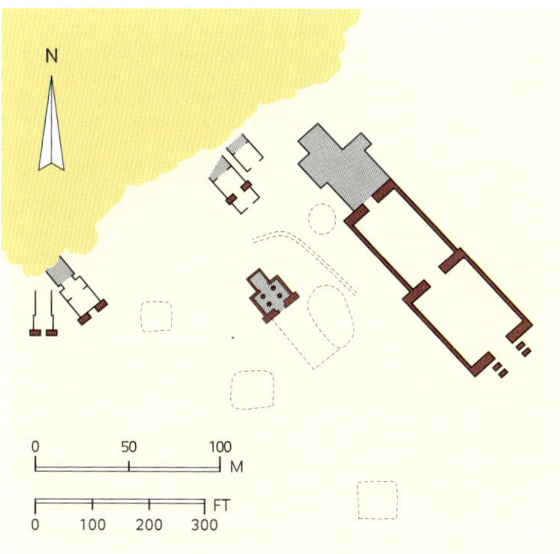

Plan der Tempel am Gebel Barkal
Diesen Tempeln napatanischer Könige gehen Bauten des Neuen Reiches voraus, die während ägyptischer Kolonialherrschaft errichtet wurden. Spuren nubischer Kerma-Kultur (2500–1500 v. Chr.) lassen vermuten, daß die ältesten Tempel am »Heiligen Berg« bis in die Zeit vor dem Neuen Reich zurückreichen.

Der Königsfriedhof von Meroe
Meroe wurde am Ende des 4. Jahrhunderts v. Chr. die Hauptstadt des sudanesischen Königtums. Von etwa 270 v. Chr.–320 n. Chr. ließen sich die Könige und Königinnen des meroitischen Reiches ihre Grabpyramiden auf den Wüstenbergen östlich der Stadt errichten, wo bereits Jahrhunderte zuvor die Angehörigen des Königshauses in kleinen Pyramiden bestattet worden waren. Die steilwandigen Pyramiden erreichen eine maximale Höhe von etwa 20 m. An ihrer Ostseite stehen kleine Opfertempel mit einem Eingangspylon.

Schematische Darstellung des Nordfriedhofs von Meroe
Die im frühen 19. Jahrhundert n. Chr. mutwillig zerstörten Pyramiden sind zwischen 1970 und 1985 von dem deutschen Archäologen Friedrich Hinkel im Auftrag der sudanesischen Regierung teilweise wiederaufgebaut worden. Eine schematische Rekonstruktion zeigt das ursprüngliche Erscheinungsbild des Nordfriedhofs, der auf einem Dünenzug hoch über dem Niltal liegt.

Zu diesen formalen Unterschieden zwischen ägyptischen und sudanesischen Königspyramiden trat eine völlig andersartige Struktur der Königsnekropolen. Im Alten und Mittleren Reich waren die einzelnen Königsgräber eigenständige Anlagen mit einem weiten Umfeld, das die dreiteilige Einheit von Taltempel, Aufweg und Totentempel sowie die Gräber der Angehörigen der Königsfamilie und des Hofstaates einschloß. Die sudanesischen Pyramiden hingegen waren in dicht besetzten Pyramidenfeldern eng, bisweilen auf Tuchfühlung zusammengerückt. Sie folgt damit einer Tradition, die bis vor die kuschitische Dynastie zurückreichte; im Friedhof von el-Kurru, auf dem der Begründer der Dynastie, König Pije (Pianchi), und weitere kuschitische Herrscher bestattet sind, liegen die Tumulusgräber der Häuptlinge von Napata aus vorkuschitischer Zeit dicht beieinander.

Nicht so sehr die individuelle Identität des verstorbenen Königs bestimmte im Sudan den topographischen und funktionalen Ort seines Grabes, sondern vielmehr seine Zugehörigkeit zu einer Dynastie. Das Pyramidenfeld von Nuri, wenige Kilometer flußaufwärts von der Hauptstadt Napata gelegen, vereinigt die königlichen Pyramiden der Herrscher, die seit etwa 650 v. Chr. als Nachfolger der Kuschiten regierten und nach Napata als »napatanische« Dynastie bezeichnet werden. Die steilwandigen Pyramiden, unter ihnen eine Knickpyramide mit zunächst steilem, dann flacherem Neigungswinkel, stehen dicht aneinander gereiht, als geschlossener Komplex nebeneinander, begleitet von kleinen Pyramiden der Angehörigen der Königsfamilie. Die Ordnung der Einzelbauwerke zu einer Gruppe war der unmittelbare architektonische Ausdruck des Selbstverständnisses eines Herrschers, das das Stammesbewußtsein in den Vordergrund stellte und den Einzelnen in der Gemeinschaft aufgehen ließ.

Auf halbem Weg zwischen dem kuschitischen Königsfriedhof in el-Kurru und der napatanischen Königsnekropole in Nuri lag als politisches und geistig-geistliches Zentrum die Hauptstadt Napata. Ist auch die eigentliche Stadt Napata bislang archäologisch noch nicht eindeutig lokalisiert, so werden doch ihre Größe und ihre

Pyramidenfeld am Gebel Barkal
Einige wenige meroitische Königsgräber – um 300 und 75 v. Chr. – liegen am Gebel Barkal in der unmittelbaren Nähe des altehrwürdigen Tempelzentrums am »Heiligen Berg«. Sie waren nicht weit von den Friedhöfen der Gründer des napatanisch-meroitischen Königtums in el-Kurru und Nuri entfernt.

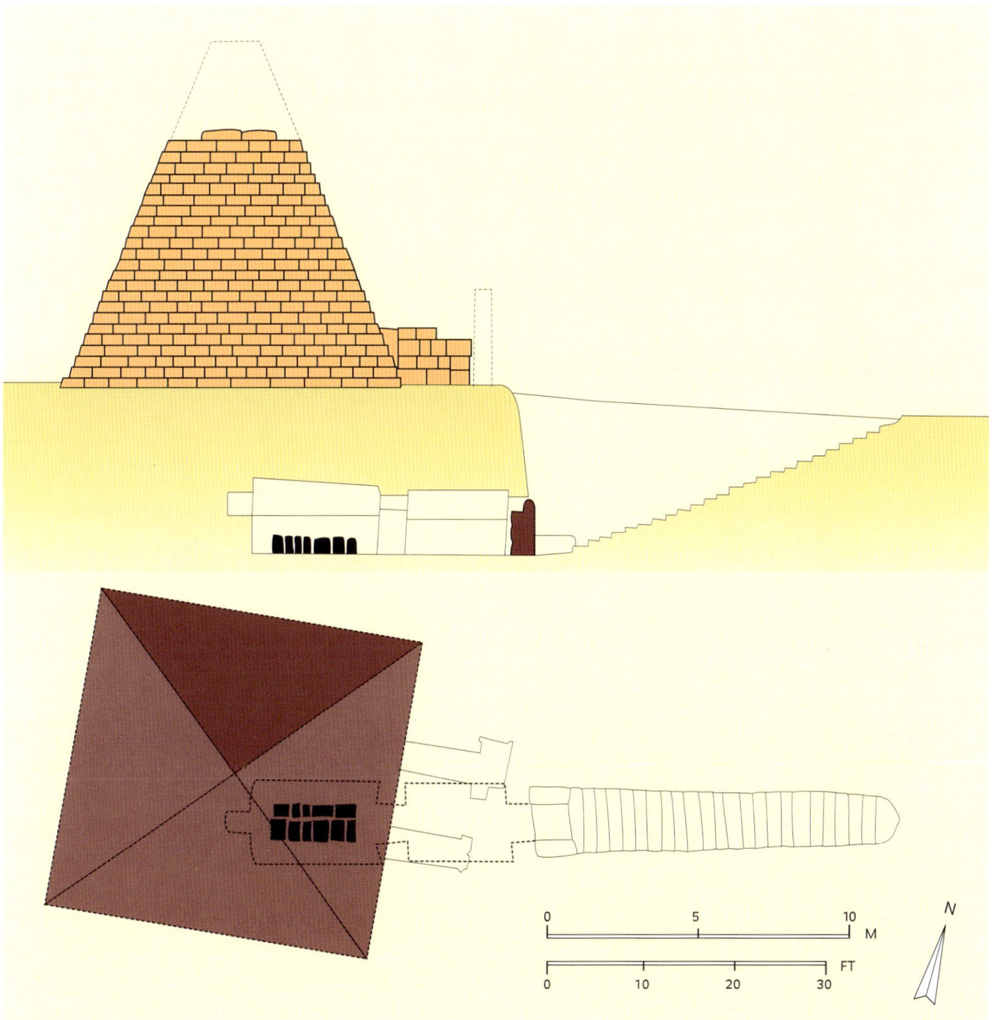

Schnitt und Grundriß einer meroitischen Pyramide
Zur Grabkammer der steilwandigen Pyramide und zum Vorraum unter dem im Osten angebauten Tempelchen führt eine aus dem Fels gehauene Treppe, die weit außerhalb der Pyramide angesetzt ist. Der Sarg stand auf einem steinernen Sockel; der Zugang zu den Kammern war vermauert, und die Treppe wurde nach der Bestattung zugeschüttet.

Bedeutung an den Tempelanlagen erkennbar, die am Fuße des Tafelberges Gebel Barkal liegen. Als »Heiliger Berg«, der die ganze Region überragt und prägt, war er schon den Königen der 18. Dynastie bei ihrem Vorstoß bis zum 4. Katarakt als der signifikante Ort für einen Amun-Re gewidmeten Tempel erschienen. Aus den Tempelgründungen Tuthmosis' III. (um 1450 v. Chr.) wurden zur Zeit der 25. Dynastie große Heiligtümer, die in ihrer Abfolge von Pylon und Hof zwar altägyptische Vorbilder haben, aber mit ihrer gewaltigen Längenausdehnung und mit den in die Tempelachse gestellten Kiosken über Bauelemente verfügen, die nicht aus ägyptischen Traditionen abgeleitet werden können. Zur Ausstattung dieser hauptstädtischen Tempel am Gebel Barkal wurden altehrwürdige Statuen der Zeit Amenophis' III. (um 1360 v. Chr.) aus dem fernen Soleb herbeigeschafft; die kolossalen Widderfiguren, Erscheinungsformen des Gottes Amun-Re, die den Zugang zum größten der Tempel am Gebel Barkal flankieren, sind ausnahmslos aus Soleb verschleppte Werke.

Um 350 v. Chr. verlagerte sich das politische Zentrum von Napata nach Meroe, das, zwischen dem 6. Katarakt im Süden und dem Zusammenfluß von Atbara und Nil im Norden gelegen, sechs Jahrhunderte lang die Hauptstadt des »meroitischen« Reiches bleiben sollte. Die Königsgräber, formal dem in Nuri vorgeprägten Typus der steilwandigen Pyramide entsprechend, liegen östlich der Hauptstadt Meroe auf einem ausgeprägten Höhenzug. Die Opferkapellen an ihrer Ostseite besitzen einen Pylon, der nicht nur in seiner Form, sondern auch in der Thematik seiner Reliefs, das »Erschlagen der Feinde«, ägyptischen Tempeln entlehnt ist. In den Reliefs der Opferkammern begegnet man einer Fülle von Themen und Einzelmotiven, die rein ägyptischen Ursprungs sind: der/die Verstorbene am Opfertisch und das Totengericht mit der Wägung des Herzens. Die ikonographischen Elemente, die nicht aus Ägypyten stammen, sind so zahlreich, so andersartig in Stil und Komposition, als sei hier mit den Buchstaben eines alten Alphabets eine neue Sprache geschrieben worden. Die Eigenständigkeit und Eigenwilligkeit dieser meroitischen Kunst äußert sich auch in einigen Details der Pyramidenarchitektur. Die Kanten der Pyramiden sind durch glatte Leisten oder – im oberen Teil mancher Pyramiden – durch einen Rundstab betont. Die meroitischen Pyramiden münden nicht in eine Spitze, sondern sind abgeflacht und trugen vermutlich skulpturalen Schmuck, vielleicht eine (bronzene?) Ba-Statue, eine Kombination aus Vogel- und Menschen, die die Seele des Verstorbenen darstellt. Bei einigen Pyramiden öffnet sich hoch oben an der Ostseite eine von einem Schrein gerahmte flache Nische. Derartige Nischen mögen der Anlaß dafür gewesen sein, daß im Jahr 1834 bei der Suche nach Schätzen viele Pyramiden »geköpft« wurden, um die hinter den Nischen vermuteten Kammern freizulegen. Nur in einer einzigen Pyramide wurde ein kostbarer Schatz gehoben, der Goldschmuck der Königin Amani-schacheto (um 20 v. Chr.), der heute in Berlin und München ausgestellt ist. Ikonographie und Stil dieser Arbeiten meroitischer Goldschmiede nehmen im Vergleich zu ägyptischem Schmuck eine Sonderstellung ein, die dem Spezifikum meroitischer Architektur entspricht: Sie schaffen aus traditionellen Elementen einen neuen, selbständigen künstlerischen Ausdruck.

Über einen Zeitraum von einem Jahrtausend wurden in der Nekropole von Meroe Pyramiden errichtet, zunächst nur für hohe Würdenträger und Angehörige der Königsfamilie. Seit dem späten 4. Jahrhundert waren Süd- und Nordfriedhof Königsnekropole. Der Westfriedhof, der in der Ebene zwischen der Stadt und den Königspyramiden liegt, blieb mit seinen kleinen Pyramiden der Friedhof für die Oberschicht von Meroe. Insgesamt zählen die drei Gräberfelder mehr Pyramiden als in ganz Ägypten zu finden sind.

Die Königsstadt, die mehr als ein halbes Jahrtausend das politische Zentrum des meroitischen Reiches war, ist noch wenig erforscht. Zwischen Nil und Wüstenrand gelegen, besitzt sie als Ziel einer von mehreren kleinen Heiligtümern flankierten Prozessionsstraße einen Amun-Tempel, der sich im Gegensatz zu der altägypti-

Seite 187 oben
Amun-Tempel in Naga
Mit seiner Raumfolge vom Säulensaal bis zum Allerheiligsten folgt der Amun-Tempel in Naga, einer Stadt inmitten der Steppe nordöstlich von Khartum, dem Bauschema altägyptischer Heiligtümer. Auch die Reliefdekoration der Tempeltore ist an ägyptischen Vorbildern orientiert. Der Amun-Tempel wurde um die Zeitenwende unter dem meroitischen König Natakamani und Königin Amanitore erbaut.

Schildring der Königin Amanischacheto
Die meisten der Grabkammern unter den meroitischen Pyramiden wurden ausgeraubt. Nur in der Pyramide der Königin Amani-schacheto auf dem Nordfriedhof von Meroe blieb der gesamte Grabschatz erhalten. Er wurde 1834 gefunden und ist heute auf die Ägyptischen Museen in München und Berlin verteilt. Der Schildring zeigt vor einer Tempelfassade den Widderkopf des Gottes Amun, von einem breiten Schmuckkragen umrahmt.
Römerzeit, um 10 v. Chr.; Gold, Glas, Karneol; München, Staatliche Sammlung Ägyptischer Kunst

Widderstatue des Amun-Tempels in Naga
Auf den Amun-Tempel führt eine Allee von zwölf Widderstatuen zu, zwischen deren Vorderläufen eine Königsfigur stand. Dieser Statuentypus ist bereits 1 500 Jahre früher in ägyptischen Tempeln des Neuen Reiches belegt. Typisch meroitisch ist die Wiedergabe des Schaffells durch spiralig gedrehte Löckchen. Römerzeit, um die Zeitenwende; Sandstein

schen Tradition nicht zum Nil orientiert, sondern nach Osten ausgerichtet ist, wo – wiederum ägyptischem Brauch widersprechend, wonach die Gräber im Westen angelegt wurden – die Pyramiden des Königsfriedhofs die Horizontlinie bilden. Da die riesigen Schutthügel, die das antike Stadtgebiet von Meroe kennzeichnen, mit einer dicken Schicht von schlackenähnlichem Material bedeckt sind, wird vermutet, daß im Stadtgebiet Anlagen zur Eisenverhüttung lagen. Ob das Schlagwort »Birmingham des Altertums« für Meroe zutrifft, werden erst künftige Grabungen klären können.

Obwohl bislang archäologisch kaum erfaßt, gewährt eine andere meroitische Stadt einen guten Einblick in die Grundformen meroitischer Architektur; südöstlich von Meroe und weit abseits vom Niltal dehnt sich über ein Areal von mehr als 1 km^2 die Ruinenstätte von Naga aus. Seit Beginn des 19. Jahrhunderts bekannt, ist sie bislang durch ihre Lage weitab aller Verkehrswege nahezu unzerstört erhalten. Ein großer Teil der Steinarchitektur ist eingestürzt, aber die meisten Gebäude stecken noch in ihren eigenen Schuttkegeln, und mehrere Tempel stehen noch aufrecht. An ihnen lassen sich die drei Komponenten der Architektur des meroitischen Reiches erkennen und nachzeichnen.

Um die Zeitenwende wurde der Amun-Tempel erbaut, auf den eine Allee von Widderstatuen zuführt, wie sie nahezu eineinhalb Jahrtausende zuvor an der Verbindungsstraße von Karnak nach Luksor zum ersten Mal angelegt worden war. Auch der in die Mitte der Widderallee gesetzte Kiosk mit seinen halbhohen Säulenschranken folgt formal alten pharaonischen Vorbildern. Der Tempel selbst ist mit seiner Abfolge von mehreren Toren und Sälen eine Miniaturversion der großen klassischen Heiligtümer im ägyptischen Niltal. Vielleicht ist auch der rechts neben dem Zugang zum Amun-Tempel gelegene kleine Tempel an ägyptische Tempelpläne angelehnt und als Mammisi, als Geburtshaus, zu verstehen.

Unter der Regierung von König Natakamani, dem Bauherrn des Amun-Tempels, entstand auch der Löwentempel von Naga, benannt nach seinem Hauptgott, dem löwenköpfigen oder löwengestaltigen Apedemak. Die Frontalansicht folgt dem Vorbild der klassischen ägyptischen Tempelfassade: zwischen zwei Pylontürme ist das Tempeltor gesetzt. Die großformatigen Reliefs der Pylonfront zeigen das traditionelle Motiv des Königs als Weltherrscher, der seine Feinde zu erschlagen droht. Eine für die meroitische Kunst signifikante Besonderheit findet sich im Reliefschmuck des rechten Pylonturms: Hier ist nicht der König, sondern die Königin in der Pose desjenigen, der die Feinde erschlägt, dargestellt – ein Hinweis auf die dominante Rolle der Königin und Königsmutter im meroitischen Königtum. Auf den Pylon folgt ein einziger Tempelraum; seine Decke wurde von vier Säulen getragen, und alle Wände sind mit Reliefs geschmückt. Dieser »Einraum-Tempel« ist nicht in der ägyptischen Architektur heimisch; er ist eine lokale Besonderheit. Er findet sich auch an anderen meroitischen Orten, zum Beispiel im nicht weit von Naga entfernten Musawwarat es-Sufra.

Zu diesen beiden Typen von Tempeln tritt das hellenistische Element als dritte Komponente der meroitischen Architektur. Es ist in mehreren Tempelgrundrissen erkennbar, die dem Schema des Peripteros und des Dipteros folgen, also rings um das eigentliche Tempelhaus einen einfachen oder doppelten Säulenkranz besitzen.

Altägyptisches, meroitisches und hellenistisches Formengut stehen in Naga nicht nur gleichrangig nebeneinander, sondern begegnen und vermischen sich auch in ein und demselben Bauwerk. Der Kiosk von Naga, vermutlich im 3. Jahrhundert n. Chr. erbaut, ist im Grundriß ägyptisch und weist Parallelen zum Trajans-Kiosk auf Philae oder zum Hathor-Tempel in Dendera auf. Die Rundbogenfenster hingegen sind ohne Entsprechung in der pharaonischen Architektur und lassen sich nur aus hellenistisch-römischen Bauformen herleiten. In die Details des Ornaments sind typisch meroitische Motive verwoben.

Nördlicher Pylonturm des Löwen-Tempels in Naga
Das traditionelle ägyptische Motiv der Vernichtung der Feinde als programmatische Drohgebärde des Pharaos als Weltherrscher findet sich auf den Fassaden meroitischer Tempel und Kapellen. Außergewöhnlich ist in der meroitischen Kunst, daß hier auch die Königin Amanitore als Bezwingerin der Feinde dargestellt ist.
Römerzeit, um die Zeitenwende

Löwen-Tempel in Naga
Der Löwen-Tempel in Naga, dem löwengestaltigen oder löwenköpfigen meroitischen Gott Apedemak geweiht, zeigt in dem zweitürmigen Pylon ein Element ägyptischer Tempelarchitektur. Der Tempel selbst besteht aus nur einem Raum, dessen Holzdach von vier Säulen getragen wurde. Auf einem steinernen Untersatz stand der Götterschrein. Dieser »Einraum-Tempel« ist eine für das Reich von Meroe charakteristische Architekturform.
Römerzeit, um die Zeitenwende

Kiosk in Naga
Zum ägyptischen und meroitischen Bautypus des Amun- beziehungsweise Löwen-Tempels tritt in Naga als dritte Komponente der Tempelarchitektur das hellenistisch-römische Element. Der Kiosk in Naga, um 300 n. Chr. erbaut, ist mit seinen Kapitellen und Rundbogen über den Fenstern die südlichste Manifestation alexandrinischer Architektur.

Der Kiosk in Naga ist der südlichste Bau, in dem sich die hellenistisch-römische Kunst manifestiert. Diese Süd-Nord-Verbindung zwischen dem meroitischen Reich und der römischen Welt findet ihre Entsprechung in einer Ost-West-Verbindung, die sich – noch kaum erforscht – erst abzuzeichnen beginnt. Offenkundige Analogien zwischen der meroitischen Kunst und den etwa zeitgleichen Werken der Nok im Gebiet des heutigen Nigeria, die sich in den Yoruba- und Benin-Skulpturen fortsetzen, weisen deutlich auf Querverbindungen zu Zentral- und Westafrika hin, so daß zur kulturellen Nord-Süd-Achse auch eine Ost-West-Achse tritt; beider Schnittpunkt ist das Reich von Meroe. Ob und auf welche Weise in dieses Beziehungsgeflecht auch die Architektur einbezogen ist, konnte aufgrund der mangelnden archäologischen Erforschung von Nigeria bislang nicht festgestellt werden.

Die ägyptische Kunst, die im 5. und 4. Jahrtausend v. Chr. eine ihrer Wurzeln im afrikanischen Kontinent hatte, kehrte am Ende ihrer einzigartig langen und kontinuierlichen Geschichte wieder in den Schoß dieses Kontinents zurück.

Späte Blüte

Tempel der Ptolemäer- und Römerzeit in Oberägypten

Seite 191
Falkenstatue im Horus-Tempel in Edfu
Jahrtausende alte Bild- und Bautypen fanden in den Tempeln der Ptolemäerzeit ihre Vollendung. Der Falke als Himmels- und Schutzgott des Königs ist so alt wie das Reich der Pharaonen und strahlt noch in einem der spätesten Tempel Ägyptens, dem Horus-Tempel in Edfu, die ungebrochene Würde des göttlichen Tieres aus.
Ptolemäerzeit, um 100 v. Chr.; Granit

Reliefdarstellung der Göttin Hathor
Die Darstellung der Göttin Hathor befindet sich an der südlichen Außenwand des Geburtshauses im Tempelkomplex von Dendera, das zwischen 90 und 120 n. Chr. mit Reliefs und Inschriften versehen wurde. Der überreiche Schmuck, die üppigen Körperformen und die weiche, rundliche Gesichtsbildung sind Indizien für die Entstehung des Reliefs in der Endzeit der ägyptischen Kunst unter römischer Herrschaft. Die formalen Grundlagen dieser Darstellung sind seit 3000 Jahren unverändert. Sie verbinden in einem kubistischen Gestaltungsprinzip Vorder- und Profilansicht zu einem unrealistischen, aber in hohem Maß vollständigen Bild.

Horus-Tempel in Edfu

Wenn die weltbekannten Tempel von Edfu und Dendera, Kom Ombo und Philae als die repräsentativen Beispiele der altägyptischen Tempelarchitektur schlechthin gelten, dann mag es angesichts ihrer Erbauungszeit problematisch erscheinen, in ihnen die Essenz einer 3000 Jahre währenden Architekturgeschichte zu sehen. Keiner dieser Tempel ist in seiner heutigen Gestalt vor dem 3. Jahrhundert v. Chr. entstanden; sie alle stammen aus der Zeit, in der die makedonischen Ptolemäer (304–30 v. Chr.) und die römischen Kaiser (30 v. Chr.–395 n. Chr.) als Fremdherrscher auf dem Thron der Pharaonen saßen.

Trotz ihres, aus altägyptischer Perspektive, sehr späten Entstehungsdatums sind diese Tempel in ihrer architektonischen Struktur und in vielen Einzelformen durchaus typische Vertreter der Tempelarchitektur Altägyptens. Sie sind eingebunden in eine Kontinuität, die alle Lebensbereiche Altägyptens umfaßt. Diese Kontinuität ist letztlich durch den Lebensraum des Niltals bedingt und reicht bis in unsere Tage. Der ausgezeichnete Erhaltungszustand der späten Tempel Ägyptens, der auf ihr vergleichsweise geringes Alter von nur wenig mehr als zwei Jahrtausenden zurückzuführen ist, vermittelt einen Gesamteindruck, der der ursprünglichen Raumwirkung ihrer Höfe, Säle, Korridore und Sanktuare sehr nahe kommt. Nicht zufällig sind es gerade diese Tempel gewesen, die die Zeichner der »Description de l'Egypte«, der aus Napoleons Ägypten-Expedition hervorgegangenen Publikation, dazu anregten, die Säulensäle mit Darstellungen von Priestern zu beleben.

Diese Tempel, noch heute von den unterirdischen Krypten bis auf das Dach und die Pylontürme begehbar, lassen sich als funktionierende Organismen erleben. Ihre Reliefbilder und Inschriften, die nicht nur alle Innen- und Außenwände, sondern auch Säulen und Decken überziehen, tragen die Schlüssel zum Verständnis von Theologie und kultischem Geschehen in sich, Schlüssel, die jedoch nur dem nützen, der das hochkomplizierte System dieser spätesten Entwicklungsstufe der Hieroglyphenschrift mit ihren Tausenden von Zeichen beherrscht und die Codierung der zwar systematisch aufgebauten, aber sehr komplexen Bildsprache kennt.

Der Horus-Tempel in Edfu, der über einem in wenigen Resten erhaltenen ramessidischen Vorgängerbau zwischen 237 und 71 v. Chr. errichtet wurde, bietet sich aufgrund seiner geringen Zerstörung für einen Rundgang an, auf dem exemplarisch die Bauteile eines ptolemäisch-römischen Tempels erläutert werden können.

Seit der Zeit des Alten Reiches besteht die Funktion des ägyptischen Tempels in der Darstellung des göttlich geordneten Kosmos. Die beiden Pylontürme können als Bild des Horizonts, an dem die Sonne aufgeht, verstanden werden; schon in den Sonnentempeln von Amarna ist diese Vorstellung klar ausgeprägt, und auf dem Pylon des Horus-Tempels in Edfu ist sie bildlich dargestellt. Diese kosmologische Symbolik wird durch die Darstellung der Funktion des Pharaos im Weltgefüge unterstützt und konkretisiert: Die Pylonvorderseiten tragen das Bild des Königs, der die Feinde Ägyptens mit hoch erhobener Schwertkeule bedroht, um sie dann als Unterworfene dem vor ihm stehenden Gott darzubringen.

Der hinter dem Pylon gelegene Hof stellt die architektonische Verbindung zwischen Erde und Himmel dar. Seine rings umlaufende Kolonnade versinnbildlicht in den pflanzlichen Motiven der Säulenfüße und Kapitelle die aus dem fruchtbaren Boden des Niltals sprießende, zum Sonnenlicht strebende Vegetation. Sowohl die Säulenschäfte als auch die hinter dem Säulenkranz liegenden Tempelmauern sind flächendeckend mit Reliefs und hieroglyphischen Inschriften in Form mehrerer Bildstreifen versehen. Die Thematik dieser Bildfelder scheint auf den ersten Blick von geringer Vielfalt zu sein: der Pharao opfert vor den Göttern. Bei genauerem Hinsehen kann man anhand der ikonographischen und inschriftlichen Details jedoch erkennen, daß jedem einzelnen Bild eine besondere Funktion zukommt, sei es, daß es für eine bestimmte Phase des Kultes steht oder Teil eines geographischen Systems ist, das ganz Ägypten in das theologische Programm des Tempels einbezieht. Die Reliefbilder füllen das Weltmodell des architektonischen Gefüges des Hofes mit Leben.

Pronaos des Horus-Tempels in Edfu
Den Übergang vom lichtdurchfluteten Hof zum geheimnisvollen Dunkel der innersten Tempelräume bildet der Pronaos, dessen vordere Wand das Tageslicht durch die halbhohen Säulenschranken einläßt. Auch der gebrochene Türsturz betont die Öffnung des Pronaos nach außen. Ptolemäerzeit, um 237–71 v. Chr.

Pylon des Horus-Tempels in Edfu
In ihren wesentlichen Elementen hat sich die Fassade des ägyptischen Tempels über Jahrtausende nicht verändert. Die beiden Pylontürme mit den Einschnitten für die Flaggenmasten, die großformatigen Reliefbilder des Königs, der sich anschickt, vor Horus und Hathor die Feinde zu erschlagen, und der monumentale Statuenschmuck waren bereits in den Tempelfassaden des Neuen Reiches vorgeprägt.
Ptolemäerzeit, um 237–71 v. Chr.

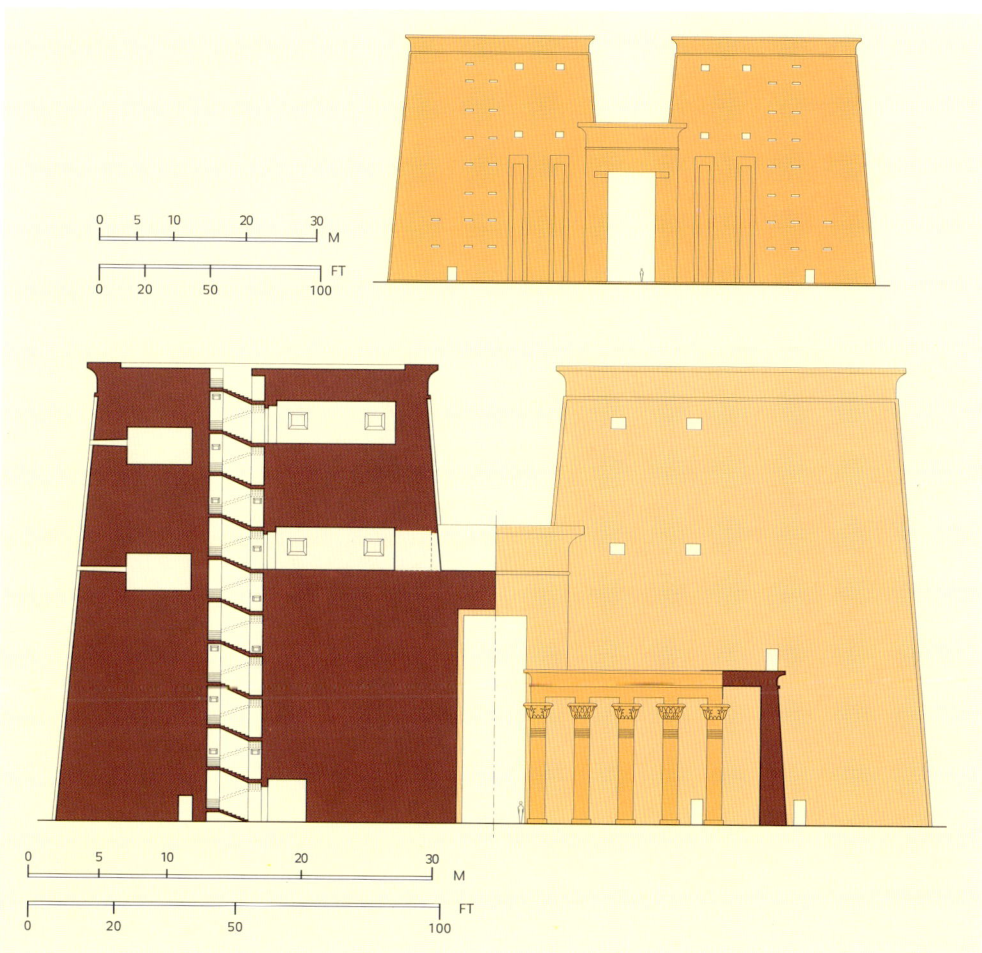

Aufriß und Schnitt des Pylons des Horus-Tempels in Edfu
Um die Flaggen an den Masten setzen zu können, sind im massiven Baukörper des Pylons Räume ausgespart, die über ein durchlaufendes Treppenhaus zu erreichen sind.

Beiderseits des Pronaos führt ein enger Durchlaß vom Hof in einen Umgang, der, den Tempel umziehend und von der Außenwelt isolierend, wie ein tiefer, dunkler Graben zwischen der tür- und fensterlosen Umfassungsmauer und den Außenwänden des Tempelhauses verläuft. Ein horizontales Inschriftenband mit außergewöhnlich großen Hieroglyphen führt über dem Wandfuß der Außenwand von einer Seite des Tempels zur anderen. Es enthält eine Art Bauurkunde des Edfu-Tempels, in der es von Ptolemäus IX. (um 110 v. Chr.) als Bauherrn dieses Tempelteils heißt: »Er fand den Tempel als Werk seiner Väter wie den Horizont des Horus, der an der Spitze des Himmels ist. Die beiden Fronten der Vorhalle sind von Lotos- und Papyrussäulen getragen, und sie ist prächtig wie der große Palast. Er errichtete einen Vorhof und einen Pylon mit seinem Tor, er schützte seine Umgebung mit dieser Mauer auf allen vier Seiten, wie es entspricht dem Buch von der Ordnung eines Tempels, das der oberste Vorlesepriester Imhotep, der Große, der Sohn des Gottes Ptah, verfaßt hat. Er machte einen Hof mit Säulen an seiner Seite und einen Pylon, dessen Höhe den Himmel durchstößt. Er hat ihren Umgang auf allen vier Seiten mit einer Mauer aus festem hellem Sandstein umgeben, indem er sich auf ihren Plan stützte, wie er von den Vorfahren begonnen worden war und wie es steht im großen Plan dieses Buches, das nördlich von Memphis vom Himmel fiel.« Die Geschichte und die architektonische Form des Tempels von Edfu werden hier in eine Tradition eingebunden, die Jahrtausende zurückreicht, bis zu Imhotep, dem Architekten der Stufenpyramide des Königs Djoser in Sakkara. Dieses Traditionsbewußtsein der spätesten Bauherren von Ägypten äußert sich auch in einem Bildfeld

Hof des Horus-Tempels in Edfu
Mit ihren floralen Kapitellen gibt die ägyptische Säule ihr pflanzliches Vorbild zu erkennen. Von den Pflanzensäulen getragen, spannt sich der Himmel als Dach über den Hof – eine eindrucksvolle Verbindung von Architektur und Kosmos. Ptolemäerzeit, um 237–71 v. Chr.

Relief einer Gaupersonifikation
Seit dem Alten Reich ziehen sich über den Wandfuß ägyptischer Tempel die zweigeschlechtlichen oder weiblichen Personifikationen der Gaue und Städte Ägyptens. Sie bringen den Göttern die Gaben des Niltals – Wasser, Pflanzen und allerlei Getier – als Opfer dar und bilden damit die materielle Grundlage des Lebens.
Ptolemäerzeit, um 237–71 v. Chr.

Umgang um den Horus-Tempel in Edfu
Wie ein tiefer Festungsgraben liegt der Umgang zwischen Umfassungsmauer und Tempelhaus. Er bildet die Pufferzone zwischen Profanem und Heiligem. Seine Abwehrfunktion wird durch die löwenköpfigen Wasserspeier unterstrichen, die nach Aussage ihrer Inschriften Gewitter und Regen, aber auch alles Böse vom Tempel fernhalten.
Ptolemäerzeit, um 237–71 v. Chr.

des Umgangs: Als Leiter der Aufführung des Horus-Mythos, die sich in einer langen Bild- und Textfolge über die westliche Außenwand des Umgangs erstreckt, wird wiederum Imhotep genannt und dargestellt.

In den Hof zurückgekehrt, betritt man den Pronaos. Seine Vorderseite wird von Säulen gebildet, die ebenso wie in der Hofkolonnade im Neben- und Miteinander altehrwürdiger Palmkapitelle und typisch ptolemäischer floraler Kompositkapitelle eine Einheitlichkeit der Gesamtwirkung zeigen, die nicht nur das Resümee von Jahrtausenden ist, sondern auch die ganze Bandbreite der Schöpfung zu spiegeln vermag. Zwischen die Säulen der Pronaosfront sind halbhohe Säulenschranken gestellt, wohl steinerne Abbilder von Teppichen, mit denen die Tempelfassade verhängt ist. Sie schirmen das Tempelinnere vom Hof ab, gewähren aber dem Tageslicht noch Einlaß in diesen Tempelbereich, der den Übergang vom Profanen zum Heiligen bildet. Um diese Schwelle zu überschreiten, mußte sich sogar der König als Hoherpriester besonderen Riten unterziehen. Auf den Säulenschranken ist seine Reinigung vor dem Betreten des Tempels dargestellt, vollzogen von den Göttern Horus und Thoth.

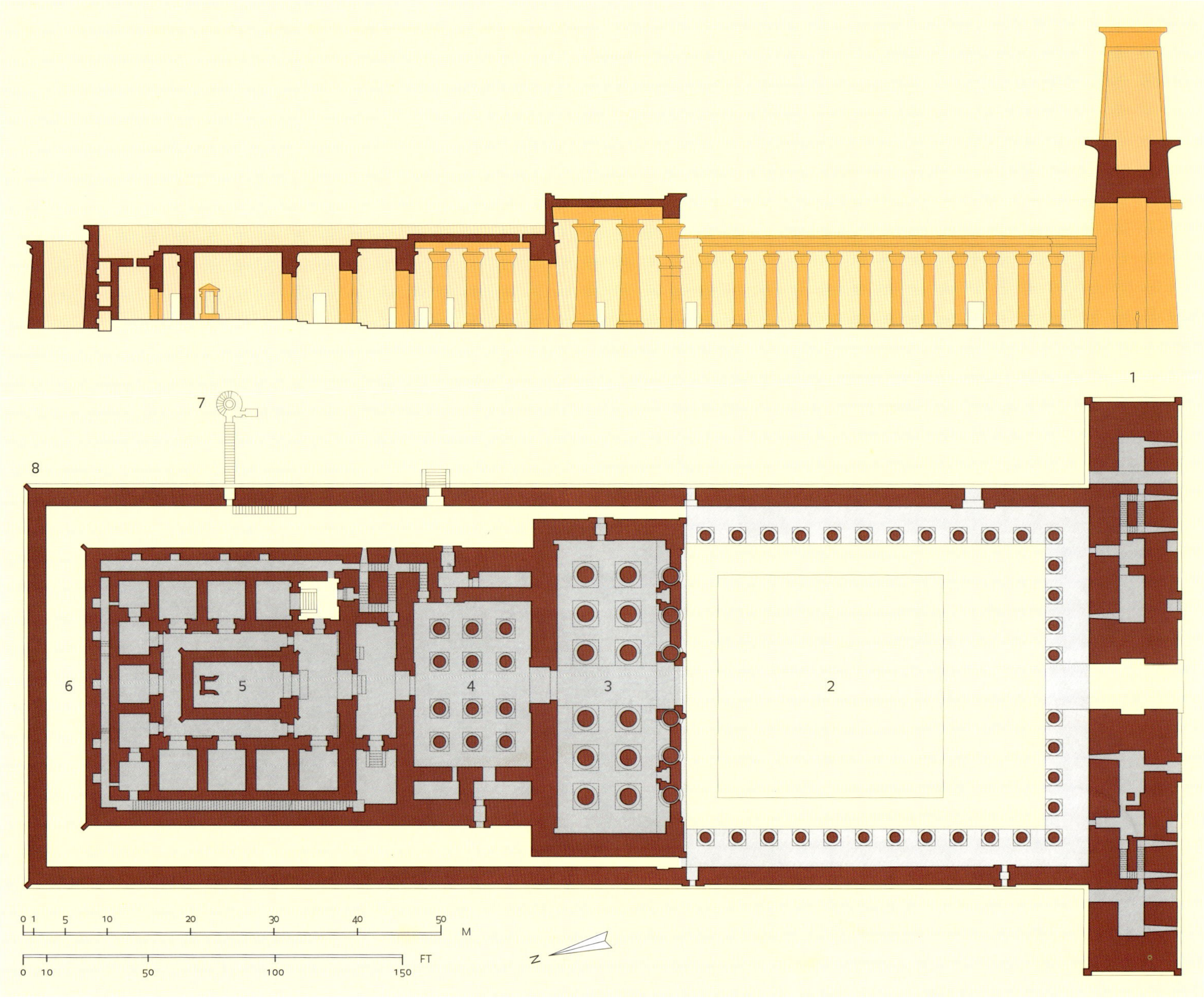

Die Decke des Pronaos, die von 18 Säulen mit floralen Kompositkapitellen getragen wird, ist mit Reliefbildern des gestirnten Himmels geschmückt; damit ist die Struktur des offenen Hofes in eine architektonisch gestaltete Form übertragen. Die Rückwand des Pronaos ist wie ein Pylonturm mit geböschten Kanten und Rundstab samt Hohlkehle ausgebildet und gibt auf diese Weise zu erkennen, daß der Pronaos als Zeltbau zu verstehen ist, der dem eigentlichen Tempelhaus vorgeblendet ist.

Über den Säulensaal, den Opfertischsaal und den Saal der Götterneunheit erreicht man das Sanktuar, in dem der Schrein der Götterstatue des Horus aufbewahrt wurde – in Edfu ein Schrein aus einem älteren Tempel, der mit Inschriften des Königs Nektanebos II. (um 350 v. Chr.) versehen ist. Rings um das Sanktuar, das als selbständiger Baukörper in einem größeren Raum zu stehen scheint, liegen Kapellen anderer Gottheiten. Vom Hof bis zum Sanktuar steigt das Fußbodenniveau von Raum zu Raum an, während die Raumhöhe im gleichen Rhythmus abnimmt, so daß sich die aufsteigende Erdlinie und die abfallende Himmelslinie am Standort des Götterbildes treffen, an einem Ort, an dem die gleißende Helle des Hofes längst zum geheimnisvollen Dunkel geworden ist. Hier hatte nur der König oder der Hohepriester als sein Stellvertreter Zutritt, um das tägliche Kultbildritual zu vollziehen.

Schnitt und Grundriß des Horus-Tempels in Edfu
Mit dem Ansteigen des Fußbodenniveaus vom Hof zum Allerheiligsten nimmt die Höhe der Raumdecken ab, so daß sich die von der Erde zum Himmel ansteigende Bodenlinie und die vom Himmel zur Erde abfallende Deckenlinie theoretisch im Allerheiligsten treffen. Menschen- und Götterwelt kommen dadurch in unmittelbaren Kontakt.
1. Pylon, 2. Hof, 3. Pronaos, 4. Säulensaal, 5. Allerheiligstes mit Naos, 6. Tempelumgang, 7. Nilmesser, 8. Umfassungsmauer

Säulen im Hof des Horus-Tempels in Edfu
Durch die floralen Kapitelle und die Säulenbasen werden aus den Säulen pflanzliche Gebilde. Ornamental verfremdet zieht sich ein Blätterkranz um den Säulenfuß. Er stellt den Stengelansatz dar, der sich aus dem runden Basisblock wie aus einem Erdhügel erhebt. Ptolemäerzeit, um 237–71 v. Chr.

Krönung des Königs
Die Göttinnen der beiden Landeshälften Ägyptens, Nechbet von Elkab mit der oberägyptischen Krone und Uto von Buto mit der Krone Unterägyptens, vollziehen die Krönung des Pharaos. In seiner Krone sind beide Typen zur Doppelkrone vereinigt. Aufgrund seiner Krönung durch die Götter ist er ihr irdischer Vertreter, der im Tempel, im Modell der Welt, täglich das Ritual vollzieht. Horus-Tempel in Edfu; Ptolemäerzeit, um 150 v. Chr.

Seite 200
Pronaos im Horus-Tempel in Edfu
Die dichte Stellung der Pflanzensäulen im Pronaos läßt nicht den Eindruck eines Raumes, sondern eines steinernen Waldes entstehen. Über den Kapitellen, deren Form von Säule zu Säule wechselt und die Vielfalt der Pflanzenwelt spiegelt, liegt das steinerne Dach, dessen Unterseite durch astronomische Darstellungen zum Abbild des Himmels wird.
Ptolemäerzeit, um 237–71 v. Chr.

Sanktuar im Horus-Tempel in Edfu
Wie ein selbständiger Baukörper ist das Sanktuar in den innersten Raum des Tempels eingefügt. Als heiliger Schrein steht diese Wohnung des Götterbildes in der vielfachen Umhüllung der Tempelarchitektur. Die einzigen Lichtquellen sind die Öffnungen in der Decke, die das Heiligtum erstrahlen lassen, dessen Reliefwände ursprünglich bunt bemalt waren.
Ptolemäerzeit, um 237–71 v. Chr.

Die von außen nach innen niedriger werdenden Raumdecken erschließen sich beim Blick vom Pylon als abgetrepptes Tempeldach, das aufgrund der hohen Außenmauern des Tempelhauses von außen nicht einsehbar ist. Als unter freiem Himmel liegender Tempelbereich spielte es für den Kult eine wichtige Rolle und ist deshalb über flache, bequem begehbare Treppen vom Erdgeschoß leicht zu erreichen.

Nachdem die Inschriften und Reliefs des Horus-Tempels der Forschung in nahezu 100jähriger Arbeit zugänglich gemacht worden sind, beginnt nun die schwierige Übersetzungsarbeit und inhaltliche Auswertung des gesamten Bild- und Textprogramms, in dessen Mittelpunkt der Horus-Mythos steht. Der elementare Konflikt zwischen Gut und Böse wird als Kampf des Gottes Horus gegen seinen Bruder Seth dargestellt, der ihren Vater Osiris getötet hat. Der triumphale Sieg des jugendlich-heldenhaften Horus ist der mythische Ausdruck für die Rolle des ägyptischen Königs: sitzt doch der Pharao als Garant politischer und kosmischer Ordnung auf dem »Thron des Horus« und wird seit ältester Zeit mit seinem ersten Namen als »Horus« bezeichnet; er ist somit die irdische Erscheinungsform Gottes.

Das antike Umfeld des Horus-Tempels liegt unter 10 bis 15 m Kulturschutt, auf dem zum Teil die moderne Stadt Edfu errichtet wurde. Im Laufe von zwei Jahrtausenden wuchs die Stadt rings um den Tempel und begrub ihn schließlich fast völlig

Innenraum des Sanktuars im Horus-Tempel in Edfu
Das Innere des Allerheiligsten liegt in völligem Dunkel. Nur beim täglichen Kultbildritual fiel Tageslicht auf den Götterschrein und den Altarblock, auf dem die Götterbarke abgestellt werden konnte. Die Außenwelt liegt – von diesem Ort der Stille und Heiligkeit aus betrachtet – weit entfernt, abgeschottet durch die vorgelagerten Tempelräume, Höfe und Umfassungsmauern.
Ptolemäerzeit, um 237–71 v. Chr.

Götterschrein im Horus-Tempel von Edfu
Zielpunkt des langen Weges, den der König als Hoherpriester (oder der Hohepriester in Vertretung des Königs) vom Profanen zum Heiligen zurücklegte, um das Ritual am Götterbild zu vollziehen, war der Schrein der Götterstatue. Als kostbarster Bauteil stammt er aus einem älteren Tempel; er trägt die Namen von Nektanebos II. (um 350 v. Chr.). Aus einem Granitmonolith gefertigt, barg er einen kleinen Schrein aus Gold, in dem die goldene Götterstatue aufbewahrt wurde.

unter sich. Erst die Grabungsarbeiten des 19. und 20. Jahrhunderts haben ihn wieder ans Tageslicht gebracht – fast unversehrt bis auf die systematisch ausgehackten Gesichter, Hände und Füße aller dargestellten Personen – ein Werk der gegen das Heidentum eifernden frühen Christen, die auch andernorts altägyptische Heiligtümer in christliche Kirchen umwandelten.

Bei der Ausgrabung des Tempels wurde in seinem Vorfeld links der Tempelachse ein kleines Heiligtum freigelegt, das in seiner Lage zum Haupttempel, seinem Bautypus und seinem Bildprogramm den Geburtshäusern in Dendera entspricht. Es ist das sogenannte Geburtshaus, in dem der Gott Horus und die Göttin Hathor die Heilige Hochzeit feierten, aus der der jugendliche Gott Harsomtus hervorging, als »Horus, der die beiden Länder vereinigt« gepriesen, also eine dem König eng verwandte Gottheit. Der Mythos von der göttlichen Geburt des ägyptischen Königs, wie er im Luksor-Tempel für Amenophis III. und in Deir el-Bahari für Hatschepsut belegt ist, ist hier in göttliche Sphären übertragen.

In seiner parallel zum Nil verlaufenden Süd-Nord-Orientierung bricht der Horus-Tempel von Edfu zwar die Grundregel, nach der altägyptische Tempel im rechten Winkel zum Nil ausgerichtet sein müssen; in der Klarheit seiner Grundrißgestaltung ist er jedoch das klassische Beispiel eines »Gotteshauses«.

Isis-Tempel auf Philae

Eine im Gegensatz zu Edfu sehr individuelle, außergewöhnliche Tempelanlage der ptolemäisch-römischen Zeit liegt im äußersten Norden Nubiens auf der Nilinsel Philae. An diesem Grenzpunkt des kuschitischen Stammlandes zum eigentlichen Ägypten unmittelbar am Beginn des 1. Kataraktes wurde bereits in der 25. Dynastie vom Kuschiten-König Taharka (690–664 v. Chr.) ein Heiligtum für den Gott Amun errichtet – vielleicht ein religionspolitischer Schnittpunkt beider Regionen. Unter Amasis (570–526 v. Chr.) entstand auf Philae ein erster Isis-Tempel, von dem mehrere hundert Reliefblöcke erhalten sind.

Die Geschichte der heute sichtbaren Tempelanlage beginnt mit Nektanebos I. (380–362 v. Chr.), unter dem an der Südspitze der Insel ein Kiosk und nördlich davon ein Tempeltor erbaut wurden, das 100 Jahre später als Hauptportal in den 1. Pylon des Isis-Tempels integriert wurde. Während einer sich bis in die römische Kaiserzeit hinziehenden Baugeschichte wurde Philae zu einer Ansammlung einzelner Tempelbauten, deren ungeordnet erscheinende Verteilung ihren Grund wohl in den natürlichen Gegebenheiten der felsigen Insel hat. Auch der unregelmäßige Grundriß des Isis-Tempels resultiert aus dieser Geländestruktur; ein riesiger Granitknollen ist im rechten Turm des 2. Pylons zu einer Stele umfunktioniert stehengeblieben.

Der Vorhof des Isis-Tempels weitet sich trapezförmig vom Nektanebos-Kiosk zum 1. Pylon und gewinnt dadurch optisch an Tiefe. Die von Löwen flankierte zum 1. Pylon führende Treppe, eine sehr unägyptische Bauform, ist wohl weniger als Ergebnis des Einflusses hellenistisch-römischer Architektur zu sehen, sondern ist vielmehr durch die stark ansteigenden Granitfelsen bedingt. Zweimal knickt die Tempelachse ab, und aus Platzmangel wurde das Geburtshaus, das im rechten Winkel zu dieser im Vorfeld des Tempels liegen sollte, zwischen den 1. und 2. Pylon

Isis-Tempel auf der Insel Philae
Der südliche der großen Tempel der Ptolemäerzeit in Oberägypten ist der Tempelkomplex auf der Nilinsel Philae unmittelbar südlich des 1. Katarakts, also schon außerhalb der ägyptischen Grenzen im äußersten Norden des nubischen Niltals. Durch diese Lage ist Philae prädestiniert, als Vorbild für weiter im Süden gelegene Tempelbauten zu dienen, die in der Ptolemäer- und Römerzeit zwischen dem 1. und 2. Katarakt entstanden. Das Vorbild von Philae strahlte sogar bis in das meroitische Reich.
Ptolemäer- und Römerzeit, um 250 v. Chr. – 3. Jahrhundert n. Chr.

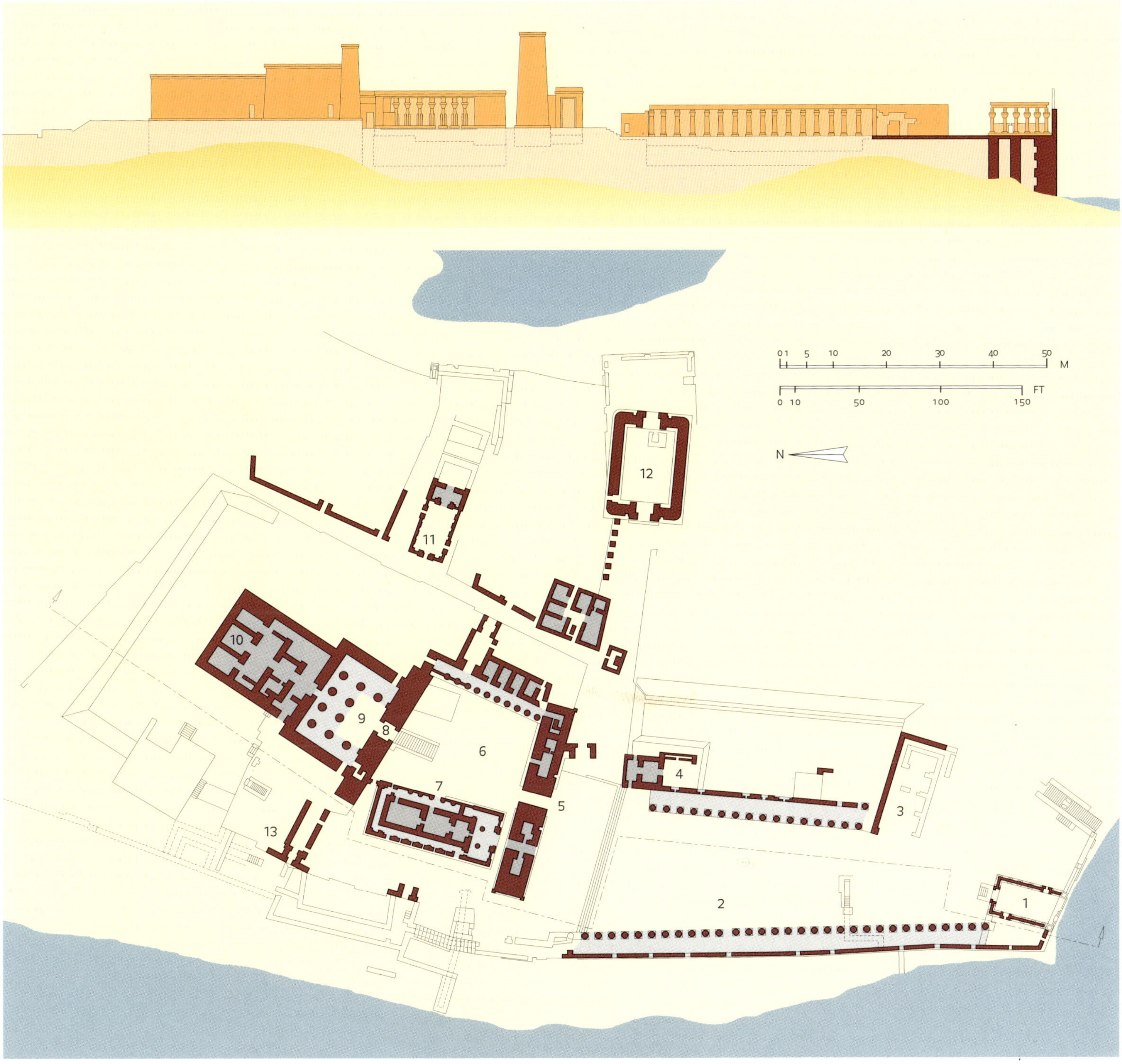

Aufriß (von Westen) und Grundriß der Tempel auf der Insel Philae

Die vom Kiosk an der südlichen Inselspitze bis zum Allerheiligsten mehrfach geknickte Achse des Isis-Tempels und die unregelmäßige Anordnung der Nebentempel sind wohl durch die Form der Insel bedingt. Das Geburtshaus, das im Vorfeld des Tempels rechtwinklig zur Tempelachse liegen sollte, wurde parallel zur Achse zwischen den 1. und 2. Pylon verlegt. Auch die Niveausprünge vom Vorhof bis in das Tempelinnere, stärker ausgeprägt als bei anderen Tempeln, sind auf die geographischen Besonderheiten der Insel zurückzuführen.

1. Kiosk der 30. Dynastie
2. Vorhof mit Kolonnaden
3. Arensnuphis-Tempel
4. Imhotep-Kapelle
5. 1. Pylon
6. Hof
7. Geburtshaus
8. 2. Pylon
9. Säulensaal
10. Allerheiligstes
11. Hathor-Tempel
12. Römischer Kiosk
13. Hadrians-Tor

Westkolonnade des Vorhofs des Isis-Tempels auf Philae
Ungewöhnlich langgestreckt ist der Vorhof vor dem 1. Pylon des Isis-Tempels. Seine linke, westliche Kolonnade steht auf der Innenseite einer Hofmauer, die steil zum Nil abfällt. Die von Säule zu Säule variierenden Pflanzenkapitelle erwecken den Eindruck, der Hof sei rings von Papyrusdickicht gesäumt.
Römerzeit, 1. Jahrhundert n. Chr.

gestellt und in die Tempelachse gedreht. Nach dem klassischen Vorbild des Horus-Tempels von Edfu müßten hinter dem 2. Pylon Säulenhof, Pronaos mit Säulenschranken und Hypostyl folgen. Der knapp bemessene Baugrund führte zu einer originellen Verdichtung des Grundrisses. Der Hof schrumpft auf 5 m Tiefe, und seine Kolonnaden bestehen nur noch aus einer einzigen Säule auf jeder Seite. Hinter den Säulenschranken der Pronaosfassade folgt unmittelbar das Hypostyl mit nur einer Säulenreihe.

In seiner kompakten Geschlossenheit steht der Isis-Tempel wie eine Götterfestung an einer Stelle des Niltals, die seit alter Zeit von existentieller Bedeutung für ganz Ägypten war. Der 1. Katarakt galt als die Quelle des Nils; aus den Stromschnellen der Granitklippen des Kataraktengebiets fließt der Nil bei der Insel Elephantine nach Ägypten. Der auf Elephantine verehrte Gott Chnum galt als der

Kapitell am Trajans-Kiosk auf Philae
Das zweieinhalb Jahrtausende alte Motiv der Papyrussäule hat sich in den Kompositsäulen der Ptolemäerzeit zu einem Bündel aus Papyruspflanzen entwickelt, die in mehreren Schichten von unten nach oben mit zunehmender Größe aufgebaut sind.
Römerzeit, um 100 n. Chr.

1. Pylon des Isis-Tempels auf der Insel Philae
Durch die Geländestruktur der Insel steigt das Niveau vom Vorhof zum Pylon so stark an, daß – für ägyptische Tempel ungewöhnlich – eine Treppe angelegt werden mußte. Ungewöhnlich ist auch die Tür im linken Pylonturm, an deren Stelle – wie auf dem rechten Pylonturm – zwei Götterfiguren stehen sollten. Sie führt in das dicht hinter dem Pylon liegende Geburtshaus. Der zentrale Tordurchgang des Pylons entstand bereits in der 30. Dynastie; die Pylontürme wurden erst in der Ptolemäerzeit angefügt.

Seite 209
Geburtshaus im Isis-Tempel auf Philae
Den westlichen Abschluß des Hofes zwischen dem 1. und 2. Pylon des Isis-Tempels bildet das Geburtshaus als selbständiges architektonisches Element. Um den eigentlichen Tempelbau ist ein Säulenkranz mit Komposit- und Hathor-Kapitellen gelegt, der das Dach wie einen Baldachin trägt. Zwischen den Säulen stehen halbhohe Säulenschranken, die den Einblick ins Tempelinnere, den Ort der Geburt des Götterkindes, verwehren sollen.
Ptolemäer- und Römerzeit, um 250 v. Chr. – 3. Jahrhundert n. Chr.

Kapitell am Geburtshaus des Isis-Tempels auf Philae
Der Funktion des Geburtshauses als Ort, an dem die göttliche Mutter das Götterkind gebiert, entspricht die Form der Säulen. Das Kapitell zeigt den Kopf der Göttin Hathor. Das menschliche Gesicht ist mit den Ohren einer Kuh versehen – eine Anspielung auf die Tiergestalt der Himmelsgöttin.
Ptolemäer- und Römerzeit, um 250 v. Chr. – 3. Jahrhundert n. Chr.

Schöpfer des Menschen, den er auf seiner Töpferscheibe formte. Vor seinem Tempel liegt der Nilometer, der Nilmesser, an dessen Pegel sich die fetten und die mageren Jahre ablesen lassen. Die Nilquelle im 1. Katarakt ist in einem Tempelrelief auf der Insel Philae bildlich dargestellt: Der menschengestaltige Nilgott Hapi hockt in einer Felsenhöhle und läßt Wasser aus einem Gefäß entströmen.

Die Insel Philae und ihre Tempel bildeten in den letzten Jahrhunderten v. Chr. die Grenze zwischen dem ptolemäischen Ägypten und dem selbständigen Königreich von Meroe. Seit der Eroberung Ägyptens durch Rom lag hier auch die Südgrenze des römischen Imperiums; verschiedene Versuche römischer Kaiser, das Reichsgebiet weiter nach Süden auszudehnen, sind erfolglos geblieben. Aus dieser extremen Grenzlage der Insel am äußersten Ende der römischen Welt erklärt sich die lebhafte Bautätigkeit im 1. und 2. Jahrhundert n. Chr. Unter Kaiser Augustus wurden die Kolonnaden des großen Vorhofs und ein kleiner Hathor-Tempel errichtet, unter Trajan der große Kiosk am Ostrand der Insel, unter Hadrian und Marc Aurel ein monumentales Tor im Nordosten. Ein beträchtlicher Teil der Reliefs und Inschriften im gesamten Tempelbereich wurden in der römischen Kaiserzeit geschaffen.

Der Kultbetrieb auf der Insel Philae ist bis in das frühe 6. Jahrhundert n. Chr. belegt; hier finden sich die spätesten Hieroglyphentexte (394 n. Chr.) ebenso wie

Säulensaal des Isis-Tempels auf Philae
In dieser idealisierenden Darstellung der Künstler der Ägypten-Expedition Bonapartes ist dem Säulensaal des Isis-Tempels eine Weite verliehen, die in der tatsächlichen Enge zwischen 2. Pylon und den Innenräumen des Tempels nicht vorhanden ist. Die rekonstruierte Farbigkeit der Wand- und Säulenreliefs vermittelt einen authentischen Eindruck der ursprünglichen Raumwirkung. Aus: »Description de l'Egypte«, 1809

Säulensaal des Isis-Tempels
Die Enge des auf der Insel zur Verfügung stehenden Raumes zwang dazu, Pronaos und Säulensaal zu einer Einheit zu verschmelzen. Hinter dem 2. Pylon liegt ein Hof, der nur eine Säulenstellung tief ist, gefolgt vom durch Säulenschranken abgetrennten Hypostyl mit nur zwei Säulenreihen. Ptolemäer- und Römerzeit, um 250 v. Chr.–3. Jahrhundert n. Chr.

die späteste demotische Inschrift (452 n. Chr.), das letzte datierte Zeugnis einer Schrift, die dreieinhalb Jahrtausende zuvor entstanden war. Diese besondere Konstanz der altägyptischen Religion gerade auf Philae ist sicherlich aus der geographischen Randlage zu erklären, die Philae als Rückzugsgebiet für die letzten Gläubigen im wahrsten Sinne des Wortes zu einer Insel in einem bereits christianisierten Umfeld werden ließ.

Für die südlichen Nachbarn Ägyptens, für Nubien und den Sudan, hat Philae jahrhundertelang die Rolle des Multiplikators gespielt, über den die ägyptische Religion, Schrift und Kunst nilaufwärts verbreitet wurden. Mehrere kleine Tempel in Unternubien weisen in ihren Reliefs direkte Parallelen zum Isis-Tempel auf; und noch im fernen Musawwarat es-Sufra und in Meroe im Sudan lassen die hieroglyphischen Tempel- und Grabinschriften den Einfluß der Texte des Isis-Tempels erkennen. Auf Philae selbst sind meroitische Götter nicht nur in den Wandbildern präsent, sondern ihnen sind auch eigene Heiligtümer geweiht. Der Gott Mandulis besitzt eine Kapelle an der Ostkolonnade, und für den meroitischen Gott Arensnuphis wurde um 210 v. Chr. an prominenter Stelle direkt hinter dem Eingangskiosk ein Tempel errichtet.

Darstellung der Nilquelle
Am Hadrians-Tor westlich des 2. Pylons des Isis-Tempels ist in einem außergewöhnlichen Bild die Nilquelle am 1. Katarakt dargestellt. Unter den hoch aufgetürmten Granitfelsen des 1. Katarakts hockt in einer Höhle der fettleibige Nilgott Hapi mit einem Kopfputz aus Papyruspflanzen. In seinen Händen hält er Gefäße, aus denen Wasser strömt. Der im 1. Katarakt wohnende Gott spendet das lebensnotwendige Nilwasser.
Römerzeit, 2. Jahrhundert n. Chr.

Nicht weniger als vier christliche Kirchen sind seit der Mitte des 6. Jahrhunderts auf der Insel als Gegengewicht zu dem Bollwerk der altägyptischen Religion entstanden, die nirgendwo sonst länger lebendig geblieben ist.

Die Tempel der Insel Philae nahmen auch in ihrer jüngsten Geschichte eine Sonderrolle ein. Sie wurden im Rahmen der UNESCO-Kampagne zur Rettung der vom Nasser-Stausee bedrohten antiken Bauwerke Nubiens von ihrem originalen Standort auf die höher gelegene und künstlich vergrößerte Insel Agilkia verlagert. Bereits durch die Errichtung und Erhöhung des alten Assuan-Staudamms lag die Insel Philae seit Beginn des 20. Jahrhunderts während eines Teils des Jahres unter Wasser, und ihre Denkmäler hatten bereits schwere Schäden erlitten. Der Abbau der Tempel und ihre Wiedererrichtung an sicherer Stelle haben nicht nur die als »Perle Ägyptens« gepriesene Harmonie von Architektur und Landschaft für die Nachwelt bewahrt, sondern auch die Gelegenheit zur Erforschung der älteren Baustufen der Tempel gegeben. Erst durch diese archäologischen Arbeiten ist der kuschitische Ursprung der Tempel von Philae bekannt geworden.

Trajans-Kiosk auf der Insel Philae
Das letzte monumentale Bauwerk im Tempelkomplex ist ein Kiosk für Götterprozessionen, der um 100 n. Chr. begonnen wurde und unfertig blieb. Von Vorzeichnungen und Sekundärtexten abgesehen fehlen Reliefs und Inschriften. Wie auch bei anderen Kiosken war keine steinerne Decke, sondern nur eine Holzkonstruktion zur Stützung eines Zeltdaches vorgesehen.

Trajans-Kiosk auf der Insel Philae
Zahllose dünne Pflanzenstengel aus Stein sind zu gewaltigen Säulen zusammengebunden, deren Kapitelle sich von kleinen bis zu riesengroßen Papyrusdolden aufbauen. Die hohen Deckblöcke über den Kompositkapitellen sollten wohl wie am Geburtshaus mit Hathor-Köpfen dekoriert werden. Über dem Türdurchgang sind auf der Hohlkehle zwei Bossen für Sonnenscheiben mit seitlichen Uräus-Schlangen angelegt.
Römerzeit, um 100 n. Chr.

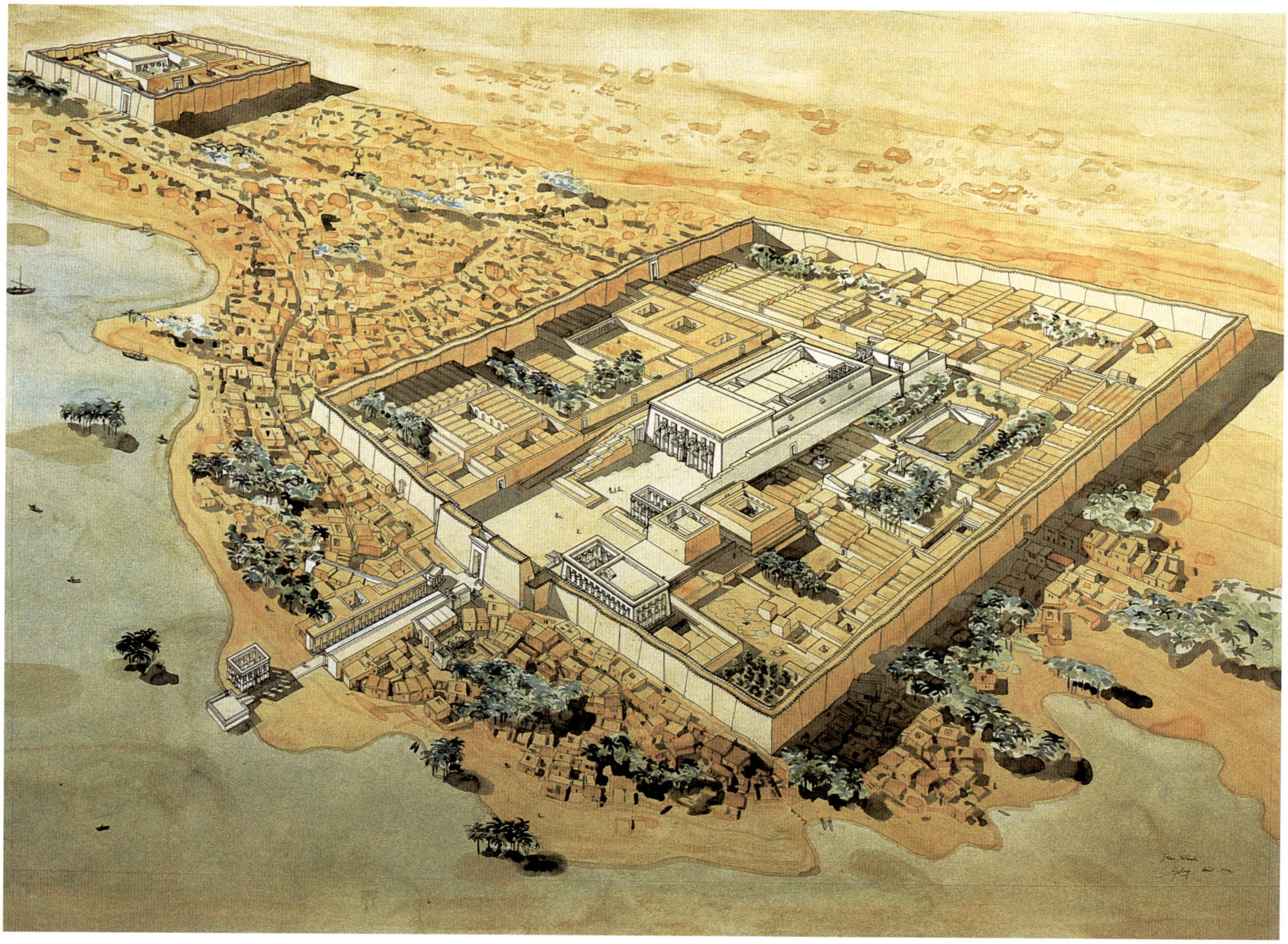

Hathor-Tempel in Dendera

Die Umgestaltung eines altägyptischen Heiligtums zur christlichen Kirche läßt sich an vielen Tempeln nachzeichnen. In der Festhalle Tuthmosis' III. im Amun-Tempel von Karnak sind christliche Heiligenbilder über die Reliefs der Säulen gemalt. Die Innenhöfe des Totentempels Ramses' III. in Medinet Habu wurden zu geschlossenen Kirchenräumen umgebaut. Die heute übliche Bezeichnung für den Totentempel der Hatschepsut, »Deir el-Bahari«, bedeutet nichts anderes als »Nordkloster« und weist darauf hin, daß koptische Mönche ein Kloster in den Ruinen des pharaonischen Heiligtums errichteten. Diese sekundären Veränderungen der altägyptischen Bausubstanz sind meist im Zuge der archäologischen Grabungen abgetragen worden, um die originalen Bauwerke freizulegen.

Im Komplex des Hathor-Tempels von Dendera sind Tempel und Kirche bis heute unmittelbar miteinander verbunden. Ohne die Heiligtümer der altägyptischen Götter zu zerstören oder auch nur zu beschädigen, wurde direkt vor der Fassade des Pronaos auf der Westseite des Vorhofes eine Kirche erbaut.

Obwohl der Tempel der Hathor, der erst in spätptolemäischer Zeit begonnen und unter den römischen Kaisern Tiberius und Nero erweitert wurde, nie völlig fertiggestellt wurde, ist die Gesamtanlage das am besten erhaltene Beispiel für einen späten ägyptischen Tempelkomplex. Im rechten Winkel vom Nil abzweigend, führte ein Kanal auf den Tempel zu, der dessen Achse vorgab. 10 m stark ist die Ziegelmauer, die den Tempelbezirk auf einer Fläche von 280 x 280 m umzieht. Ihre Ziegelschichten zeigen im Wechsel der konvexen und konkaven Wölbungen der

Rekonstruktion des Tempelkomplexes der Hathor in Dendera
Aufgrund seiner späten Erbauungszeit (54 v. Chr. – 60 n. Chr.) ist der Tempelbezirk der Göttin Hathor in Dendera sehr gut erhalten. Innerhalb der Umfassungsmauer liegen rechts vor dem Tempel die Geburtshäuser und das »Sanatorium«, an der rechten hinteren Tempelecke der Heilige See und hinter dem Tempel ein Heiligtum der Göttin Isis. Einige hundert Meter weiter südöstlich befindet sich ein Tempelbezirk für den Gott Harsomtus. Der Hathor-Tempel ist nicht fertiggestellt worden. Pylon und innere Umfassungsmauer wurden nur in den untersten Steinlagen ausgeführt.

Kirche im Vorhof des Hathor-Tempels in Dendera
Im späten 5. Jahrhundert n. Chr. wurde zwischen die beiden Geburtshäuser an der rechten Seite des Vorhofs eine christliche Kirche gebaut, ohne daß dabei die altägyptischen Tempel beschädigt oder gar zerstört wurden. In schöner Eintracht stehen die Heiligtümer der alt gewordenen ägyptischen Religion und des jungen Christentums nebeneinander.

einzelnen Mauersegmente eine Wellenstruktur, die wohl als Abbild des Urozeans zu verstehen ist, aus dem sich der Tempel als Urhügel, als Ort der Schöpfung erhebt.

Innerhalb dieser Umwallung liegt rechts vom Haupttempel der gut erhaltene Heilige See, ein mit Sandsteinblöcken ausgemauertes Becken von etwa 25 x 30 m Kantenlänge. Er diente kultischen Zwecken – rituellen Bootsfahrten und Kultspielen –, war mythischer Ort und lieferte heiliges Wasser. Nicht weit von ihm entfernt befindet sich an der Westseite des Vorhofes ein Ziegelbau, dessen großer Innenhof wannenartige, gemauerte Becken besitzt; um den Hof sind kleinräumige Zellen angeordnet. Aus Inschriften ergibt sich die Funktion des Gebäudes als Heilstätte. In diesem »Sanatorium« von Dendera wurden Kranke mit Bädern, Heilschlafkuren und magischen Praktiken behandelt. Auf derselben Seite des Vorhofes folgen, durch die später eingefügte Kirche voneinander getrennt, im rechten Winkel zur Tempelachse zwei im Grundriß ähnliche Tempel, deren älterer, unter Nektanebos I. (380–362 v. Chr.) errichtet, stark zerstört ist, während der jüngere aus der Zeit des Kaisers Trajan (98–117 n. Chr.) vollständig erhalten blieb. Das Tempelhaus des jüngeren Tempels wird von einem Umgang aus Pflanzensäulen mit Kompositkapitellen umzogen, deren Abakus allseitig mit Relieffiguren des Gottes Bes dekoriert ist. Architekturtypus, Bes-Motiv und die Reliefs der Säulenschranken mit Szenen von Hathor und ihrem kindlich dargestellten Sohn Harsomtus nehmen Bezug auf die Funktion dieses Gebäudes, die in den Reliefzyklen des Innenraumes ausführlich geschildert wird: Amun-Re und Hathor vollziehen die Heilige Hochzeit, aus der Harsomtus, »Horus, der die beiden Länder vereinigt«, hervorgeht. Das Geburts-

Fassade des Pronaos des Hathor-Tempels in Dendera
Da der Pylon nicht zur Ausführung kam, bildet die Fassade des Pronaos, die eigentlich die Rückwand des Tempelhofes werden sollte, die Schauseite des Tempels. In der Säulenform mit ihren Hathor-Kapitellen ist unmittelbar auf die göttliche Herrin des Heiligtums Bezug genommen. Römerzeit, 1. Jahrhundert n. Chr

Heiliger See im Tempelkomplex von Dendera
Der Heilige See ist fester Bestandteil des altägyptischen Tempelkomplexes. Als Abbild des Urozeans, als Bühne kultischer Bootsfahrten und als Wasserreservoir ist er in den Betrieb des Tempels eingebunden. Der sehr gut erhaltene Heilige See in Dendera besitzt an allen vier Sandsteinwänden des Seebeckens Treppen.

Relief am Hathor-Tempel in Dendera
Der römische Kaiser als Pharao opfert vor der Göttin Isis und ihrem Sohn Harsomtus. Durch seinen Namen »Horus, der die beiden Länder vereinigt« ist das Götterkind das göttliche Urbild des Königs. Die Einbindung des Königtums in die Religion blieb bis in die Endzeit Ägyptens erhalten: Auch die ptolemäischen und römischen Fremdherrscher waren aus ägyptischer Sicht Träger des Pharaonenamtes, ohne das die Weltordnung nicht aufrechterhalten werden konnte.
Römerzeit, um 54 v. Chr. – 60 n. Chr.

Römisches Geburtshaus in Dendera
Sowohl die Dekoration der Deckblöcke über den Kompositkapitellen mit Figuren des Gottes Bes als auch die Reliefbilder auf den Säulenschranken nehmen auf die kultische Funktion des Tempels Bezug, in dem die Heilige Hochzeit von Amun und Hathor und die Geburt des Götterkindes Ihi gefeiert wurden. Die kultische Rolle des opfernden Königs fiel dem regierenden Herrscher zu, obwohl er römischer Kaiser war.
Römerzeit, um 54 v. Chr. – 60 n. Chr.

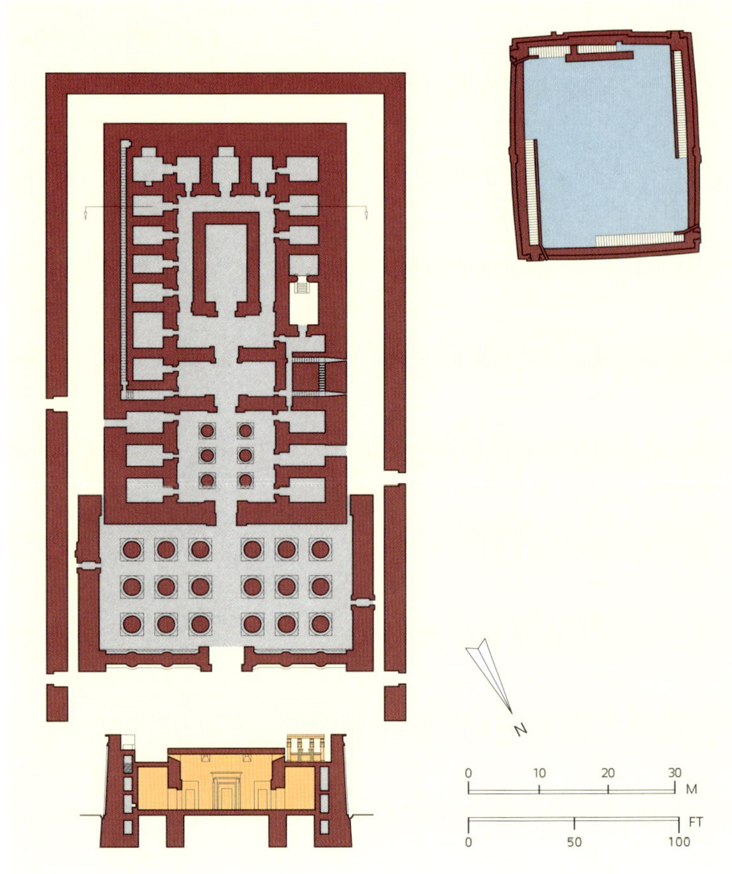
N
0 10 20 30 M
0 50 100 FT

Seite 218 oben links
Wasserspeier am Hathor-Tempel in Dendera
Zur Entwässerung des Dachhofes über den inneren Tempelräumen sind Wasserausläufe durch die Tempelmauer geführt, die zwischen den Vordertatzen löwengestaltiger Wasserspeier enden. In den Inschriften wird der Löwe als Übel abwehrendes Wesen geschildert, das Unwetter vom Tempel abhalten soll.

Seite 218 oben rechts
Grundriß und Querschnitt des Hathor-Tempels in Dendera
Der Tempelgrundriß weicht kaum vom Grundschema ptolemäischer Tempel ab. Die Abfolge von Pronaos, Säulensaal, Opfersaal, Erscheinungssaal und Allerheiligstem findet sich nahezu identisch auch in Edfu. Der Querschnitt zeigt die in die Außenwände eingelassenen Krypten in drei übereinander liegenden Stockwerken.

Seite 218 unten
Rechte Außenwand des Hathor-Tempels in Dendera
Nur an den Wasserspeiern läßt sich die Dachhöhe der Tempelinnenräume erkennen. Der Hof auf dem Tempeldach ist hinter der einheitlich hohen Außenwand verborgen, die in ihrer Böschung und in ihrem bekrönenden Hohlkehlengesims den Ursprung der Steinarchitektur im Ziegelbau in Erinnerung ruft.
Römerzeit, um 54 v. Chr. – 60 n. Chr.

Pronaos des Hathor-Tempels in Dendera
Die für Dendera typische Form der Sistrumsäulen zeigt auf allen vier Seiten des Kapitells das Gesicht der Hathor. Die Strähnenperücke, die das Frauengesicht mit den Kuhohren einrahmt, erlaubt eine harmonische Ecklösung für den Übergang zwischen den einzelnen Kapitellseiten.
Römerzeit, um 54 v. Chr. – 60 n. Chr.

Decke des Pronaos im Hathor-Tempel in Dendera
Die Decke und die Architrave tragen Darstellungen des Sonnenlaufs, durch die aus dem steinernen Tempeldach ein Abbild des Himmels wird. An die Stelle der Pflanzensäulen, die den Himmel stützen, treten in Dendera die ins Monumentale gesteigerten Hathor-Sistren, die im Kult der Göttin verwendeten Rasselinstrumente. Die Architektur wird somit zum sichtbaren und greifbaren Zeichen der kultischen Musik zu Ehren der Hathor.
Römerzeit, um 54 v. Chr. – 60 n. Chr.

haus, fester Bestandteil einer Tempelanlage der ptolemäisch-römischen Zeit, ist die steinerne Umsetzung eines von Pflanzenstützen getragenen Zeltdaches, in dessen Schatten die Mutter abgesondert vom Haupthaus und beschützt vom gnomenhaften Gott Bes die Zeit des Wochenbetts verbringt. Eine Götterehe verbindet Hathor von Dendera aber auch mit Horus von Edfu. Ihr Sproß ist Ihi. Als Gott der Musik unterstreicht er einen Wesenszug seiner Mutter Hathor, der in der Ikonographie ihrer Heiligtümer und in ganz besonderer Weise in ihrem Tempel in Dendera zum Ausdruck kommt: Die Säulen des Pronaos, dessen Front, da Hof und Pylon nie fertiggestellt wurden, heute die Fassade des Tempels bildet, haben die Form von monumentalen Sistren, von Rasselinstrumenten. Über dem Säulenschaft befindet sich als Kapitell ein vierseitiger Hathor-Kopf, ein frontal dargestelltes Frauengesicht mit Kuhohren, die auf die Tiergestalt der Muttergöttin hinweisen. Darüber ist – wiederum auf allen vier Seiten – die Fassade einer Kapelle dargestellt, flankiert von zu Spiralen stilisierten Kuhhörnern. Im Hypostyl ist unter diese komplexe Kapitellform noch ein Kompositkapitell gesetzt, so daß der eigentliche Säulenschaft auf die Hälfte der Säulenhöhe schrumpft.

Das für die Tempelfassade programmatische Motiv des Hathor-Kopfes kehrt noch einmal in großem Maßstab an der rückwärtigen Außenwand des Tempelhauses wieder. Hier sitzt es genau in der Tempelachse, auf halber Höhe der Wand in sehr tief eingeschnittenem Relief ausgeführt, und rings herum sind sowohl Dübellöcher für die Befestigung eines Goldblechs als auch Verankerungen für eine kleine Kapelle erkennbar, für einen »Gegentempel«, der hier eine populäre Verehrungsstätte darstellte. An der Innenseite dieser Mauer befindet sich genau an der gleichen Stelle ein kleiner Hathor-Kopf an der Rückwand eines im Obergeschoß liegenden Tempelraumes, in dem aller Wahrscheinlichkeit nach das Kultbild der Hathor aufbewahrt wurde. Das Heiligste wurde so durch die Tempelmauern nach

Sanktuar im Hathor-Tempel in Dendera
Den Bildern des Sonnenlaufs an der Decke des Pronaos entsprechen die Lichtöffnungen an der Decke und in den obersten Wandzonen des innersten Tempelraums, in dem das Sanktuar wie ein selbständiges Gebäude steht. Sie lassen im Laufe des Tages das Sonnenlicht über die Reliefs der Außenwand des Sanktuars wandern, holen also das Tagesgestirn in die Bilderwelt der Tempelwände.
Römerzeit, um 54 v. Chr. – 60 n. Chr.

Wandrelief im Pronaos des Hathor-Tempels
Die Wandreliefs der ptolemäischen Tempel sind meist in kleine Bildfelder gegliedert, deren Anordnung auf einem bis ins Detail durchdachten System theologischer und kulttopographischer Bezüge basiert, in dem jedes Bild seinen exakt berechneten Platz hat.
Römerzeit, um 54 v. Chr. – 60 n. Chr.

außen projiziert, ohne in seiner eigentlichen Substanz dem profanen Blick preisgegeben zu werden.

Das wesentliche Geschehen in einem ägyptischen Tempel, die Begegnung zwischen Mensch und Gott im kultischen Umgang zwischen König und Götterbild, blieb stets im geheimen. Die Ziegelumwallung schirmt den Tempelbezirk gegen die Außenwelt ab. Die Umfassungsmauer – in Dendera wurden nur ihre Fundamente gelegt, so daß hier der Grundriß besonders gut zu erkennen ist – verbirgt den eigentlichen Tempel, und die Außenwand des Tempelhauses ist hinter dem Pronaos in gleichbleibender Höhe so weit hochgezogen, daß sie den weiten Dachraum zu einem ringsum geschlossenen Hof werden läßt. Hier befinden sich in Dendera mehrere kleine Heiligtümer von größter kultischer Bedeutung. In einem Kiosk mit Hathor-Säulen wurde die Vereinigung der Kultstatue von Hathor mit dem Sonnengott gefeiert, und in den beiden Osiris-Kapellen wurde im Rahmen der Osiris-Mysterien die Auferstehung des ermordeten Gottes kultisch nachvollzogen. Wasserspeier, die in Höhe des Tempeldaches die Außenwand durchstoßen, hielten mit ihren apotropäischen Löwenköpfen alles Böse vom kultisch so wichtigen Dachraum ab.

Von außen unsichtbar sind auch die Krypten von Dendera, die in drei Stockwerken in den massiven Außenwänden des Tempels angelegten Gangsysteme. Ihre außerordentlich sorgfältig ausgeführten Wandreliefs verraten die Funktion dieser nur durch verborgene Luken zugänglichen Räume: Sie dienten als Tresore, in denen das goldene Kultgerät des Tempels verwahrt wurde. In den Texten der Krypten wird die Gründung des Hathor-Tempels in die Zeit des Alten Reiches datiert. Drei Jahrtausende religiöser und künstlerischer Tradition haben hier ihren bleibenden Ausdruck gefunden.

Dem Fortschritt geopfert: im 19. Jahrhundert zerstörte Tempel

Jeder der großen Tempel der ptolemäisch-römischen Zeit folgt in seiner Struktur den gleichen allgemein verbindlichen Gesetzen. Die Raumfolge vom Pylon bis zum Allerheiligsten ist festgelegt und erfüllt die kultischen Erfordernisse, die sich aus der doppelten Funktion des Tempels als Stätte der Begegnung zwischen Mensch und Gott im täglichen Kultbildritual und als Abbild des Kosmos in der Themenwahl der Wand- und Deckenbilder ergeben. In allen Tempeln sind die Decken durch ihre astronomischen Darstellungen Abbilder des Himmels und heben sich, den Tempel nach oben öffnend, als architektonische Substanz gewissermaßen selbst auf. Die Ritualszenen auf den Wänden stellen in Gestalt festgeschriebener Kultabläufe eine komprimierte und ritualisierte Form des Lebens dar. In den unteren Wandzonen und im Tempelpflaster manifestiert sich der Boden des Niltals, aus dem sich die Welt des Geschaffenen in Gestalt der Säulen erhebt. Der Tempel als Weltmodell – dieses Architekturprogamm, seit dem Alten Reich gültig, findet seine eindrucksvollste Formulierung in den spätesten Tempeln Ägyptens.

Trotz dieses für alle Tempel allgemein verbindlichen Schemas ist jedes der großen ägyptischen Heiligtümer – vom Alten Reich bis in die römische Kaiserzeit – eine individuelle architektonische Leistung unverwechselbarer Eigenart. Der bis heute erhaltene Bestand stellt nur einen Bruchteil der einstmals im ganzen Land vom Mittelmeer bis zum 1. Katarakt errichteten Tempel dar. Neben Edfu, Philae und Dendera sind nur noch Kom Ombo, das zwei gleichrangigen Göttern geweiht war und folglich zwei parallele Tempelachsen aufweist, und Esna gut erhalten, von dessen Chnum-Tempel nur noch der Pronaos existiert. Er ist einer der spätesten ägyptischen Tempel – bis 250 n. Chr. wurde an ihm gebaut.

Noch vor zwei Jahrhunderten, zur Zeit des Ägypyten-Feldzugs von Napoleon Bonaparte, war der Bestand an gut erhaltenen Tempeln erheblich umfangreicher. Südlich von Theben stand in Armant als Bestandteil des Month-Re-Tempels ein Geburtshaus aus der späten Ptolemäerzeit, einzigartig durch den doppelten Kiosk vor seiner Fassade. Es wurde 1861–1862 abgerissen, um die Sandsteinblöcke für den Bau einer Zuckerfabrik verwenden zu können. Ein ähnliches Schicksal widerfuhr mehreren Tempeln in Elkab, einem Heiligtum des Thoth, dem Haupttempel der Nechbet und einem Barkenheiligtum aus der Zeit Tuthmosis' III.

Nahe Esna wurde 1828 der Isis-Tempel von Contralatopolis (um 100 v. Chr. – 180 n. Chr.) zerstört, und 1843 lieferte in der gleichen Gegend der kleine Tempel von el-Deir das Baumaterial für eine Fabrik in Esna. In Mittelägypten wurden um 1830 die Ruinen des ptolemäischen Tempels von Antaeopolis als Steinbruch für den Bau eines Palastes in Assiut ausgebeutet. Die Liste ähnlicher Akte von Vandalismus ließe sich fortsetzen, und sie beschränkt sich nicht auf die Bauwerke der Endphase der altägyptischen Architektur, sondern schließt alle Perioden ein. Zwei Heiligtümer des Neuen Reiches auf der Insel Elephantine waren 1837 nicht mehr vorhanden, obwohl sie in Abbildungen des frühen 19. Jahrhunderts noch vollständig erhalten sind.

Die Industrialisierung Ägyptens hatte für den Vizekönig Mohamed Ali absoluten Vorrang vor allen sonstigen Interessen, und so gebot er

Month-Tempel in Armant
In Armant, südlich von Theben, wurde unter Kleopatra VII. um 40 v. Chr. ein Tempel errichtet, von dem heute keine Spur mehr vorhanden ist. Die Wissenschaftler der Bonaparte-Expedition sahen ihn noch als eindrucksvolles Bauwerk. Ein halbes Jahrhundert später wurde er abgerissen und wanderte Block für Block auf die Baustelle einer Zuckerfabrik. Aus: »Description de l'Egypte«, 1809

Tempel im Stadtgebiet von Elkab
Das quadratische Stadtareal von Elkab in Oberägypten barg in seinen Mauern mehrere Tempel des Neuen Reiches. Nur die Publikationen des frühen 19. Jahrhunderts vermitteln einen Eindruck von diesen Bauwerken, denen das gleiche Schicksal widerfuhr wie dem Month-Tempel in Armant.
Aus: »Description de l'Egypte«, 1809

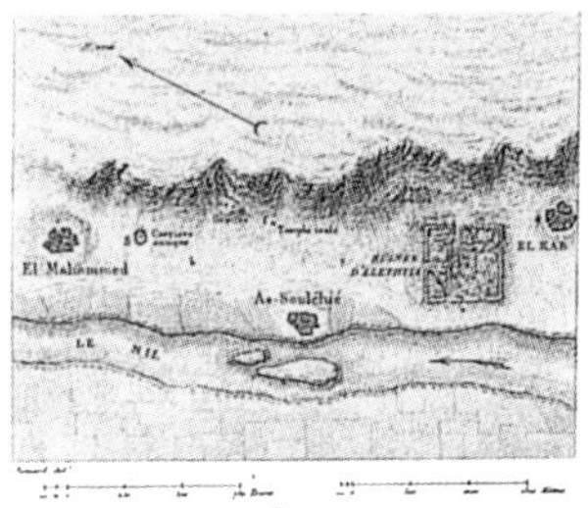

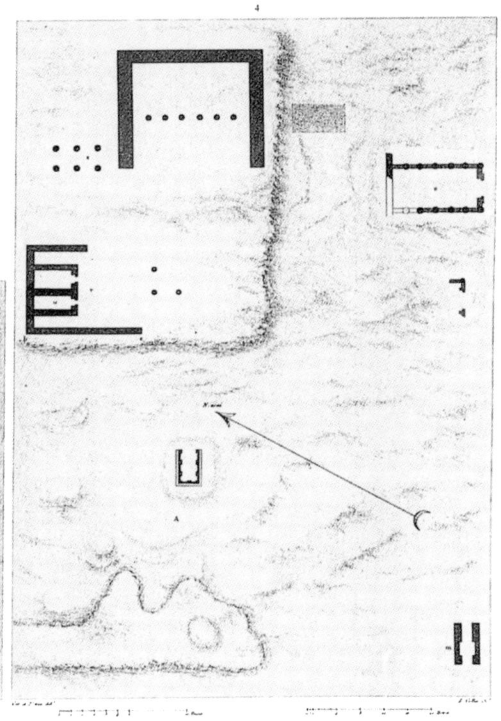

Tempel in Gau el-Kebir
Das Zerstörungswerk des Menschen an den Tempeln Ägyptens wurde durch die Natur unterstützt. Im Jahr 1821 wurde der ptolemäische Tempel in Gau el-Kebir in Mittelägypten von den Fluten des Nils weggeschwemmt. Die Zeichnungen der »Description de l'Egypte« bewahren eine Vorstellung von diesem Tempel, in dem ausschließlich Palmsäulen verwendet wurden.

Seite 224 unten
Tempel bei Esna
Die ptolemäischen Tempel von Contralatopolis und el-Deir in der Nähe von Esna sind 1828 beziehungsweise 1843 als Steinbrüche für Industriebauten benutzt worden.
Aus: »Description de l'Egypte«, 1809

Tempel Amenophis' III. auf Elephantine
Auf der Insel Elephantine bei Assuan sind im Jahr 1822 zwei Tempel vollständig zerstört worden. Der Tempel Amenophis' III. bestand aus einem zweiräumigen Sanktuar, an dessen Längsseiten je eine Pfeilerreihe stand, während der Eingang von zwei Säulen flankiert wurde. Nicht weit davon entfernt wurde ein Tempel Tuthmosis' III. zerstört.
Aus: »Description de l'Egypte«, 1809

diesem Zerstörungswerk nicht Einhalt und gewährte ausländischen Museen in Erwartung entwicklungspolitischer Gegenleistungen großzügig die Erlaubnis, ägyptische Altertümer zu sammeln. Wenn auch heute für die Feldforschung völlig andere Kriterien und Prioritäten gelten, so wird man den Archäologen jener Zeit nicht den Vorwurf machen können, sie hätten mit dem Abtransport von Tausenden von Altertümern unverantwortlichen Raubbau betrieben. Der größte Teil der damals für Museen in aller Welt gesammelten antiken Objekte wäre heute zerstört, in den Kalköfen verbrannt oder in Industrieanlagen verbaut worden. Erst heute scheint sich die Einstellung Ägyptens zu seinen antiken Denkmälern allmählich zu wandeln, weniger aus geschichtlichem Interesse als aus materiellen Beweggründen; aufgrund der volkswirtschaftlichen Bedeutung des Fremdenverkehrs ist die Pflege der antiken Denkmäler für die Tourismus-Industrie ein unmittelbar nutzbringender Faktor geworden. Der akuten Gefährdung der Denkmäler durch Umweltschäden und durch die Folgen der Bevölkerungsexplosion vermag dieses neu motivierte Interesse an den antiken Baudenkmälern jedoch nicht Einhalt zu gebieten.

Epilog

Ägyptizismen im Abendland

Propyläen am Königsplatz in München
In der Architektur des Klassizismus spielen die altägyptischen Bauformen nur eine Außenseiterrolle. Die Dominanz der griechischen und römischen Kunst ist so stark, daß selbst dort, wo ägyptische Vorbilder Pate gestanden haben, diese Komponente nur Beiwerk bleibt. Die zwei Pylontürme der Propyläen am Königsplatz in München (1846–1860) treten hinter den zentralen Torbau in Gestalt eines dorischen Tempels zurück.

Die von Altägypten am Ende seiner 3 000jährigen Geschichte nach Süden in den Sudan überlieferte Kultur des Pharaonenreiches lebte hier länger fort als im ägyptischen Mutterland. Unter dem Einfluß des Römischen Reiches traten im Mutterland die formalen Strukturen und die Motive der ägyptischen Kunst in den Hintergrund und wurden in der frühchristlichen Kunst Ägyptens nur noch vereinzelt tradiert. In der Architektur führte eine direkte Linie von den floralen Kapitellen der Tempel der römischen Kaiserzeit – der Chnum-Tempel von Esna ist dafür das beste Beispiel – zu den Korbkapitellen der frühen Kirchen; diese wiederum wirkten über die byzantinische Kunst auf die ottonische und frühromanische Kunst. Die Architektur der frühchristlichen Klöster, deren Material von den alten Tempeln stammt, hat vereinzelt altägyptische Formen bewahrt; so wird beispielsweise die Außenmauer des Weißen Klosters bei Sohag von einer Hohlkehle bekrönt.

Die ägyptische Architektur – als Teil der ägyptischen Kunst – hat jedoch schon lange vor ihrem Ende deutliche Spuren außerhalb des Niltals hinterlassen. Angesichts der politischen und kulturellen Dominanz Ägyptens im Ostmittelmeerraum überrascht es nicht, typische Formen der ägyptischen Architektur in der ersten Hälfte des 1. Jahrtausends v. Chr. auf Zypern zu finden. Neben einer großen Zahl ägyptisierender Statuen sind es Hathor-Kapitelle, die auf Zypern als »typisch ägyptisch« in Mode waren. Als Motivträger dienten wohl ägyptisierende Elfenbeinschnitzereien aus dem phönikischen Raum.

Weniger bekannt mag sein, daß vor den Toren Ägyptens in der nabatäischen Felsenstadt Petra – nördlich von Akaba im heutigen Jordanien gelegen – nicht nur mehrere vielleicht an ägyptischen Vorbildern orientierte Obelisken stehen, sondern auch manche der aus dem Fels gehauenen Grabfassaden mit Rundstab und Hohlkehle rein ägyptischen Zuschnitts bekrönt sind; die erst jüngst bekannt gewordenen Belege für die Verehrung der ägyptischen Göttin Isis in Petra untermauern die Verbindungen dieser Stadt zum ägyptischen Nachbarn.

Wenn hier die unmittelbare räumliche Verbindung den Austausch von Kunstformen als nicht ungewöhnlich erscheinen läßt, so ist die Präsenz ägyptischer Elemente in der Architektur der von Ägypten so weit entfernten Weltstadt Rom geographisch nicht erklärbar. Nicht weniger als 14 antike Obelisken stehen heute in Rom. Zu ihren Standorten zählen die dominanten Plätze der Stadt: Petersplatz, Piazza del Popolo, Piazza Rotonda vor dem Pantheon, Piazza Navona, die Laterans-Basilika, Trinità dei Monti über der Spanischen Treppe und der Quirinal. Ursprünglich dürften mehr als 40 Obelisken im antiken Rom aufgestellt gewesen sein. Viele von ihnen wurden aus den altägyptischen Tempeln von Heliopolis bis Karnak nach Rom gebracht. An ihrem Zielort dienten sie als Trophäen, als Zeichen des Sieges der aufstrebenden Weltmacht Rom über die einstige Weltmacht der Pharaonen, die mit Kleopatras Freitod an Rom gefallen war.

Eine ganz andere Funktion hatten jene Obelisken, die im Auftrag römischer Kaiser hergestellt wurden. Sie fanden ihren Platz in einem Tempel, der im Herzen des alten Rom, auf dem Marsfeld, für die ägyptischen Götter Isis und Serapis (Osiris-

Grabfassade in Petra
Typisch ägyptische Bauformen wie Rundstab und Hohlkehle finden sich mehrfach in der Architektur der Felsenstadt Petra in Jordanien wieder. Am Ende seiner 3 000jährigen Geschichte strahlte Ägypten mit seiner Kunst, Kultur und Religion weit über die Grenzen des Niltals hinaus.

Apis) errichtet wurde. Seine architektonische Form, soweit sie sich aus der Forma Urbis, einem antiken Stadtplan Roms, und aus den wenigen gesicherten Grabungsergebnissen in diesem Areal rekonstruieren läßt, weist keine direkten Bezüge zur altägyptischen Originalarchitektur auf, entwickelt aber eine eigene Formensprache, die offenbar als typisch ägyptisch galt, da sie sich ähnlich auch an anderen Orten im Kontext von Heiligtümern ägyptischer Gottheiten findet. Die halbkreisförmige Exedra im Südteil des Iseum Campense in Rom hat ihre Entsprechung in Praeneste, wo Isis seit dem 2. Jahrhundert v. Chr. verehrt wurde, und in der Villa Hadriana in Tivoli, im Gartenpalast des Kaisers Hadrian mit einem künstlichen Nil, einem langgestreckten Wasserbecken, an dessen Ufer Statuen ägyptischer Gottheiten standen. Das römische Isis-Heiligtum war eine Mischung aus pseudoägyptischer Architektur, historisierender Ausstattung mit ägyptisierenden

Obelisk auf der Piazza Navona in Rom
Im römischen Kaiserreich wurden ägyptische Denkmäler unter zwei Aspekten nach Rom gebracht: als Siegestrophäen oder als Zeugnisse einer bewunderten alten Kultur. Viele der in Rom gefundenen Aegyptiaca, darunter mehrere der insgesamt 14 römischen Obelisken, standen ursprünglich in einem Tempel für ägyptische Götter, der nicht weit vom Pantheon auf dem Marsfeld stand. Der Obelisk auf der Piazza Navona trägt in Hieroglyphen die Titulatur des Kaisers Domitian (81–96 n. Chr.).

Säulen und Statuen sowie einem wirklichen Museum, in dem originale Obelisken und Statuen, aus Ägypten importiert, aufgestellt waren.

Von diesen Kultstätten ägyptischer Götter in Rom ausgehend, verbreitete sich die Verehrung von Isis, Osiris und Apis über das ganze Imperium, so daß zeitgleich mit dem Zerfall der ägyptischen Religion in Ägypten die Ausbreitung ägyptischer Kulte über die ganze damals bekannte Welt einherging.

An diesen spätesten Ausläufern altägyptischer Tradition fern vom Mutterland entzündete sich in Europa seit dem Mittelalter das Interesse an der Kultur der Pharaonen. Im 13. Jahrhundert wurden für die Lateransbasilika ägyptische Sphingen kopiert, zweifellos nach in Rom erhaltenen antiken Vorbildern. In San Marco in Venedig zeigen Mosaikbilder der Josephs-Geschichte die Kornkammern des Pharaos in Gestalt von steilwandigen, spitzen Pyramiden. Berichte und wohl auch

Zeichnungen der Kreuzfahrer, die oft einen Abstecher nach Ägypten machten, der sie südwärts bis nach Kairo führte, mögen als Quellen gedient haben. Die himmelragende Höhe der Pyramiden von Gisa scheint sich ihrem Gedächtnis so nachhaltig eingeprägt zu haben, daß sie in der Erinnerung zu einer die Höhe betonenden Verformung der Proportionen führte.

Die Pyramiden in den Gemälden von Nicolas Poussin und in der Architektur von Johann B. Fischer von Erlach stehen in ihrer steilwandigen Form den Pyramiden in Deir el-Medina und im Sudan nahe. Weder Oberägypten noch der Sudan lagen jedoch am Weg der frühen Orientreisenden. So kann es nur die Vision der Höhe gewesen sein, die diese Formen hervorbrachte. Hubert Robert liefert in seinen phantastischen Gemälden den Beweis: Die Spitzen seiner steilwandigen Pyramiden verlieren sich in den Wolken.

Die Wiederentdeckung der Antike durch die Gelehrten der Renaissance lenkte über die antiken Autoren den Blick auch auf Ägypten. Als Wiege der Weisheit von Griechen und Römern verehrt, wurde Ägypten auch in der abendländischen Tradition für die verschiedensten Weltanschauungen zum Ursprungsland menschlicher Gesittung. Die Vordenker der französischen Revolution bezogen sich ebenso auf Ägypten wie die Freimaurer, und das Land diente Louis-François Cassas, dem preußischen König Friedrich Wilhelm II., Karl Friedrich Schinkel und dem bayerischen Monarchen Ludwig I. gleichermaßen als Bezugspunkt.

Die Spur der Architektur der Pharaonen führt mitten in unsere Gegenwart. Der ehemalige französische Staatspräsident François Mitterrand setzte sich sein Denkmal in den Dimensionen und Strukturen der Architektur der Pharaonen: die Pyramide des Grand Louvre.

Mosaik in San Marco in Venedig
Einer der Überlieferungsstränge, der die Kunde von Altägypten in das Abendland trug, war die Bibel. Die alttestamentliche Geschichte von Joseph und seinen Brüdern wurde bisweilen bildlich in ein ägyptisches Ambiente gesetzt. Die Kornkammern des Pharaos, in denen Joseph seine erfolgreiche Vorratswirtschaft betrieb, sind in den Mosaiken von San Marco in Venedig (13. Jahrhundert) als Pyramiden dargestellt.

Cestius-Pyramide in Rom
Um 15 v. Chr. ließ sich der Praetor C. Cestius ein Grab in Pyramidenform errichten, das nicht das einzige seiner Art im antiken Rom war. Mit einer Höhe von etwa 35 m übertrifft die Cestius-Pyramide die meroitischen Königspyramiden, denen sie in ihrem steilen Neigungswinkel entspricht.

Pyramide im Neuen Garten in Potsdam
Der preußische König Friedrich Wilhelm II. ließ im Neuen Garten von Potsdam nach französischem Vorbild einen Eiskeller in Form einer Pyramide (1791) erbauen. Er sah in ihr nach freimaurerischer Tradition ein Symbol ägyptischer Weisheit.

Glaspyramide des Louvre in Paris
In der postmodernen Architektur erfährt der Bautypus der Pyramide eine erstaunliche Renaissance. Das spektakulärste Beispiel ist die Glaspyramide, die sich als Eingangsbauwerk des Grand Louvre in Paris zu einem neuen Symbol der französischen Hauptstadt entwickelt hat.
J. M. Pei, 1982–1989

Zeittafel

Stufenpyramide des Königs Djoser in Sakkara

Sphinx in Gisa

Bauwerke

4. Jahrtausend

	Holz- und Mattenbauweise
3100	Beginn der Ziegelarchitektur Erste Königsgräber in Abydos
3000	Königsfriedhof in Abydos Ziegelgräber in Sakkara-Nord
2800	Grabtempel aus Ziegeln in Abydos und Hierakonpolis Erstmalige Verwendung von Stein

2650	Erster monumentaler Steinbau: Stufenpyramide des Djoser in Sakkara Kleine Kultpyramiden von Elephantine bis zum Delta
2600–2550	Von der Stufenpyramide zur echten Pyramide: Pyramiden von Medum und Dahschur
2500–2465	Höhepunkte des Pyramidenbaus: Pyramiden des Cheops, Chephren, Mykerinos in Gisa
2465–2325	Pyramiden in Abusir Sonnenheiligtümer in Abu Ghurob Mastaba-Gräber mit Reliefschmuck während des ganzen Alten Reiches
2325–2150	Pyramiden in Sakkara Tempel in Heliopolis und Bubastis Felsengräber in Mittel- und Oberägypten

3600–2650 v. Chr.
Vor- und Frühgeschichte

2650–2150 v. Chr.
Altes Reich

Historische Ereignisse

Vorgeschichte

3600–3300	**Negade I** – Kultur mit Schwerpunkt in Oberägypten, beeinflußt von Nubien und dem Sudan
3300–3100	**Negade II** – Kultur in Ober- und Unterägypten, Einfluß von Vorderasien

Frühgeschichte

3100–3000	**Dynastie »0«.** Erste gesamtägyptische Könige
3000–2800	**1. Dynastie.** Konsolidierung des Reichsgebiets von Assuan bis zum Nildelta. Memphis Hauptstadt. Entwicklung der Schrift
2800–2650	**2. Dynastie.** Beilegung der letzten innenpolitischen Unruhen

2650–2575	**3. Dynastie.** Staatliche Organisation, Religion, Schrift und Kunst voll entwickelt
2575–2465	**4. Dynastie.** Politische und kulturelle Hochblüte
2465–2325	**5. Dynastie.** Reichskult des Sonnengottes Re
2325–2150	**6. Dynastie.** Machtschwund der Pharaonen, Autarkiebestrebungen der Gaufürsten

Statue des Königs Djoser aus Sakkara

Statue des Königs Chephren aus Gisa

2150–2040 Kleine königliche Pyramiden in Sakkara
Felsengräber in Mittel- und Oberägypten

2040 Terrassentempel des Königs Mentuhotep II. in Deir el-Bahari (Theben-West)

um 2000 Gründung des Reichstempels (Amun-Tempel) in Karnak

1950 Weiße Kapelle des Königs Sesostris I. in Karnak

2000–1800 Tempelbauten in allen Städten des Landes
Königliche Pyramiden in Lischt, Dahschur, Illahun, Hawara
Felsengräber in Mittelägypten (Beni Hassan, Meir, Assiut, el-Bersche) und Oberägypten (Theben-West, Assuan)

2150–1550 v. Chr.
Von der ersten zur zweiten Zwischenzeit

Erste Zwischenzeit

2150–2040 **7.–10. Dynastie.** Kurzlebige, teils lokal begrenzte Regierungen

2134–2040 **11. Dynastie.** Thebanische Fürsten

Mittleres Reich

2040–1991 **11. Dynastie.** Theben neue Hauptstadt Ägyptens

1991–1783 **12. Dynastie.** Ägypten eine der führenden Mächte im Nahen Osten. Expansion nach Nubien. Memphis wieder Hauptstadt. Theben religiöses Zentrum

1783–1640 **13./14. Dynastie.** Zahlreiche kurze Regierungen, Machtschwund

Zweite Zwischenzeit

1640–1532 **15./16. Dynastie.** Fremdherrschaft der vorderasiatischen Hyksos, Hauptstadt Auaris im Ostdelta

1640–1550 **17. Dynastie.** Selbständige thebanische Könige

Statue des Königs Tuthmosis III. aus Karnak

1550–1070 Königsgräber im Tal der Könige
Totentempel und Felsengräber in Theben-West
Reichstempel in Karnak

1470 Terrassentempel der Hatschepsut in Deir el-Bahari (Theben-West)

1450 Tempel Tuthmosis' III. am Gebel Barkal (Sudan)

1360 Tempel Amenophis' III. in Luksor und Soleb (Sudan)

1350 Aton-Tempel Amenophis' IV.-Echnaton in Karnak

1348–1335 Stadt, Paläste, Tempel und Gräber in Amarna

1325 Grab des Tutanchamun im Tal der Könige (Theben-West)

1300 Tempel Sethos' I. in Abydos

1250 Felsentempel Ramses' II. in Abusimbel (Nubien)
Totentempel Ramses' II. in Theben-West

1150 Totentempel Ramses' III. in Medinet Habu (Theben-West)

1550–1070 v. Chr.
Neues Reich

1550–1307 **18. Dynastie.** Aufstieg Ägyptens zur Weltmacht, Expansion nach Nubien und Syrien. Theben politisches, religiöses und kulturelles Zentrum

1353–1335 **»Amarnazeit«**, monotheistische Reform Königs Amenophis' IV.-Echnaton, Gründung der neuen Residenz in Amarna. Restauration unter Tutanchamun und Haremhab

1307–1196 **19. Dynastie.** Großmachtpolitik der Ramessiden gegenüber Hethitern und Libyern. Residenz im Ostdelta

1196–1070 **20. Dynastie.** Bedrohung durch Völkerwanderung (»Seevölker«) und innenpolitischen Verfall

Pylon des Luksor-Tempels

1070–712 Tempel und Königsgräber von Tanis im Delta

1070–712 v. Chr.
Dritte Zwischenzeit

1070–945 **21. Dynastie.** Teilung Ägyptens in ein Nordreich mit Hauptstadt Tanis im Nordostdelta und ein Südreich mit Hauptstadt Theben

945–712 **22. Dynastie.** Herrschaft libyscher Fürsten über Ägypten

828–712 **23./24. Dynastie.** Innenpolitischer Zusammenbruch aufgrund von Nebenlinien

Goldmaske des Königs Psusennes I. aus Tanis

Pyramiden der napatanischen Könige in Nuri (Sudan)

750–664 Tempel am Gebel Barkal (Napata) im Sudan
Königsgräber in el-Kurru und Pyramiden von Nuri im Sudan
Tempelbauten in Karnak

700–600 Großgräber in Assasif (Theben-West)

500 Tempel in der Oase Charga

400–350 Tempelbauten vom Delta (Behbeit el-Hagar) bis zum 1. Katarakt (Philae)

Hellenistische Architektur in Alexandria
Hellenistische Städte im Fayum
Hellenistische Nekropole in Tuna el-Gebel
Tempel in rein pharaonischer Tradition

Ptolemäer- und Römerzeit

250 v. Chr. – 3. Jh. n. Chr.
Isis-Tempel auf Philae

237–71 Horus-Tempel in Edfu

150 v. Chr. – 250 n. Chr.
Chnum-Tempel in Esna

150 v. Chr. – 2. Jh. n. Chr.
Tempel in Kom Ombo

54 v. Chr. – 60 n. Chr.
Hathor-Tempel in Dendera

300 v. Chr. – 300 n. Chr.
Im Sudan Tempelbauten in Meroe, Musawwarat es-Sufra und Naga
Königliche Pyramiden in Meroe und am Gebel Barkal

1. Pylon des Isis-Tempels auf Philae

Bauwerke

750–332 v. Chr.

Spätzeit

332 v. Chr. – 395 n. Chr.

Von der Ptolemäer- zur Römerzeit

Historische Ereignisse

750–664 **25. Dynastie.** Kuschitische Könige aus dem Sudan als Pharaonen Ägyptens. Karnak als Außenstelle der Hauptstadt Napata am 4. Katarakt im Sudan

664–525 **26. Dynastie.** Sais im Delta als Hauptstadt Ägyptens. Erfolgreicher Widerstand gegen Kuschiten und Assyrer. Zeitalter der Renaissance

525–404 **27. Dynastie.** Ägypten unter persischer Herrschaft

404–343 **28.–30. Dynastie.** Endphase ägyptischer Selbständigkeit. Hauptstadt in Mendes und Sebennytos im Delta

343–332 **31. Dynastie.** Nochmalige Eroberung Ägyptens durch die Perser

332–30 Alexander der Große und seine Nachfolger, die Ptolemäerkönige. Alexandria neue Hauptstadt. Ägypten Teil der hellenistischen Welt. Fortbestand der religiösen und kulturellen Autonomie in Mittel- und Oberägypten

30 v. Chr. –395 n. Chr.
Ägypten Territorium des Römischen Imperiums

395–642 Ägypten Teil des oströmischen (byzantinischen) Reiches

Relief der Göttin Hathor in Dendera

Glossar

Abakus: Steinblock zwischen Säulenkapitell und Architrav. Als Nahtstelle zwischen Erde und Himmel oft mit den Namen eines Königs versehen.

Achtheit: Gemeinschaft von acht Göttern, die als Verdoppelung der Vierheit, des definierten Plurals, die Gesamtheit der Götter verkörpern können.

Apotropäisch: Übelabwehrend. Löwenköpfige Wasserspeier wehren als Architekturelemente Unwetter vom Tempel ab.

Architrav: Horizontaler Steinbalken, der, auf Säulen oder Pfeilern ruhend, die Deckenkonstruktion eines Raumes trägt.

Aufweg: Schräg ansteigender, gepflasterter Dammweg vom Taltempel zum Totentempel einer Pyramidenanlage. Meist mit Seitenmauern und steinerner Deckenkonstruktion.

Barkensanktuar: Vor dem Sanktuar (siehe dort) liegend, birgt es die Götterbarke, in der das Götterbild bei Prozessionen aus dem Tempel getragen wird.

Böschung: Die Außenwände der Tempelmauern sind meist geböscht (sich nach oben verjüngend).

Bosse: Unbearbeitete Ansichtsseite eines Steinblockes, die erst nach Fertigstellung der ganzen Wand geglättet werden sollte.

Dipteros: Tempel mit umlaufender doppelter Säulenstellung; in der ägyptischen Architektur unbekannt; gelegentlich bei meroitischen Tempeln.

Dolde: Blattstand der Papyruspflanze; Grundform des Kapitells der Papyrussäule.

Dynastie: Gruppe von Herrschern, die aufgrund familiärer Beziehung oder eines gemeinsamen Herrschaftssitzes von griechischen Historikern als Gliederungseinheit der ägyptischen Königslisten eingeführt und bis heute beibehalten wurde.

Exedra: Nach einer Seite offener Raum auf erhöhtem Podest.

Gau: Geographische Verwaltungseinheit zur administrativen Gliederung des Landes. Unter- und Oberägypten waren insgesamt in etwa 40 Gaue eingeteilt, die jeweils von einem Gaufürsten in einer Gauhauptstadt regiert wurden.

Gesims: Rundstab und Hohlkehle bilden das für die ägyptische Architektur typische Gesims als oberen Abschluß einer Wand.

Gewölbe: Stein- oder Ziegelkonstruktion zur Eindeckung von Räumen.

Kraggewölbe: Deckenkonstruktion, bei der die Steinblöcke der gegenüberliegenden Wände stufenweise von unten nach oben vorspringen.

Kuppelgewölbe: Vor allem in der Ziegelarchitektur bei Kornspeichern, selten in Stein.

Tonnengewölbe: Häufige Deckenkonstruktion in Ziegel oder Stein, maximale Spannweite selten über 2 m.

Grab: Neben Tempeln sind Gräber als »Häuser der Ewigkeit« die wichtigste Bauaufgabe der ägyptischen Architektur.

Felsengrab: Im gewachsenen Fels angelegte, unterirdische Gräber, von einräumigen Kammern bis zu riesigen Raumfolgen in mehreren Etagen.

Hallengrab: Große, einräumige Felsengräber.

Hausgrab: Als Wohnhaus des Toten sind in den geböschten Außenwänden, der Mattenverkleidung und der Grundrißgestaltung Elemente der Hausarchitektur übernommen.

Hügelgrab: Grabhügel markieren unterirdische Grabkammern. Urform der Pyramidengräber.

Mastaba: Arabisch »Bank«; Bezeichnung für Graboberbauten auf rechteckigem Grundriß mit geböschten Außenwänden. Teils massiv, teils mit zahlreichen begehbaren Innenräumen und Höfen.

Hebsed: Jubiläumsfest des ägyptischen Königs nach meist 30jähriger Regierungszeit.

Hemispeos: Tempel, dessen innerster, hinterer Teil unterirdisch als Felsentempel angelegt ist.

Hieratisch: Kursive Form der Hieroglyphenschrift.

Hohlkehle: Oberer Wandabschluß in der Steinarchitektur, meist mit dem Rundstab kombiniert.

Hypostyl: Säulensaal, meist mit erhöhten Mittelschiffen und niedrigeren Seitenschiffen. Wichtiges Bauglied der Tempel seit dem Neuen Reich.

Kannelur: Senkrechte Oberflächengliederung der Säulen, wohl den Bearbeitungsspuren von Holzbalken nachempfunden.

Katarakt: Stromschnelle. Der Nil weist vom Zusammenfluß des Blauen und Weißen Nils in Khartum bis nach Ägypten sechs Katarakte auf, die für den Schiffsverkehr unüberwindliche Hindernisse darstellen.

Kenotaph: Scheingrab zur symbolischen Bestattung von Göttern oder besonderen Wesenheiten des Königs.

Kiosk: Freistehender Baldachin auf leichten Säulen. In Stein umgesetzt, meist ohne festes Dach, sondern mit Zeltbahnen abgedeckt. Zwischen den Säulen halbhohe Säulenschranken.

Kolonnade: Säulenreihe, die ein- oder zweireihig einen Hof umzieht.

Kolossalstatue: Überlebensgroße Statuen, meist Könige und Götter, selten nichtkönigliche Personen darstellend.

Krypta: In die Tempelwände eingelassene Gänge zur Aufbewahrung von Kultgerät; oft mehrgeschossig. Zugänge durch Schiebesteine verborgen.

Kuschiten: Nach »Kusch«, der altägyptischen Bezeichnung für Nubien und den Sudan, benannte Dynastie, die von Napata (am 4. Katarakt) von 745–655 Ägypten beherrscht.

Mammisi: »Stätte der Geburt«; kleine Nebentempel vor großen Tempelanlagen als Orte der mythischen Geburt des Königs oder Götterkindes.

Monolith: Aus einem einzigen Steinblock gearbeitetes Werkstück. Obelisken (siehe dort), Naoi (siehe Naos) und Kolossalstatuen sind immer, Säulen oft monolithisch.

Naos: Götterschrein. Naoi aus Stein standen in den Sanktuaren (siehe dort) der Tempel und dienten als Aufbewahrungsort des Götterbildes.

Nekropole: Totenstadt. Die Ausdehnung altägyptischer Friedhöfe rechtfertigt die Bezeichnung »Stadt der Toten«.

Neunheit: Göttergemeinschaft, die die Dreizahl des Plurals potenziert und damit die Gesamtheit der Götter umschreibt.

Obelisk: Im Querschnitt quadratischer, sich nach oben verjüngender Steinpfeiler. Oberer Abschluß in Form eines Pyramidions (bisweilen vergoldet). Seit dem Alten Reich meist paarweise als Kultmal des Sonnengottes vor und in Tempeln sowie vor Gräbern aufgestellt.

Ostrakon: Tonscherben oder Kalksteinsplitter, für Schreibübungen im Schulunterricht oder für Skizzen und Entwürfe im Bildhaueratelier verwendet.

Paletten: Geometrische oder figürliche Steinplatten; in der Vor- und Frühgeschichte als Schminktafeln in Gräbern oder Votivgaben in Tempeln verwendet, letztere oft mit Reliefdekor.

Pektoral: Brustschmuck, oft in Form einer Tempelfassade.

Peripteros: Tempel mit rings umlaufender Säulen- oder Pfeilerstellung. Typisch für *Mammisi* (siehe dort), Stationskapellen und Kioske (siehe dort).

Pharao: Von »per-aa«, »das große Haus« abgeleitete altägyptische Bezeichnung für den König.

Portikus: Säulen- oder Pfeilerstellung am Gebäudeeingang.

Pronaos: Vorraum des Säulensaals in den Tempeln seit dem Neuen Reich. Zum Hof offen oder durch Säulenschranken abgetrennt.

Pylon: Eingangsbauwerk des Tempels. Zwei Türme mit geböschten Wänden über querrechteckigem Grundriß flankieren das eigentliche Tempeltor. An der Frontseite Einschnitte zur Aufnahme von Flaggenmasten. Im Inneren Treppensysteme, die bis auf das Dach führen.

Pyramide: Über rechteckigem, meist quadratischem Grundriß errichtetes Königsgrab mit glatten oder (selten) geknickten dreieckigen Wänden, die in eine gemeinsame Spitze auslaufen. Typische Form der Königsgräber

Bibliographie

des Alten und Mittleren Reiches sowie der Kuschiten-, Napataner- und Meroitenkönige im Sudan. Im Neuen Reich auch bei Privatgräbern.

Klassische Pyramide: Über quadratischem Grundriß bei ca. 52° Neigungswinkel.

Knickpyramide: Übergangsphase von der Stufenpyramide zur echten Pyramide. Selten im Sudan.

Stufenpyramide: Früheste Entwicklungsphase der Pyramiden in der 3. Dynastie.

Pyramidentexte: Seit dem Ende der 5. Dynastie an den Wänden der unterirdischen Innenräume der Pyramiden (siehe dort) aufgezeichnete Hieroglyphentexte zur Verklärung des toten Königs.

Relief, versenktes: Typische Technik für Bilder und Inschriften an Außenwänden: Innerhalb der Umrißlinie in den Stein eingetiefte Zeichnung, wobei der Bildgrund um die Darstellung stehenbleibt.

Rundstab: An Gebäudekanten aus den Eckblöcken geformtes Rundprofil, abgeleitet von Pflanzenstengeln als Kantenschutz der Ziegelarchitektur.

Sanktuar: Allerheiligstes. Innerster Raum des Tempels, in dem sich der Naos (siehe dort) mit dem Götterbild befindet.

Sarkophag: »Fleischfresser«, aus dem Griechischen abgeleitete Bezeichnung für einen großen Steinsarg.

Säule: Architekturstütze, die meist auf pflanzliche Vorbilder zurückzuführen ist.

Bündelsäule: In Stein umgesetztes Bündel aus mehreren Pflanzenstengeln mit Abbindung unter dem Kapitell.

Papyrussäule: Dem Papyrusstengel nachempfunden (einzeln oder als Bündel), mit typischem kielförmigem Querschnitt.

Säulenschranke: Halbhohe Mauer zwischen Säulen. Wohl auf Teppichbehang zwischen Dachstützen zurückzuführen.

Sed-Fest: Siehe *Hebsed*.

Serdab: Arabisch »Keller«. Unzugängliche Kammer im Oberbau der Mastabas (siehe dort). Aufbewahrungsort für Grabstatuen.

Sistrophor: Statue, die kniend, sitzend oder stehend ein Sistrum (siehe dort) vor sich hält.

Sistrum: Rasselinstrument der Göttin Hathor. Über zylindrischem Schaft befindet sich janusköpfig ein Frauengesicht mit Kuhohren, darüber ein Klangkörper in Kasten oder Bügelform. Als Kapitellform in Hathor-Tempeln und *Mammisi* (siehe dort) verwendet.

Spinx: Mischwesen aus Löwenleib und Menschenkopf (selten auch Tierköpfe: Falke, Widder), meist als göttliche Erscheinungsform des Königs.

Stele: Aufrecht stehende Steinplatte; mit Inschriften und Reliefs versehen als Grab- oder Votivstein verwendet.

Tell: Ruinenhügel, der durch die Überlagerung zeitlich aufeinanderfolgender Kulturschichten entstanden ist.

Tempel: Neben dem Grab die wichtigste Aufgabe der ägyptischen Architektur. Götterwohnung, Kultstätte der Verstorbenen, Weltmodell und mythischer Ort sind seine Funktionen.

Taltempel: Eingangsbauwerk der Pyramidenkomplexe, am Talrand gelegen und über den Aufweg mit dem Totentempel verbunden.

Terrassentempel: Thebanische Lokalform der Tempelarchitektur, vom Vorhof über Terrassen bis zum Sanktuar ansteigend.

Totentempel: Im Alten und Mittleren Reich Stätte des Totenkultes an der Königspyramide. Die Totentempel des Neuen Reiches sind in ihrer Hauptfunktion Tempel des Gottes Amun.

Totenbuch: Meist auf Papyrus aufgezeichnete religiöse Texte zur Verklärung des Verstorbenen.

Triade: Gruppe von drei Gottheiten, die theologisch eine Gemeinschaft bilden. Eine der Grundstrukturen der ägyptischen Götterwelt.

Uräus: Stirnschlange in der Ikonographie der Könige und Götter. Übelabwehrendes Wesen, mit verschiedenen Göttinnen gleichgesetzt.

In diese Bibliographie wurden nur die neueren Publikationen aufgenommen, die einen Überblick über die Architektur des alten Ägypten und Auskunft über den aktuellen Forschungsstand geben. Über diese Veröffentlichungen ist die Spezialliteratur zu den einzelnen Themen leicht erreichbar.

Albouy, Marc, H. **Boccon-Gibod**, und J.-Cl. **Golvin**: *Karnak, Le temple d'Amon restitué par l'ordinateur*, Paris 1989.

Arnold, Dieter: *Building in Egypt, Pharaonic stone masonry*, New York, Oxford 1991.

Arnold, Dieter: *Die Tempel Ägyptens, Götterwohnungen, Kultstätten, Baudenkmäler*, Zürich 1992.

Arnold, Dieter: *Lexikon der ägyptischen Baukunst*, München, Zürich 1994.

Aufrère, Sydney, J.-Cl. **Golvin** und J.-Cl. **Goyon**: *L'Égypte restituée, Sites et temples de haute Égypte*, Paris 1994.

Badawy, Alexander: *A history of Egyptian architecture,* 3 Bde., Lawrence, Berkeley, Los Angeles 1954–1968.

de Cenival, Jean-Louis und H. **Stierlin**: *Ägypten, Das Zeitalter der Pharaonen* (Architektur der Welt), München 1964.

Edwards, I.E.S.: *The pyramids of Egypt*, Harmondsworth 1985.

Giedion, S.: *Ewige Gegenwart*, Bd. 2, *Der Beginn der Architektur,* Köln 1965.

Golvin, Jean-Claude und J.-Cl. **Goyon**: *Karnak, Ägypten, Anatomie eines Tempels,* Tübingen 1990.

Golvin, Jean-Claude und Cl. **Traunecker**: *Du ciel de Thèbes*, Paris 1983.

Klemm, Rosemarie und D. **Klemm**: *Steine und Steinbrüche im alten Ägypten*, Berlin 1993.

Lange, Kurt und M. **Hirmer**: *Ägypten*, München 1967.

Leclant, Jean (Hg.): *Ägypten*, 3 Bde. (Universum der Kunst), München 1979–1981.

Martin, Geoffrey T.: *Auf der Suche nach dem verlorenen Grab*, Mainz 1995.

Müller, Hans-Wolfgang und S. **Lloyd**: *Ägypten und Vorderasien* (Weltgeschichte der Architektur), Stuttgart 1987.

Sauneron, Serge und H. **Stierlin**: *Die letzten Tempel Ägyptens*, Genf 1975.

Smith, W. Stevenson: *The art and architecture of Ancient Egypt*. Revised with additions by William Kelly Simpson (Penguin Books), Harmondsworth 1981.

Spencer, Jeffrey: *Brick architecture in Ancient Egypt*, Warminster 1979.

Stadelmann, Rainer: *Die ägyptischen Pyramiden: Vom Ziegelbau zum Weltwunder*, Mainz 1985.

Stierlin, Henri: *The pharaohs master-builders*, Paris 1995.

Stierlin, Henri: *Égypte, Des origines à l'Islam*, Paris 1984.

Teichmann, Frank: *Der Mensch und sein Tempel*, Ägypten, Stuttgart 1978.

Uphill, Eric P.: *Egyptian towns and cities* (Shire Egyptology 8), Princes Risborough 1988.

Vandersleyen, Claude (Hg.): *Das alte Ägypten* (Propyläen Kunstgeschichte 15), Berlin 1975.

Vandier, Jacques: *Manuel d'archéologie égyptienne*, II/1–2, Paris 1954–1955.

Wildung, Dietrich: *Lehmbau in Ägypten*, in: Hans Wichmann, (Hg.), Architektur der Vergänglichkeit, Lehmbauten der Dritten Welt, Basel, Boston, Stuttgart 1983.

Register – Bauwerke

Register – Personen

Danksagung und Abbildungsnachweis

Autor, Fotografen und Verlag danken den ägyptischen Behörden für die Hilfe bei den verschiedenen Reisen zur Vorbereitung dieses Buches.
Ihr Dank richtet sich vor allem an die Direktion der Ägyptischen Altertümerverwaltung in Kairo sowie die Direktoren des Ägyptischen Museums in Kairo und Luksor, des weiteren an das Informationsbüro für Tourismus der Arabischen Republik Ägypten, das ihr Projekt tatkräftig unterstützt hat.
Darüber hinaus dankt der Autor den Behörden der Republik Sudan für den freundlichen Empfang, den sie ihm auf seinen Reisen zu den archäologischen Stätten des Landes zuteil werden ließen.
Folgende Dokumente stammen aus dem Archiv des Verfassers:
Seite 6, 12, 14 rechts, 16, 17 unten, 19 rechts, 20 rechts, 24, 26, 27, 28, 38, 39, 42 oben links und unten rechts, 43, 45, 50, 51, 53, 60, 61, 62, 63, 64, 65, 71, 82, 83, 84, 87, 88, 89, 100, 101, 106, 107, 109 unten, 112 oben, 113 unten, 114, 115, 116, 120 oben, 121, 122, 124, 125 oben, 132 unten, 143 unten, 145 unten, 154, 156 oben, 157, 158, 159, 161, 162, 164, 171, 172, 174, 175, 176, 177, 178, 180, 181, 182/183, 185, 186, 187, 188, 189, 211, 215, 225, 227, 228, 229 links und unten.
Für folgende Abbildungen dankt der Verlag:
Seite 173: © Patrick Chapuis / Sygma, Paris.
Seite 23: © Gallimard – L'Univers des Formes, Paris.
Seite 85: © Georg Gerster, Zumikon.
Seite 98, 118, 135, 145, 214: © Jean Claude Golvin, Aquarelle aus »L'Égypte restituée«, Éditions Errance, Paris.
Seite 119: © Leslie Greener / National Geographic Society.
Seite 86, 156 Mitte: Jürgen Liepe, Berlin.
Besonderer Dank gilt Alberto Berengo Gardin für die Anfertigung der Pläne auf den Seiten: 11, 29, 32, 34, 36, 39, 41, 48, 50, 51, 56, 61, 70, 78, 98, 102, 114, 122, 123, 130, 132, 139, 140, 152, 155, 160, 178/179, 181, 184, 185, 195, 198, 205, 218.

Alle 40 Bände auf einen Blick

Jeder Band nur DM/sFr 39,95 | öS 299,00

Die Antike

- Vorderer Orient
- Ägypten*
- Griechenland*
- Imperium Romanum Band I* + II

Das Mittelalter

- Byzanz
- Frühes Mittelalter*
- Romanik
- Gotik Band I + II

Präkolumbische Kulturen

- Maya*
- Mexiko
- Azteken
- Peru
- Inka

Meisterwerke des Islam

- Islam Band I* + II
- Persien
- Türkei
- Moghul

Formenreichtum Asiens

- Indien Band I + II
- China
- Hinterindien
- Japan

Stilentwicklungen der Neuzeit

- Renaissance
- Barock Band I – III
- Französischer Klassizismus

Die Moderne

- Neoklassizismus und Revolution
- Jugendstil und Industrie-architektur
- Amerikanische Architekten
- Visionäre der Avantgarde
- Frühe Moderne
- International Style*
- Monumentalbauten
- Postmoderne
- Zeitgenössische Meister
- New Forms*

*Diese Titel erscheinen bis Herbst 1997

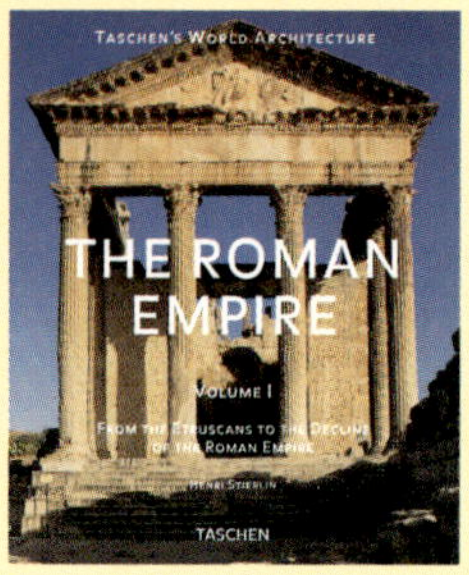

Autor: Henri Stierlin, Genf Herbst 1996

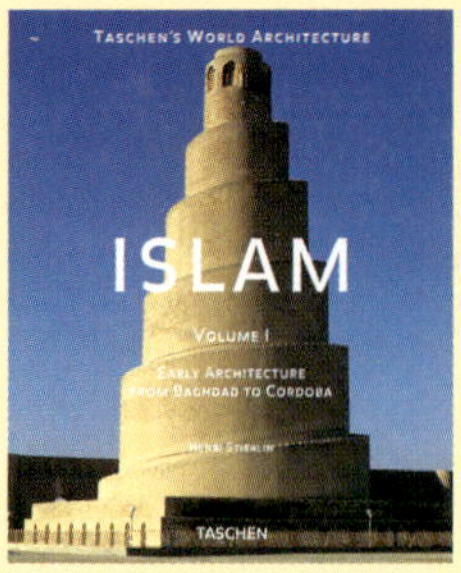

Autor: Henri Stierlin, Genf Herbst 1996

- Sie können 40 Bände von TASCHENS WELTARCHITEKTUR über einen Zeitraum von acht Jahren sammeln und erhalten damit das vollständige Panorama der Weltarchitektur von den ersten Bauwerken in Mesopotamien bis zu zeitgenössischen Bauvorhaben.
- Jeweils fünf Bände ergeben einen lückenlosen Überblick über die architektonische Entwicklung einer großen Kultur.
- Jeder einzelne Band stellt eine komplexe Epoche der Baukunst vor. Nach der Lektüre jedes Buches zieht es den Leser in die Ferne, um die phantastischen Bauwerke selbst zu entdecken und zu erforschen.

Autor: Dietrich Wildung, Berlin
Frühjahr 1997

Autor: Henri Stierlin, Genf
Frühjahr 1997

Autor: Xavier Barral i Altet, Barcelona
Herbst 1997

Autor: Henri Stierlin, Genf
Herbst 1997

Autor: Hasan-Uddin Khan, Lexington (MA), USA
Herbst 1997

Autor: Philip Jodidio, Paris
Frühjahr 1997

TASCHENS WELTARCHITEKTUR

- TASCHENS WELTARCHITEKTUR stellt in 40 Bänden 6 000 Jahre Architekturgeschichte vor.
- Jeder einzelne Band behandelt umfassend und abschließend eine Epoche.
- Die gesamte Reihe gibt einen lückenlosen Überblick von der Antike bis zur Gegenwart. Jedes Jahr erscheinen fünf Titel.
- TASCHENS WELTARCHITEKTUR ist ein Muß für jeden Architekturliebhaber und Reisefreund.
- Renommierte Fotografen bereisen für diese Reihe die ganze Welt. Bekannte und unbekannte Bauwerke sind in über 12 000 Fotografien dokumentiert.
- Kompetente Autoren führen mit spannenden, wissenschaftlich fundierten Texten durch TASCHENS WELTARCHITEKTUR. Sie stellen die Architektur in ihren kulturellen, politischen und sozialen Zusammenhang.
- Das elegante und moderne Design führt den Betrachter visuell leicht verständlich durch historische und zeitgenössische Bauwerke.
- Auf farbig hervorgehobenen Seiten werden wichtige Architekturtheorien, charakteristische Stilmerkmale und spezifische Konstruktionstechniken in Exkursen erläutert.
- Jeder Band enthält 40 bis 50 nach neuesten wissenschaftlichen Forschungsergebnissen erstellte Landkarten, Pläne und Rekonstruktionszeichnungen, die für diese Bücher mit modernster Computertechnik angefertigt werden.
- Der Anhang beinhaltet übersichtliche Zeittafeln, die auf einen Blick den Zusammenhang von historischen Ereignissen und Bauwerken einer Kultur herstellen.
- In einem ausführlichen Glossar werden Fachbegriffe leicht verständlich erläutert.
- Personen- und Ortsregister ermöglichen eine schnelle und zuverlässige Orientierung.
- Jedes Buch hat 240 Seiten mit ca. 300 farbigen Abbildungen auf hochwertigem Kunstdruckpapier. 240 x 300 mm, Hardcover mit Schutzumschlag.

Jeder Band nur DM/sFr 39,95 | öS 299,00

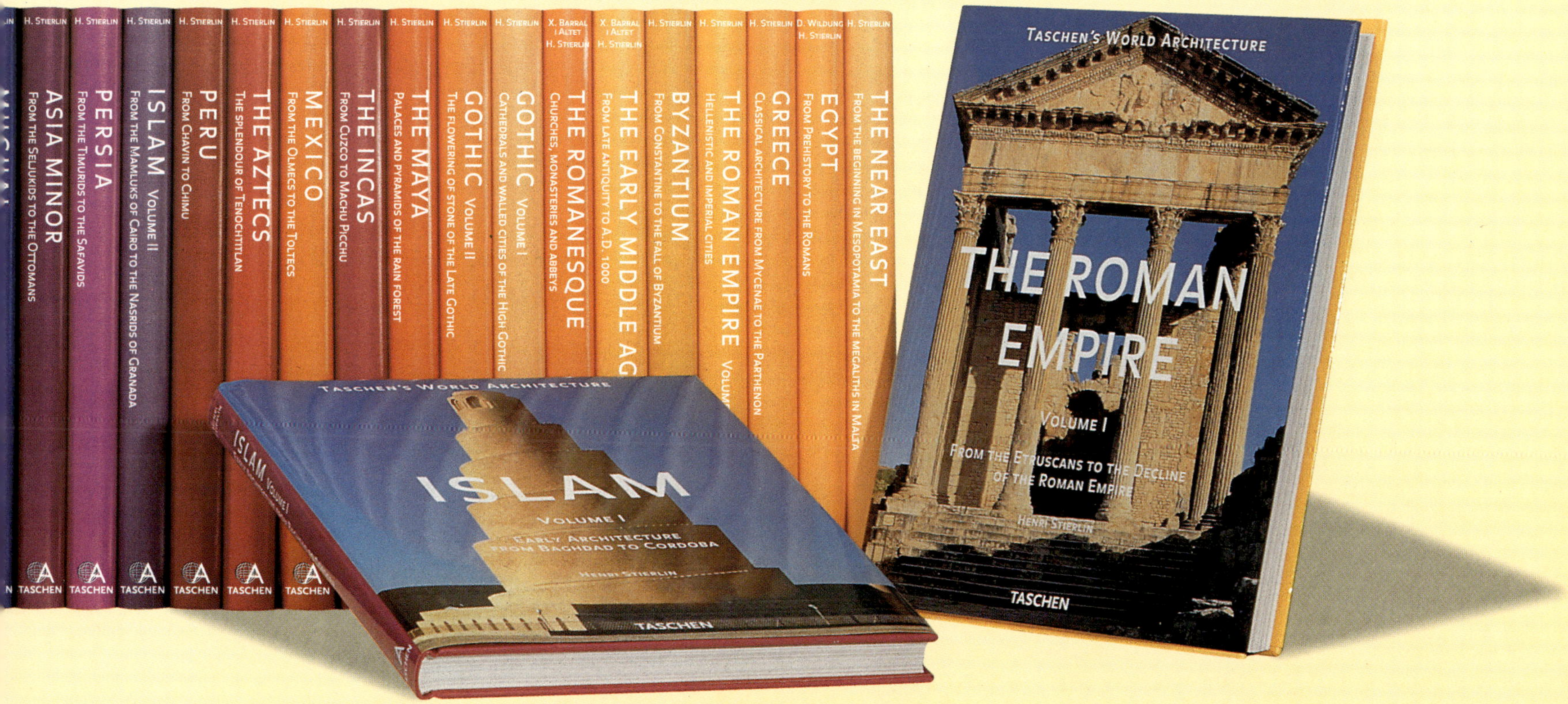